实用文体写作学习参考书

(第五版)

任 鹰 苏 杰 主编
杨艳华 杨忠苗 殷素华
张文彦 徐忠实 王亚男 编
梁力铁

图书在版编目(CIP)数据

实用文体写作学习参考书/任鹰,苏杰主编. —5 版. —北京:北京大学出版社,2014.12

ISBN 978-7-301-24942-0

Ⅰ. ①实… Ⅱ. ①任… ②苏… Ⅲ. ①汉语—应用文—写作 Ⅳ. ①H152.3

中国版本图书馆 CIP 数据核字(2014)第 233760 号

书　　名：	实用文体写作学习参考书(第五版)
著作责任者：	任　鹰　苏　杰　主编
责 任 编 辑：	张文礼
标 准 书 号：	ISBN 978-7-301-24942-0/H·3606
出 版 发 行：	北京大学出版社
地　　　址：	北京市海淀区成府路 205 号　100871
网　　　址：	http://www.pup.cn
新 浪 微 博：	@北京大学出版社
电 子 信 箱：	pkuwsz@126.com
电　　　话：	邮购部 62752015　发行部 62750672　编辑部 62767315
	出版部 62754962
印 　刷 　者：	河北涞县鑫华书刊印刷厂
经 　销 　者：	新华书店
	850 毫米×1168 毫米　32 开本　15.625 印张　438 千字
	1993 年 8 月第 1 版
	2014 年 12 月第 5 版　2019 年 11 月第 6 次印刷
定　　价：	45.00 元

未经许可,不得以任何方式复制或抄袭本书之部分或全部内容。
版权所有,侵权必究
举报电话:010-62752024　电子信箱:fd@pup.pku.edu.cn

内容简介

本书是一本有着较高的实用价值和较广的适用范围的应用写作学习参考书。全书共由两大部分组成。第一部分编选了一些常用文体的文例,并对其写法加以简要分析,以使读者对这些文体的写作要领有所了解,从而为人们的写作活动提供必要的借鉴和切实的帮助;第二部分辑录国家有关机关或部门以各种形式发布的对某些应用文体的写作具有指导和约束作用的规定,这些规定的内容是人们在写作中所必须依循的原则。本书所提供的内容为人们的应用写作实践所必需。

本书既可以作为系统地讲述应用写作知识的专门性著作或教材的配套读物使用,也可以供人们单独查考利用;既可以作为学习应用写作知识的参考读物,也可以用作快速掌握应用写作知识的一般书籍。

目　次

前　言 …………………………………………………… (1)
第一部分　例文选析 …………………………………… (1)
　一、党政公文 ……………………………………… (3)
　　（一）决　议 ………………………………… (5)
　　（二）决　定 ………………………………… (12)
　　（三）命　令(令) …………………………… (24)
　　（四）公　报 ………………………………… (28)
　　（五）公　告 ………………………………… (36)
　　（六）通　告 ………………………………… (39)
　　（七）意　见 ………………………………… (47)
　　（八）通　知 ………………………………… (58)
　　（九）通　报 ………………………………… (77)
　　（十）报　告 ………………………………… (88)
　　（十一）请　示 ……………………………… (98)
　　（十二）批　复 ……………………………… (101)
　　（十三）议　案 ……………………………… (108)
　　（十四）函 …………………………………… (112)
　　（十五）纪　要 ……………………………… (118)

　二、事务文书 ……………………………………… (125)
　　（一）调查报告 ……………………………… (127)
　　（二）工作计划 ……………………………… (143)

1

（三）工作总结 …………………………… （159）
　　（四）讲话稿 ……………………………… （171）
　　（五）述职报告 …………………………… （181）
　　（六）法规与规章 ………………………… （193）

三、公关文书 ………………………………… （245）
　　（一）函　电 ……………………………… （247）
　　（二）致　词 ……………………………… （272）

四、财经文书 ………………………………… （289）
　　（一）经济新闻 …………………………… （291）
　　（二）产品说明书 ………………………… （306）
　　（三）经济活动分析报告 ………………… （313）
　　（四）可行性研究报告 …………………… （327）
　　（五）合　同 ……………………………… （351）

五、法律文书 ………………………………… （369）
　　（一）民事诉讼文书 ……………………… （371）
　　（二）刑事诉讼文书 ……………………… （382）
　　（三）行政诉讼文书 ……………………… （387）

六、生活文书 ………………………………… （397）
　　（一）启　事 ……………………………… （399）
　　（二）书　信 ……………………………… （403）

附：科研文书 ………………………………… （409）
　　（一）学术论文 …………………………… （411）
　　（二）综　述 ……………………………… （427）

第二部分 资料选编 ……………………………… (445)
一、中华人民共和国国家通用语言文字法 …………… (447)
二、中华人民共和国国家标准 出版物上数字用法 … (451)
三、党政机关公文处理工作条例 ……………………… (460)
四、中华人民共和国国家标准 党政机关公文格式 … (470)

前　言

中国是一个历史悠久的文明古国,在我们的文化传统中,著书撰文是一件备受推崇的事情。"立德、立功、立言",在几千年前便被视为人生所应追求的目标;"文章千古事,得失寸心知",则直接反映了古人对文章和文章写作的认识。在信息的传递日益迅捷、人与人的联系日趋紧密的现代社会中,写作更是有了前所未有的功用。在现代社会中,写作已经成为人们日常工作、生活和学习中很重要的一项活动,写作能力是现代人均应具备的一种能力。

从总体上说,文章可以分为两大类型,一类是欣赏型文章,一类是实用型文章。人们通常把欣赏型文章的写作称为文学创作,把实用型文章的写作称为实用写作或应用写作。欣赏型文章主要指各类文学作品而言的,实用型文章则是指为解决实际问题而撰写的各类文章,是在社会生活中有着特定用途的文章。相比较而言,实用型文章的写作同大多数人的工作、生活和学习的关系要更直接、广泛一些。同时,实用型文章大都有着非常突出的规范化乃至程式化特点,通过范文的阅读和写作知识的学习把握此类文章的写作要领是极为可行的,甚至可以说这是提高写作效率和水平的便捷方式之一。为此,我们编撰本书,以便为人们的写作活动提供切实、有效的帮助。注重实用,讲求实效,尽可能满足人们的应用写作实践的需要,是我们编撰本书的基本宗旨。使读者快速掌握实用型文章的写作要领,并进而"读以致用",则是我们期盼本书所能达到的效果。

本书共包括两大部分。

第一部分"例文选析",选录某些常用文体文种的典型文例,并对其加以简要分析。社会需求广泛多样,应用文体种类繁多,本书所选录的文体文种主要是一些适用范围较广、使用频率较高的文体文种,所选入的篇章则是一些格式比较规范因而具有一定的示范作用的文章。具体地说,"行政公文"和"事务文书"常被称为"通用文书",其通用性应是不言而喻的。在各社会行业和部门,行政公文和事务文书都是必不可少的处理工作的工具。其他几类文体分别为"公关文书""财经文书""法律文书"和"生活文书",应当说,这几类文体也都具有一定的通用性,其中所涉及的文种更是比较常见的文种。随着以经济建设为中心的国家发展方针的确立和社会法制观念的加强,直接为经济工作和法制建设服务的财经文书、法律文书受到了前所未有的重视。不仅财经工作者、法律工作者经常会用到这两类文书,就是其他社会成员也都有可能接触这两类文书。在社会一体化、全球一体化的态势日益增强的当今时代,任何一个组织或个人的生存和发展都是难以脱离公共关系的,而公关关系活动的进行又是离不开公关文书的。生活文书是承载和传递生活信息的载体,在人与人之间的交往与沟通、个人信息的记述和发布愈来愈重要及其范围愈来愈宽泛、形式愈来愈多样的信息社会中,对于每一个人来说,生活文书的写作都有可能成为不可或缺的生活内容。另外,在国内外高等教育教学体系中,论文或其他科研文章的写作普遍被作为一个重要的实践性教学环节,被作为提升并评价学习者的专业素养、实际技能及培养学习者的创新意识、创新能力的必要手段。无论是从毕业论文或毕业作业写作的角度,还是从专业发展的角度来看,人们对常见的科研文章都应有所了解。不过,考虑到非专业研究人员撰写科研文书的几率毕竟有限,所以只把其中较为常用的"学术论文"和"综述"列入本书。总之,本书在文体文种的选择上,主要是以其实用性和实效性为依据的,尽可能选录适用范围较广、使用频率较高的文体文种。

在具体篇章的选用上,我们在着重衡量其样式的规范、典型的前提下,也尽可能兼顾其内容的实际效用,尽量选用既有示范性又有现实感的文章,以有利于学习者模仿与借鉴,并有利于学习者据此了解社会。为便于集中说明写作要领,例文一般只保留标题、正文等在写法上较具复杂性、灵活性的项目,分析也主要是从写法的角度展开的。当然,为使读者对构成要素较多、构成格式极为固定的文体文种有一个全面的认识,有些例文也录入了所有的构成要素,以将原文全貌展示在读者面前。

"观千剑而识器",阅读是写作的先导和基础,通过例文及其评析的阅读和学习,可以初步把握文章的一般写法,可以潜移默化地把他人的经验变成自己的体会,从而对自己的写作活动产生作用。多读范文,多接触文章实际,对于写作能力的形成,特别是对于带有规范化乃至程式化特点的实用型文章的写法的把握,是简便易行、至关重要的。正因为如此,本书选录了较多的例文,"例文选析"可以说是本书的主体部分。

第二部分"资料选编",收录国家有关机构或部门以各种形式发布的同实用写作密切相关,对某些实用文体的写作有着直接的指导和约束作用的法规或规定,其内容多为人们在写作实践中所必须依循的规则。要把文章写得规范,要使写作活动能够卓有成效地进行并完成,就必须认真掌握并严格遵从这些法规或规定。当然,同各类应用文体的写作有关的法规或规定远远不止书中所收录的几种,在写作时可以根据需要进行查阅。

由于篇幅所限,在编选例文时,对个别篇章做了适当的删节或调整,谨请作者和发布者谅解。

在本书的编撰中,曾得到各方人士的关心和帮助,甚为感谢。特别是学科同仁在例文和资料的搜集等方面所给予的无私帮助,更是令人难忘,在此一并致以最诚挚的谢意!

因编者专业水平和阅读视野有限,在例文的选择、评析及资料的处理中,可能会有诸多疏误、不妥之处,恳请各位老师、同学及各界读者予以指正。

编　者
二○一四年五月

第一部分 例文选析

一、党政公文

（一）决　　议

中国共产党第十七次全国代表大会关于 《中国共产党章程(修正案)》的决议

(2007年10月21日中国共产党第十七次全国代表大会通过)

中国共产党第十七次全国代表大会审议并一致通过十六届中央委员会提出的《中国共产党章程(修正案)》，决定这一修正案自通过之日起生效。

大会认为，十六大以来，党中央坚持以邓小平理论和"三个代表"重要思想为指导，根据新的发展要求，集中全党智慧，提出了以人为本、全面协调可持续发展的科学发展观。科学发展观，是对党的三代中央领导集体关于发展的重要思想的继承和发展，是马克思主义关于发展的世界观和方法论的集中体现，是同马克思列宁主义、毛泽东思想、邓小平理论和"三个代表"重要思想既一脉相承又与时俱进的科学理论，是我国经济社会发展的重要指导方针，是发展中国特色社会主义必须坚持和贯彻的重大战略思想。大会一致同意将科学发展观写入党章。大会要求全党同志全面把握科学发展观的科学内涵和精神实质，增强贯彻落实科学发展观的自觉性和坚定性，着力转变不适应不符合科学发展观的思想观念，着力解决影响和制约科学发展的突出问题，把全社会的发展积极性引导到科学发展上来，把科学发展观贯彻落实到经济社会发展各个方面。

大会认为，改革开放以来，中国共产党人和中国人民以一往无前的进取精神和波澜壮阔的创新实践，谱写了中华民族自强不息、顽强奋进新的壮丽史诗,中国人民的面貌、社会主义中国的面貌、中国共产党的面貌发生了历史性变化。改革开放以来我们取得一切成绩和进步的根本原因,归结起来就是:开辟了中国特色社会主义道路,形成了中国特色社会主义理论体系。把这个重大论断写入党章,对于动员全党更好地把握和坚持中国特色社会主义道路和中国特色社会主义理论体系,不断发展中国特色社会主义,具有十分重大的意义。

大会认为,经过新中国成立以来特别是改革开放以来的不懈努力,我国取得了举世瞩目的发展成就,但我国仍处于并将长期处于社会主义初级阶段的基本国情没有变,人民日益增长的物质文化需要同落后的社会生产之间的矛盾这一社会主要矛盾没有变。大会一致同意在党章中把党的基本路线中的奋斗目标表述为把我国建设成为富强民主文明和谐的社会主义现代化国家。大会要求全党毫不动摇地坚持党的"一个中心、两个基本点"的基本路线,团结带领全国各族人民为把我国建设成为社会主义现代化国家而奋斗。

大会认为,把经济建设、政治建设、文化建设、社会建设四位一体的中国特色社会主义事业总体布局写入党章,对于夺取全面建设小康社会新胜利、开创中国特色社会主义事业新局面,具有重大意义。毫不动摇地巩固和发展公有制经济,毫不动摇地鼓励、支持、引导非公有制经济发展,发挥市场在资源配置中的基础性作用,建立完善的宏观调控体系,统筹城乡发展、区域发展、经济社会发展、人与自然和谐发展、国内发展和对外开放,建设社会主义新农村,走中国特色新型工业化道路,建设创新型国家,建设资源节约型、环境友好型社会;坚持党的领导、人民当家作主、依法治国有机统一,走中国特色社会主义政治发展道路,坚持和完善基层群众自治制度,尊重和保障人权,建立健全民主选举、民主决策、民主管理、民主监督的制度和程序;坚持马克思主义指导思想,树立中国特色社会主义共同理想,弘扬以爱国主义为核心的民族精神和以改革创新为核心的时代精神,倡导社会主义荣辱观;按照民主法治、公平正义、诚信友爱、充满活力、安定有序、人与自然和谐相处的总要求和共同建设、共同享有的原则,以改善民生为重点,解决好人民最关心、最直接、最现实的利益问题,努力形成全体人民各尽其能、各得其所而又和谐相处的局面,这些都是我们党在建设中国特色社会主义实践中取得的重大认识和成果。把这些内容写入党章,对于全党同志更加自觉、更加坚定地贯彻党的理论和路线方针政策,按照中国特色社会主义事业总体布局的要求,继续发展社会主义市场经济、发展社会主义民主政治、发展社会主义先进文化、构建社会主义和谐社会,团结带领全国各族人民把中国特色社会主义伟大事业不断推向前进,具有十分重大的作用。

大会认为,适应新形势新任务的要求,把党在领导军队建设、民族工作、宗教工作、统战工作、外交工作等方面形成的方针政策写入党章,有利于全面贯彻这些方针政策,切实做好这些方面的工作。

大会认为,着力加强党的执政能力建设和先进性建设,以改革创新精神全面推进党的建设新的伟大工程,坚持立党为公、执政为民,做到科学执政、民主执政、依法执政,不断推进马克思主义中国化,坚持权为民所用、情为民所系、利为民所谋,保障党员民主权利,坚持标本兼治、综合治理、惩防并举、注重预防的方针,建立健全惩治和预防腐败体系,是十六大以来我们党在党的建设方面取得的重大认识和成果。把这些内容写入党章,有利于进一步加强和改进党的建设,不断提高党的执政能力,保持和发展党的先进性,使党始终成为中国特色社会主义事业的坚强领导核心。

大会认为,在党章中规定党的各级组织要按规定实行党务公开,党的各级代表大会代表实行任期制,党的中央和省、自治区、直辖市委员会实行巡视制度,中央政治局向中央委员会全体会议报告工作、接受监督,党的地方各级委员会的常务委员会定期向委员会全体会议报告工作、接受监督,是加强党的制度建设的需要,是扩大党内民主、加强党内监督的需要。同时,为加强党的执政能力建设和先进性建设,对党员、党的干部和党的各级组织的要求进行充实十分必要。这有利于进一步增强我们党的治党管党水平,提高党的领导水平和执政能力。

大会要求,党的各级组织和全党同志高举中国特色社会主义伟大旗帜,坚持以邓小平理论和"三个代表"重要思想为指导,深入贯彻落实科学发展观,切实学习党章、遵守党章、贯彻党章、维护党章,进一步加强党的执政能力建设和先进性建设,不断提高党的创造力、凝聚力、战斗力,为夺取全面建设小康社会新胜利、开创中国特色社会主义事业新局面而不懈奋斗!

中共中央办公厅1996年5月3日制发的《中国共产党各级领导机关文件处理条例》共列出十四类文件,其中第一类文件就是"决议"。而同一时期施行的《国家行政机关公文处理办法》(国务院2000年8月24日发布)所列出的十三类公文,并不包括"决议"。可以说,长期以来,"决议"并未被看作行政公文。为了适应中国共产党机关和国家行政机关(简称党政机关)工作需要,推进党政机关公文处理工作科学化、制度化、规范化,2012年4月6日中共中央办公厅、国务院办公厅联合印发《党政机关公文处理工作条例》(自2012年7月1日起执行)。该条例是首次统一党政机关公文处理规范的文件,适用于各级党政机关公文处理工作,"决议"就被列入其中。"决议"适用于发布会议讨论通过的重大决策事项,是一类会议文书。目前,"决议"不仅常被用于党政工作会议,而且也常被用于商务活动,例如,董事会、股东会常会以"决议"的形式发布议定事项,董事会决议、股东会决议已是比较常见的商务文件。

例文是一篇从内容到写法都极具典型性、代表性的决议。从内容上看,例文用于发布中国共产党第十七次全国代表大会的议定事项。从写法上看,例文的标题包括会议名称、决议事项(事由)和文种名称几项内容;正文的第一个自然段开宗明义,写明决议事项的主要内容;中间几个段落分别以"大会认为"领起下文,逐项写明与会人员的重要认识;最后一个自然段提出工作要求。以上三个部分的内容其实就基本相当于一篇公文的开头、主体、结尾部分。

××公司第七届职工代表大会第五次会议决议

××公司第七届职工代表大会第五次会议,审议并通过公司经理刘××同志所作的《公司行政工作报告》。

大会肯定了公司在20××年所开展的富有成效的工作,认为《公司行政工作报告》对过去工作的评价是实事求是的。

大会认为,过去的一年中,在××××有限责任公司的领导下,各级干部和全体职工以江泽民同志"三个代表"重要思想为指导,围绕"以开拓市场、扩大市场份额为主线,以深化改革、机制创新为动力,以强化管理、提高效率为基础,以提高企业核心竞争力为目标,通过施工经营和优化服务相结合的方式,开创企业发展新局面"的总体思路,上下团结一致,积极进取,基本完成了全年的各项工作目标,公司实现了××市重点工程实事立功竞赛十五连冠、××市重大工程"建设金杯"三连冠荣誉目标,企业的物质文明和精神文明建设均取得了显著成绩。

大会特别肯定,在七届职代会第三次联席会议上通过的《关于对公司管理人员进行工资改革的办法》,有利于调动管理人员积极性,提高企业管理能级,体现了企业强化内部管理的指导思想,增强了企业的凝聚力,符合企业改革的精神。

大会指出,20××年是全面贯彻落实党的十六大精神的第一年,也是公司加快发展的至关重要的一年。点多面广的施工格局,激烈竞争的市场形势,使公司面临着严峻的挑战。时代的发展要求我们,广大职工要求我们,抓住机遇,开拓进取,确保企业持续、健康、稳定地发展。

公司的工作目标和重点已经明确,关键就是贯彻落实,抓出实效。大会号召,全体职工积极行动起来,紧紧围绕公司两个文明建设的任务和目标,认真贯彻执行党的十六大精神和"三个代表"重要思想,在××××有限责任公司的领导下,紧密结合企业实际,进一步解放思想,树立与时俱进的观念,深化改革、强化管理、开拓创新,不断提高企业核心竞争力,推动企业发展再上新台阶。

例文是一篇基层单位的职代会决议,从内容上看,与前面一篇决议相差甚远;而从写法上看,则同前面一篇决议有着相通之处。通过这两篇例文,我们可以掌握决议的一般写法。

(二)决　　定

关于表彰农业系统抗震救灾英雄集体和抗震救灾英雄的决定

人社部发〔2008〕51号

各省、自治区、直辖市人事厅(局)、劳动保障厅(局),农业(农林、农牧)、农机、畜牧、兽医、农垦、乡镇企业、渔业厅(局、委、办),新疆生产建设兵团人事局、劳动保障局、农业局:

5月12日14时28分,四川省汶川县发生8.0级特大地震。面对这场突如其来的特大自然灾害,在党中央、国务院的坚强领导下,全国各族人民全力投入抗震救灾工作,抗震救灾工作取得了重大阶段性胜利。农业系统广大干部职工以及广大农村人才以灾情为命令、视时间如生命,不怕艰难困苦,不怕流血牺牲,积极投身抗震救灾和灾后恢复重建工作,涌现出一大批英雄集体和个人。

为表彰先进,弘扬正气,进一步激励农业系统广大干部职工和广大农村人才投身抗震救灾和灾后重建工作,人力资源社会保障部、农业部决定授予四川省什邡市农业局等7个单位"农业系统抗震救灾英雄集体"荣誉称号;授予罗凌等10名同志"农业系统抗震救灾英雄"荣誉称号,享受省部级劳动模范和先进工作者待遇。希望受表彰的英雄集体和个人,珍惜荣誉,再接再厉,在今后的工作中取得更大的成绩。

当前,抗震救灾和灾后恢复重建任务十分繁重。全国农业系统广大干部职工和广大农村人才,要以受表彰的英雄集体和个人为榜样,紧密团结在以胡锦涛同志为总书记的党中央周围,坚决贯彻党中央、国务院的部署和要求,坚持一手抓抗震救灾、一手抓农业生产,以更加顽强的精神、更加昂扬的斗志,全力以赴抓好各项工作,为夺取抗震救灾斗争的全面胜利贡献力量。

农业系统抗震救灾英雄集体名单(略)

农业系统抗震救灾英雄名单(略)

人力资源和社会保障部　农业部
二〇〇八年七月一日

例文是两个部委联合发布的表彰决定,按照公文的制发规则,只注明主办机关的发文字号。从用途和内容上看,表彰决定应为对重要事项做出安排的决定。例文的标题是由事由和文种两个要素构成的,事由比较具体。正文共有三个段落,分别写了三层意思:一是概述情况,明确事实;二是在简要说明做出决定的目的的基础上,宣布表彰决定;三是发出学习号召,提出工作要求。

国务院关于加强市县政府依法行政的决定

国发〔2008〕17号

各省、自治区、直辖市人民政府，国务院各部委、各直属机构：

党的十七大把依法治国基本方略深入落实，全社会法制观念进一步增强，法治政府建设取得新成效，作为全面建设小康社会新要求的重要内容。为全面落实依法治国基本方略，加快建设法治政府，现就加强市县两级政府依法行政做出如下决定：

一、充分认识加强市县政府依法行政的重要性和紧迫性

（一）加强市县政府依法行政是建设法治政府的重要基础。市县两级政府在我国政权体系中具有十分重要的地位，处在政府工作的第一线，是国家法律法规和政策的重要执行者。实际工作中，直接涉及人民群众具体利益的行政行为大多数由市县政府做出，各种社会矛盾和纠纷大多数发生在基层并需要市县政府处理和化解。市县政府能否切实做到依法行政，很大程度上决定着政府依法行政的整体水平和法治政府建设的整体进程。加强市县政府依法行政，事关巩固党的执政基础、深入贯彻落实科学发展观、构建社会主义和谐社会和加强政府自身建设，必须把加强市县政府依法行政作为一项基础性、全局性工作，摆在更加突出的位置。

（二）提高市县政府依法行政的能力和水平是全面推进依法行政的紧迫任务。我国改革开放和社会主义现代化建设已进入新的历史时期，经济社会快速发展，一些深层次的矛盾和问题逐步显现，人民群众的民主法治意识和政治参与积极性日益提高，维护自身合法权益的要求日益强烈，这些都对政府工作提出了新的更高要求，需要进一步提高依法行政水平。经过坚持不懈的努力，近些

年来我国市县政府依法行政已经取得了重大进展,但是与形势发展的要求还有不小差距,一些行政机关及其工作人员依法行政的意识有待增强,依法办事的能力和水平有待提高;一些地方有法不依、执法不严、违法不究的状况亟须改变。依法行政重点在基层,难点在基层。各地区、各部门要切实增强责任感和紧迫感,采取有效措施加快推进市县政府依法行政的进程。

二、大力提高市县行政机关工作人员依法行政的意识和能力

(三)健全领导干部学法制度。市县政府领导干部要带头学法,增强依法行政、依法办事意识,自觉运用法律手段解决各种矛盾和问题。市县政府要建立健全政府常务会议学法制度;建立健全专题法制讲座制度,制订年度法制讲座计划并组织实施;建立健全集中培训制度,做到学法的计划、内容、时间、人员、效果"五落实"。

(四)加强对领导干部任职前的法律知识考查和测试。对拟任市县政府及其部门领导职务的干部,在任职前考察时要考查其是否掌握相关法律知识以及依法行政情况,必要时还要对其进行相关法律知识测试,考查和测试结果应当作为任职的依据。

(五)加大公务员录用考试法律知识测查力度。在公务员考试时,应当增加法律知识在相关考试科目中的比重。对从事行政执法、政府法制等工作的公务员,还要进行专门的法律知识考试。

(六)强化对行政执法人员的培训。市县政府及其部门要定期组织对行政执法人员进行依法行政知识培训,培训情况、学习成绩应当作为考核内容和任职晋升的依据之一。

三、完善市县政府行政决策机制

(七)完善重大行政决策听取意见制度。市县政府及其部门要建立健全公众参与重大行政决策的规则和程序,完善行政决策信息和智力支持系统,增强行政决策透明度和公众参与度。制定与群众切身利益密切相关的公共政策,要向社会公开征求意见。有关突发事件应对的行政决策程序,适用突发事件应对法等有关法律、法规、规章的规定。

(八)推行重大行政决策听证制度。要扩大听证范围,法律、法规、规章规定应当听证以及涉及重大公共利益和群众切身利益的决策事项,都要进行听证。要规范听证程序,科学合理地遴选听证代表,确定、分配听证代表名额要充分考虑听证事项的性质、复杂程度及影响范围。听证代表确定后,应当将名单向社会公布。听证举行10日前,应当告知听证代表拟做出行政决策的内容、理由、依据和背景资料。除涉及国家秘密、商业秘密和个人隐私的外,听证应当公开举行,确保听证参加人对有关事实和法律问题进行平等、充分的质证和辩论。对听证中提出的合理意见和建议要吸收采纳,意见采纳情况及其理由要以书面形式告知听证代表,并以适当形式向社会公布。

(九)建立重大行政决策的合法性审查制度。市县政府及其部门做出重大行政决策前要交由法制机构或者组织有关专家进行合法性审查,未经合法性审查或者经审查不合法的,不得做出决策。

(十)坚持重大行政决策集体决定制度。市县政府及其部门重大行政决策应当在深入调查研究、广泛听取意见和充分论证的基础上,经政府及其部门负责人集体讨论决定,杜绝擅权专断、滥用权力。

(十一)建立重大行政决策实施情况后评价制度。市县政府及其部门做出的重大行政决策实施后,要通过抽样检查、跟踪调查、评估等方式,及时发现并纠正决策存在的问题,减少决策失误造成的损失。

(十二)建立行政决策责任追究制度。要坚决制止和纠正超越法定权限、违反法定程序的决策行为。对应当听证而未听证的、未经合法性审查或者经审查不合法的、未经集体讨论做出决策的,要依照《行政机关公务员处分条例》第十九条第(一)项的规定,对负有领导责任的公务员给予处分。对依法应当做出决策而不做出决策,玩忽职守、贻误工作的行为,要依照《行政机关公务员处分条例》第二十条的规定,对直接责任人员给予处分。

四、建立健全规范性文件监督管理制度

(十三)严格规范性文件制定权限和发布程序。市县政府及其部门制定规范性文件要严格遵守法定权限和程序,符合法律、法规、规章和国家的方针政策,不得违法创设行政许可、行政处罚、行政强制、行政收费等行政权力,不得违法增加公民、法人或者其他组织的义务。制定作为行政管理依据的规范性文件,应当采取多种形式广泛听取意见,并由制定机关负责人集体讨论决定;未经听取意见、合法性审查并经集体讨论决定的,不得发布施行。对涉及公民、法人或者其他组织合法权益的规范性文件,要通过政府公报、政府网站、新闻媒体等向社会公布;未经公布的规范性文件,不得作为行政管理的依据。

(十四)完善规范性文件备案制度。市县政府发布规范性文件后,应当自发布之日起 15 日内报上一级政府备案;市县政府部门发布规范性文件后,应当自发布之日起 15 日内报本级政府备案。备案机关对报备的规范性文件要严格审查,发现与法律、法规、规章和国家方针政策相抵触或者超越法定权限、违反制定程序的,要坚决予以纠正,切实维护法制统一和政令畅通。建立受理、处理公民、法人或者其他组织提出的审查规范性文件建议的制度,认真接受群众监督。

(十五)建立规范性文件定期清理制度。市县政府及其部门每隔两年要进行一次规范性文件清理工作,对不符合法律、法规、规章规定,或者相互抵触、依据缺失以及不适应经济社会发展要求的规范性文件,特别是对含有地方保护、行业保护内容的规范性文件,要予以修改或者废止。清理后要向社会公布继续有效、废止和失效的规范性文件目录;未列入继续有效的文件目录的规范性文件,不得作为行政管理的依据。

五、严格行政执法

(十六)改革行政执法体制。要适当下移行政执法重心,减少行政执法层次。对与人民群众日常生活、生产直接相关的行政执法活动,主要由市、县两级行政执法机关实施。继续推进相对集中行政处罚权和综合行政执法试点工作,建立健全行政执法争议协调机制,从源头上解决多头执法、重复执法、执法缺位问题。

(十七)完善行政执法经费保障机制。市县行政执法机关履行法定职责所需经费,要统一纳入财政预算予以保障。要严格执行罚缴分离和收支两条线管理制度。罚没收入必须全额缴入国库,纳入预算管理。对下达或者变相下达罚没指标、违反罚缴分离的规定以及将行政事业性收费、罚没收入与行政执法机关业务经费、工作人员福利待遇挂钩的,要依照《违反行政事业性收费和罚没收入收支两条线管理规定行政处分暂行规定》第八条、第十一条、第十七条的规定,对直接负责的主管人员和其他直接责任人员给予处分。

(十八)规范行政执法行为。市县政府及其部门要严格执行法律、法规、规章,依法行使权力、履行职责。要完善行政执法程序,根据有关法律、法规、规章的规定,对行政执法环节、步骤进行具体规范,切实做到流程清楚、要求具体、期限明确。要抓紧组织行政执法机关对法律、法规、规章规定的有裁量幅度的行政处罚、行政许可条款进行梳理,根据当地经济社会发展实际,对行政裁量权予以细化,能够量化的予以量化,并将细化、量化的行政裁量标准予以公布、执行。要建立监督检查记录制度,完善行政处罚、行政许可、行政强制、行政征收或者征用等行政执法案卷的评查制度。市县政府及其部门每年要组织一次行政执法案卷评查,促进行政执法机关规范执法。

(十九)加强行政执法队伍建设。实行行政执法主体资格合法性审查制度。健全行政执法人员资格制度,对拟上岗行政执法的人员要进行相关法律知识考试,经考试合格的才能授予其行政执法资格、上岗行政执法。进一步整顿行政执法队伍,严格禁止无行政执法资格的人员履行行政执法职责,对被聘用履行行政执法职责的合同工、临时工,要坚决调离行政执法岗位。健全纪律约束机制,加强行政执法人员思想建设、作风建设,确保严格执法、公正执法、文明执法。

(二十)强化行政执法责任追究。全面落实行政执法责任制,健全民主评议制度,加强对市县行政执法机关及其执法人员行使职权和履行法定义务情况的评议考核,加大责任追究力度。对不依法履行职责或者违反法定权限和程序实施行政行为的,依照《行政机关公务员处分条例》第二十条、第二十一条的规定,对直接责任人员给予处分。

六、强化对行政行为的监督

(二十一)充分发挥社会监督的作用。市县政府要在自觉接受人大监督、政协的民主监督和司法机关依法实施的监督的同时,更加注重接受社会舆论和人民群众的监督。要完善群众举报投诉制度,拓宽群众监督渠道,依法保障人民群众对行政行为实施监督的权利。要认真调查、核实人民群众检举、新闻媒体反映的问题,及时依法做出处理;对社会影响较大的问题,要及时将处理结果向社会公布。对打击、报复检举、曝光违法或者不当行政行为的单位和个人的,要依法追究有关人员的责任。

（二十二）加强行政复议和行政应诉工作。市县政府及其部门要认真贯彻执行行政复议法及其实施条例，充分发挥行政复议在行政监督、解决行政争议、化解人民内部矛盾和维护社会稳定方面的重要作用。要畅通行政复议渠道，坚持便民利民原则，依法应当受理的行政复议案件必须受理。要改进行政复议审理方式，综合运用书面审查、实地调查、听证、和解、调解等手段办案。要依法公正做出行政复议决定，对违法或者不当的行政行为，该撤销的坚决予以撤销，该变更的坚决予以变更。要按照行政复议法实施条例的规定，健全市县政府行政复议机构，充实行政复议工作人员，行政复议机构审理行政复议案件，应当由2名以上行政复议人员参加；推行行政复议人员资格管理制度，切实提高行政复议能力。要认真做好行政应诉工作，鼓励、倡导行政机关负责人出庭应诉。行政机关要自觉履行人民法院做出的判决和裁定。

（二十三）积极推进政府信息公开。市县政府及其部门要加强对政府信息公开条例的学习宣传，切实做好政府信息公开工作。要建立健全本机关政府信息公开工作制度，指定机构负责本机关政府信息公开的日常工作，理顺内部工作机制，明确职责权限。要抓紧清理本机关的政府信息，做好政府信息公开指南和公开目录的编制、修订工作。要健全政府信息公开的发布机制，加快政府网站信息的维护和更新，落实政府信息公开载体。要建立健全政府信息公开工作考核、社会评议、年度报告、责任追究等制度，定期对政府信息公开工作进行考核、评议。要严格按照政府信息公开条例规定的内容、程序和方式，及时、准确地向社会公开政府信息，确保公民的知情权、参与权、表达权、监督权。

七、增强社会自治功能

（二十四）建立政府行政管理与基层群众自治有效衔接和良性互动的机制。市县政府及其部门要全面正确实施村民委员会组织法和城市居民委员会组织法,扩大基层群众自治范围,充分保障基层群众自我管理、自我服务、自我教育、自我监督的各项权利。严禁干预基层群众自治组织自治范围内的事情,不得要求群众自治组织承担依法应当由政府及其部门履行的职责。

(二十五)充分发挥社会组织的作用。市县政府及其部门要加强对社会组织的培育、规范和管理,把社会可以自我调节和管理的职能交给社会组织。实施社会管理、提供公共服务,要积极与社会组织进行合作,鼓励、引导社会组织有序参与。

(二十六)营造依法行政的良好社会氛围。市县政府及其部门要深入开展法制宣传教育,弘扬法治精神,促进自觉学法守法用法社会氛围的形成。

八、加强领导,明确责任,扎扎实实地推进市县政府依法行政

(二十七)省级政府要切实担负起加强市县政府依法行政的领导责任。各省(区、市)人民政府要把加强市县政府依法行政作为当前和今后一个时期建设法治政府的重点任务来抓,加强工作指导和督促检查。要大力培育依法行政的先进典型,及时总结、交流和推广经验,充分发挥典型的示范带动作用。要建立依法行政考核制度,根据建设法治政府的目标和要求,把是否依照法定权限和程序行使权力、履行职责作为衡量市县政府及其部门各项工作好坏的重要标准,把是否依法决策、是否依法制定发布规范性文件、是否依法实施行政管理、是否依法受理和办理行政复议案件、是否依法履行行政应诉职责等作为考核内容,科学设定考核指标,一并纳入市县政府及其工作人员的实绩考核指标体系。依法行政考核结果要与奖励惩处、干部任免挂钩。加快实行以行政机关主要负责人为重点的行政问责和绩效管理制度。要合理分清部门之间的职责权限,在此基础上落实工作责任和考核要求。市县政府不履行对依法行政的领导职责,导致本行政区域一年内发生多起

严重违法行政案件、造成严重社会影响的,要严肃追究该市县政府主要负责人的责任。

(二十八)市县政府要狠抓落实。市县政府要在党委的领导下对本行政区域内的依法行政负总责,统一领导、协调本行政区域内依法行政工作,建立健全领导、监督和协调机制。要把加强依法行政摆上重要位置,主要负责人要切实担负起依法行政第一责任人的责任,加强领导、狠抓落实,确保把加强依法行政的各项要求落实到政府工作的各个方面、各个环节,认真扎实地加以推进。要严格执行依法行政考核制度。对下级政府和政府部门违法行政、造成严重社会影响的,要严肃追究该政府或者政府部门主要负责人的责任。

(二十九)加强市县政府法制机构和队伍建设。健全市县政府法制机构,使机构设置、人员配备与工作任务相适应。要加大对政府法制干部的培养、教育、使用和交流力度,充分调动政府法制干部的积极性、主动性和创造性。要按照中办、国办有关文件的要求,把政治思想好、业务能力强、有较高法律素质的干部充实到基层行政机关领导岗位。政府法制机构及其工作人员要切实增强做好新形势下政府法制工作的责任感和使命感,不断提高自身的政治素质、业务素质和工作能力,努力当好市县政府及其部门领导在依法行政方面的参谋、助手和顾问,在推进本地区依法行政中充分发挥统筹规划、综合协调、督促指导、政策研究和情况交流等作用。

(三十)完善推进市县政府依法行政报告制度。市县政府每年要向本级人大常委会和上一级政府报告本地区推进依法行政的进展情况、主要成效、突出问题和下一步工作安排。省(区、市)人民政府每年要向国务院报告本地区依法行政的情况。

其他行政机关也要按照本决定的有关要求,加强领导,完善制度,强化责任,保证各项制度严格执行,加快推进本地区、本部门的依法行政进程。

上级政府及其部门要带头依法行政,督促和支持市县政府依法行政,并为市县政府依法行政创造条件、排除障碍、解决困难。

国　务　院

二〇〇八年五月十二日

例文是一份事先对工作的开展进行部署的决定,即对重大行动做出安排的决定。例文正文的开头部分(第一个自然段)在简述情况,指明背景,也即明确发文缘由的基础上,说明做出决定的目的,文中所用的"现就……做出如下决定:"及"现决定如下:""……决定:""特作如下决定:"等语句是常用于决定的开头和主体部分之间的过渡性语句;主体部分逐项逐条写明决定事项,其中既有对工作的重要性、紧迫性的强调,又有对全面、细致的工作部署。在工作的部署中,既有制度性、原则性要求,也有非常具体的工作措施。其中,最后一条"加强领导,明确责任,扎扎实实地推进市县政府依法行政",是为确保工作的顺利进行而提出的保障性的要求和措施,是执行文件规定、落实工作安排的要求和措施。正文部分的每一项内容均加有序码和小标题,对该项内容的要点加以提示,醒目、清楚,篇幅较长、内容较为复杂的公文常采用这种写法。结尾部分(最后两个自然段)紧承正文内容,向其他有关行政机关提出要求,向上级政府及其部门提出希望。

（三）命　　令（令）

中华人民共和国人力资源和
社会保障部令

第 1 号

《企业职工带薪年休假实施办法》已于 2008 年 7 月 17 日经人力资源和社会保障部第 6 次部务会议通过，现予公布，自公布之日起施行。

部　长　尹蔚民
二〇〇八年九月十八日

《国家行政机关公文处理办法》规定：命令（令）适用于依照有关法律发布行政法规和规章；宣布施行重大强制性行政措施；嘉奖有关单位及人员。按其用途的不同，就可以把命令（令）分为发布令、行政令和嘉奖令等几种。

上面的例文是一份发布令，即是用以发布各种法规或规章的命令。过去常见的发布令为《中华人民共和国主席令》，自 1988 年国务院决定，以由国务院总理签署国务院令的形式发布行政法规，常见的发布令又有了《中华人民共和国国务院令》。而自国务院改以"令"的形式发布行政法规以后，国务院各部委也开始通过"令"的制发，发布行政法规和规章。各部委改以"令"的形式发布行政法规和规章，是为了提高行政法规和规章的权威性、严肃性和时效性，使行政法规和规章能够及时为社会和公众所了解，便于国家机关、社会团体、企事业单位及全体公民执行或遵守。各部委发布的行政法规和规章,一般都要在报纸上全文刊登,各部委办公厅印发少量文本,供有关部门和单位存档备查。

　　从例文可以看出,发布令的标题是由发令机关名称和文种名称构成的。标题下面为令号,令号一般不按年度编排,而是从发令机关领导人任职开始编流水号,至任满为止,下任另行编号。正文很简单,一般只有一两句话,说明公布的法规和规章的名称、通过或批准的机关或会议、时间及施行时间。落款签署发令机关领导人的职务名称和姓名,然后注明发令日期。发布令的附件为随文公布的法规或规章。

　　《国家行政机关公文格式》对"命令"的格式有专门规定。

最高人民法院嘉奖令

法〔2005〕189号

各省、自治区、直辖市高级人民法院,解放军军事法院,新疆维吾尔自治区高级人民法院生产建设兵团分院:

2005年9月4日至10日,第二十二届世界法律大会在北京、上海两地胜利召开。本次大会是世界法律界的一次规模空前的盛会,受到了党和国家的高度重视。为了圆满地接待组织好本次会议,在最高人民法院的统一部署指挥下,上海市高级人民法院作为上海阶段会议的承办单位,能够站在全局的高度,深刻理解会议目的、意义,全力以赴地投入筹办工作,积极争取领导支持和有关单位协作,精心安排,大力配合最高人民法院落实实施会务计划,在人力、物力等方面给予了充足保障,他们以强烈的政治责任感和饱满的工作热情,高质量、高效率地完成了各项会议任务,实现了热情、周到、顺利、成功的办会目标,赢得了中外各方的赞誉。

为表彰为本届大会取得圆满成功作出突出贡献的单位和集体,最高人民法院决定:向全国法院通令嘉奖上海市高级人民法院。

希望上海市高级人民法院以此为契机,保持荣誉,再接再厉,紧密团结在以胡锦涛同志为总书记的党中央周围,高举邓小平理论和"三个代表"重要思想伟大旗帜,全面落实科学发展观,认真贯彻落实党的十六届五中全会精神,结合"规范司法行为,促进司法公正"专项整改活动,进一步巩固保持共产党员先进性教育活动成果,振奋精神,扎实工作,锐意进取,开拓创新,全面增强司法能力,不断提高司法水平,为实现全面建设小康社会、构建社会主义和谐社会不断做出新的贡献!

最高人民法院
二〇〇五年十月

  上面的例文是一份嘉奖令。嘉奖令是宣布奖励事宜时使用的公文。嘉奖令的正文一般包括三个方面的内容:一是嘉奖缘由,简要叙述被嘉奖者的主要事迹,并做出中肯的评价;二是嘉奖事项,写出嘉奖的具体内容,通常为授予的称号、记功的等级和次数及其他形式的奖励决定;三是发出号召或提出希望,如号召广大人民群众向英雄人物学习,做好本职工作,希望嘉奖对象再接再厉,继续进步,等等。例文的正文共有三个部分,分别写入了嘉奖令常写的三项内容,层次清楚,详略得当。

(四)公　　报

中国共产党第十八届中央委员会
第三次全体会议公报

(2013年11月12日中国共产党第十八届
中央委员会第三次全体会议通过)

中国共产党第十八届中央委员会第三次全体会议,于2013年11月9日至12日在北京举行。

出席这次全会的有,中央委员204人,候补中央委员169人。中央纪律检查委员会常务委员会委员和有关方面负责同志列席了会议。党的十八大代表中部分基层同志和专家学者也列席了会议。

全会由中央政治局主持。中央委员会总书记习近平作了重要讲话。

全会听取和讨论了习近平受中央政治局委托作的工作报告,审议通过了《中共中央关于全面深化改革若干重大问题的决定》。习近平就《决定(讨论稿)》向全会作了说明。

全会充分肯定党的十八大以来中央政治局的工作。一致认为,面对十分复杂的国际形势和艰巨繁重的国内改革发展稳定任务,中央政治局全面贯彻党的十八大和十八届一中、二中全会精神,高举中国特色社会主义伟大旗帜,以邓小平理论、"三个代表"重要思想、科学发展观为指导,团结带领全党全军全国各族人民,坚持稳中求进的工作总基调,着力稳增长、调结构、促改革,沉着应对各种风险挑战,全面推进社会主义经济建设、政治建设、文化建设、社会建设、生态文明建设,全面推进党的建设新的伟大工程,扎实推进党的群众路线教育实践活动,各项工作取得新进展,推动发展成果更多更公平惠及全体人民,实现了贯彻落实党的十八大精神第一年的良好开局。

全会高度评价党的十一届三中全会召开35年来改革开放的成功实践和伟大成就,研究了全面深化改革若干重大问题,认为改革开放是党在新的时代条件下带领全国各族人民进行的新的伟大革命,是当代中国最鲜明的特色,是决定当代中国命运的关键抉择,是党和人民事业大踏步赶上时代的重要法宝。面对新形势新任务,全面建成小康社会,进而建成富强民主文明和谐的社会主义现代化国家、实现中华民族伟大复兴的中国梦,必须在新的历史起点上全面深化改革。

全会强调,全面深化改革,必须高举中国特色社会主义伟大旗帜,以马克思列宁主义、毛泽东思想、邓小平理论、"三个代表"重要思想、科学发展观为指导,坚定信心,凝聚共识,统筹谋划,协同推进,坚持社会主义市场经济改革方向,以促进社会公平正义、增进人民福祉为出发点和落脚点,进一步解放思想、解放和发展社会生产力、解放和增强社会活力,坚决破除各方面体制机制弊端,努力开拓中国特色社会主义事业更加广阔的前景。

全会指出,全面深化改革的总目标是完善和发展中国特色社会主义制度,推进国家治理体系和治理能力现代化。必须更加注重改革的系统性、整体性、协同性,加快发展社会主义市场经济、民主政治、先进文化、和谐社会、生态文明,让一切劳动、知识、技术、管理、资本的活力竞相迸发,让一切创造社会财富的源泉充分涌流,让发展成果更多更公平惠及全体人民。

全会指出,要紧紧围绕使市场在资源配置中起决定性作用深化经济体制改革,坚持和完善基本经济制度,加快完善现代市场体系、宏观调控体系、开放型经济体系,加快转变经济发展方式,加快建设创新型国家,推动经济更有效率、更加公平、更可持续发展;紧紧围绕坚持党的领导、人民当家作主、依法治国有机统一深化政治体制改革,加快推进社会主义民主政治制度化、规范化、程序化,建设社会主义法治国家,发展更加广泛、更加充分、更加健全的人民民主;紧紧围绕建设社会主义核心价值体系、社会主义文化强国深化文化体制改革,加快完善文化管理体制和文化生产经营机制,建立健全现代公共文化服务体系、现代文化市场体系,推动社会主义文化大发展大繁荣;紧紧围绕更好保障和改善民生、促进社会公平正义深化社会体制改革,改革收入分配制度,促进共同富裕,推进社会领域制度创新,推进基本公共服务均等化,加快形成科学有效的社会治理体制,确保社会既充满活力又和谐有序;紧紧围绕建设美丽中国深化生态文明体制改革,加快建立生态文明制度,健全国土空间开发、资源节约利用、生态环境保护的体制机制,推动形成人与自然和谐发展现代化建设新格局;紧紧围绕提高科学执政、民主执政、依法执政水平深化党的建设制度改革,加强民主集中制建设,完善党的领导体制和执政方式,保持党的先进性和纯洁性,为改革开放和社会主义现代化建设提供坚强政治保证。

全会指出,全面深化改革,必须立足于我国长期处于社会主义初级阶段这个最大实际,坚持发展仍是解决我国所有问题的关键这个重大战略判断,以经济建设为中心,发挥经济体制改革牵引作用,推动生产关系同生产力、上层建筑同经济基础相适应,推动经济社会持续健康发展。

全会指出,经济体制改革是全面深化改革的重点,核心问题是处理好政府和市场的关系,使市场在资源配置中起决定性作用和更好发挥政府作用。

全会强调,改革开放的成功实践为全面深化改革提供了重要经验,必须长期坚持。最重要的是,坚持党的领导,贯彻党的基本路线,不走封闭僵化的老路,不走改旗易帜的邪路,坚定走中国特色社会主义道路,始终确保改革正确方向;坚持解放思想、实事求是、与时俱进、求真务实,一切从实际出发,总结国内成功做法,借鉴国外有益经验,勇于推进理论和实践创新;坚持以人为本,尊重人民主体地位,发挥群众首创精神,紧紧依靠人民推动改革,促进人的全面发展;坚持正确处理改革发展稳定关系,胆子要大、步子要稳,加强顶层设计和摸着石头过河相结合,整体推进和重点突破相促进,提高改革决策科学性,广泛凝聚共识,形成改革合力。

全会要求,到2020年,在重要领域和关键环节改革上取得决定性成果,形成系统完备、科学规范、运行有效的制度体系,使各方面制度更加成熟更加定型。

全会对全面深化改革作出系统部署,强调坚持和完善基本经济制度,加快完善现代市场体系,加快转变政府职能,深化财税体制改革,健全城乡发展一体化体制机制,构建开放型经济新体制,加强社会主义民主政治制度建设,推进法治中国建设,强化权力运行制约和监督体系,推进文化体制机制创新,推进社会事业改革创新,创新社会治理体制,加快生态文明制度建设,深化国防和军队改革,加强和改善党对全面深化改革的领导。

全会提出,公有制为主体、多种所有制经济共同发展的基本经济制度,是中国特色社会主义制度的重要支柱,也是社会主义市场经济体制的根基。公有制经济和非公有制经济都是社会主义市场经济的重要组成部分,都是我国经济社会发展的重要基础。必须毫不动摇巩固和发展公有制经济,坚持公有制主体地位,发挥国有经济主导作用,不断增强国有经济活力、控制力、影响力。必须毫不动摇鼓励、支持、引导非公有制经济发展,激发非公有制经济活力和创造力。要完善产权保护制度,积极发展混合所有制经济,推动国有企业完善现代企业制度,支持非公有制经济健康发展。

全会提出,建设统一开放、竞争有序的市场体系,是使市场在资源配置中起决定性作用的基础。必须加快形成企业自主经营、公平竞争,消费者自由选择、自主消费,商品和要素自由流动、平等交换的现代市场体系,着力清除市场壁垒,提高资源配置效率和公平性。要建立公平开放透明的市场规则,完善主要由市场决定价格的机制,建立城乡统一的建设用地市场,完善金融市场体系,深化科技体制改革。

全会提出,科学的宏观调控,有效的政府治理,是发挥社会主义市场经济体制优势的内在要求。必须切实转变政府职能,深化行政体制改革,创新行政管理方式,增强政府公信力和执行力,建设法治政府和服务型政府。要健全宏观调控体系,全面正确履行政府职能,优化政府组织结构,提高科学管理水平。

全会提出,财政是国家治理的基础和重要支柱,科学的财税体制是优化资源配置、维护市场统一、促进社会公平、实现国家长治久安的制度保障。必须完善立法、明确事权、改革税制、稳定税负、透明预算、提高效率,建立现代财政制度,发挥中央和地方两个积极性。要改进预算管理制度,完善税收制度,建立事权和支出责任相适应的制度。

全会提出,城乡二元结构是制约城乡发展一体化的主要障碍。必须健全体制机制,形成以工促农、以城带乡、工农互惠、城乡一体的新型工农城乡关系,让广大农民平等参与现代化进程、共同分享现代化成果。要加快构建新型农业经营体系,赋予农民更多财产权利,推进城乡要素平等交换和公共资源均衡配置,完善城镇化健康发展体制机制。

全会提出,适应经济全球化新形势,必须推动对内对外开放相互促进、引进来和走出去更好结合,促进国际国内要素有序自由流动、资源高效配置、市场深度融合,加快培育参与和引领国际经济合作竞争新优势,以开放促改革。要放宽投资准入,加快自由贸易区建设,扩大内陆沿边开放。

全会提出,发展社会主义民主政治,必须以保证人民当家作主为根本,坚持和完善人民代表大会制度、中国共产党领导的多党合作和政治协商制度、民族区域自治制度以及基层群众自治制度,更加注重健全民主制度、丰富民主形式,充分发挥我国社会主义政治制度优越性。要推动人民代表大会制度与时俱进,推进协商民主广泛多层制度化发展,发展基层民主。

全会提出,建设法治中国,必须深化司法体制改革,加快建设公正高效权威的社会主义司法制度,维护人民权益。要维护宪法法律权威,深化行政执法体制改革,确保依法独立公正行使审判权检察权,健全司法权力运行机制,完善人权司法保障制度。

全会提出,坚持用制度管权管事管人,让人民监督权力,让权力在阳光下运行,是把权力关进制度笼子的根本之策。必须构建决策科学、执行坚决、监督有力的权力运行体系,健全惩治和预防腐败体系,建设廉洁政治,努力实现干部清正、政府清廉、政治清明。要形成科学有效的权力制约和协调机制,加强反腐败体制机制创新和制度保障,健全改进作风常态化制度。

全会提出,建设社会主义文化强国,增强国家文化软实力,必须坚持社会主义先进文化前进方向,坚持中国特色社会主义文化发展道路,坚持以人民为中心的工作导向,进一步深化文化体制改革。要完善文化管理体制,建立健全现代文化市场体系,构建现代公共文化服务体系,提高文化开放水平。

全会提出,实现发展成果更多更公平惠及全体人民,必须加快社会事业改革,解决好人民最关心最直接最现实的利益问题,更好满足人民需求。要深化教育领域综合改革,健全促进就业创业体制机制,形成合理有序的收入分配格局,建立更加公平可持续的社会保障制度,深化医药卫生体制改革。

全会提出,创新社会治理,必须着眼于维护最广大人民根本利益,最大限度增加和谐因素,增强社会发展活力,提高社会治理水平,维护国家安全,确保人民安居乐业、社会安定有序。要改进社会治理方式,激发社会组织活力,创新有效预防和化解社会矛盾体制,健全公共安全体系。设立国家安全委员会,完善国家安全体制和国家安全战略,确保国家安全。

全会提出,建设生态文明,必须建立系统完整的生态文明制度体系,用制度保护生态环境。要健全自然资源资产产权制度和用途管制制度,划定生态保护红线,实行资源有偿使用制度和生态补偿制度,改革生态环境保护管理体制。

全会提出,紧紧围绕建设一支听党指挥、能打胜仗、作风优良的人民军队这一党在新形势下的强军目标,着力解决制约国防和军队建设发展的突出矛盾和问题,创新发展军事理论,加强军事战略指导,完善新时期军事战略方针,构建中国特色现代军事力量体系。要深化军队体制编制调整改革,推进军队政策制度调整改革,推动军民融合深度发展。

全会强调,全面深化改革必须加强和改善党的领导,充分发挥党总揽全局、协调各方的领导核心作用,提高党的领导水平和执政能力,确保改革取得成功。中央成立全面深化改革领导小组,负责改革总体设计、统筹协调、整体推进、督促落实。各级党委要切实履行对改革的领导责任。要深化干部人事制度改革,建立集聚人才体制机制,充分发挥人民群众积极性、主动性、创造性,鼓励地方、基层和群众大胆探索,及时总结经验。

全会分析了当前形势和任务,强调全党同志要把思想和行动统一到中央关于全面深化改革重大决策部署上来,增强进取意识、机遇意识、责任意识,牢牢把握方向,大胆实践探索,注重统筹协调,凝聚改革共识,落实领导责任,坚定不移实现中央改革决策部署。要按照中央决策部署,坚持稳中求进、稳中有为,切实做好各项工作,保持经济社会发展势头,关心群众特别是困难群众生活,促进社会和谐稳定,继续扎实推进党的群众路线教育实践活动,努力实现经济社会发展预期目标。

全会号召,全党同志要紧密团结在以习近平同志为总书记的党中央周围,锐意进取,攻坚克难,谱写改革开放伟大事业历史新篇章,为全面建成小康社会、不断夺取中国特色社会主义新胜利、实现中华民族伟大复兴的中国梦而奋斗!

同决议一样,"公报"也是《中国共产党各级领导机关文件处理条例》所列出的公文文种;2012年4月6日中共中央办公厅、国务院办公厅联合印发的《党政机关公文处理工作条例》(自2012年7月1日起执行),将"公报"列为党政机关公文文种。按该条例的规定,"公报"适用于公布重要决定或者重大事项。

例文的标题是由会议名称和文种名称两个要素构成的,会议名称其实已经含有发文机关和事由的意思。正文首先写明会议情况;然后全面反映会议议定事项,表明与会人员对各重大事项的看法,其中既有对历史问题的回顾,也有对当前形势的认识,还有对今后任务的明确;最后向全党同志发出号召。在反映议定事项,表明与会人员的看法时,每一自然段均以具有引述功能的词语提起下文,条分缕析,层次清楚,要点突出,便于人们领会内容。

（五）公　　告

全国旅游景区质量等级评定委员会公告

2007 年第 2 号

依照中华人民共和国国家标准《旅游景区质量等级的划分与评定》与《旅游景区质量等级评定管理办法》，经有关省、自治区、直辖市旅游景区质量等级评定委员会推荐和辅导创建，全国旅游景区质量等级评定委员会组织评定，以下 66 家试点景区达到国家 5A 级旅游景区标准的要求，批准为国家 5A 级旅游景区，现予公告。

附件：66 家国家 5A 级旅游景区名单

全国旅游景区质量等级评定委员会
二〇〇七年五月八日

例文的正文部分只有一段话，主要包含两层意思：一是说明确定公告事项的依据，二是宣布公告事项。有的公告的正文的写法要相对复杂一些，不同的内容自成独立的部分，如下面的例文。

中华人民共和国海关总署公告

2007年第19号

经国务院有关部门共同研究修订的《国内投资项目不予免税的进口商品目录(2006年修订)》已经财政部对外发布,并于2007年3月1日起实施。为保证相关政策的平稳过渡,对2007年2月28日及以前批准的国内投资项目项下在2007年12月31日及以前申报进口的设备,仍按照2002年调整后的《国内投资项目不予免税的进口商品目录(2000年修订)》(以下简称《2000年不予免税商品目录》)执行。为此,根据2007年版《中华人民共和国进出口税则》的税目调整情况,针对原《2000年不予免税商品目录》在实施中存在的问题,对原《2000年不予免税商品目录》进行了调整(详见附件1、2)。经商财政部,现将有关事宜公告如下:

一、此次调整,除根据上述税则税目的调整及原《2000年不予免税商品目录》所列税则号列不够准确等情况调整了相关商品的税则号列外,同时对其中个别商品的名称等内容进行了适当修正。

二、自2007年5月25日起,对于仍需按照《2000年不予免税商品目录》执行的,应以此次调整后的《2000年不予免税商品目录》为准。对于本公告发布前海关已出具的《进出口货物征免税证明》尚在有效期内的,仍然继续有效。货物已经征税或免税进口的,不再予以调整。

三、执行此次调整后的《2000年不予免税商品目录》的有关问题,仍按照《国务院关于调整进口设备税收政策的通知》(国发〔1997〕37号)、《海关总署关于贯彻〈国务院关于调整进口设备税收政策的通知〉的紧急通知》(署税〔1997〕1062号)和《海关总署关于执行〈国内投资项目不予免税的进口商品目录(2006年修订)〉的有关问题的通知》(署税发〔2007〕90号)的有关规定执行。

四、自2007年5月25日起,原《2000年不予免税商品目录》同时废止。

特此公告。

附件:1.《国内投资项目不予免税的进口商品目录(2000年修订)》2007年调整对照表
　　　2.《国内投资项目不予免税的进口商品目录(2000年修订)》(2007年调整)

二〇〇七年五月十六日

例文正文的第一个部分写明发布公告的缘由和目的,"现将有关事宜公告如下:"之类的语句,是公告的开头部分的最后惯用的引出公告事项的过渡性语句;主体部分共写了四条公告事项,各条事项写清之后,这一部分便结束;"特此公告"是常见于公告的结束语。

（六）通　　告

北京市人民政府通告

京政发〔2001〕34号

北京市人民政府关于发布
本市第七阶段控制大气污染措施的通告

为进一步加快本市环境治理的步伐，改善环境质量，市政府决定自2001年11月1日至2002年3月31日，为本市控制大气污染第七阶段。

第七阶段的重点任务和目标是：以治理颗粒物污染为重点，确保实现2001年空气污染指数2级和好于2级的天数达到50％，并为实现2002年环境目标打好基础。现将第七阶段措施通告如下：

一、切实加强颗粒物污染治理工作

（一）凡无开采许可证或开采许可证已到期的砂石场，处于河道及河道两侧管理保护范围内、地面水源保护区、地下水源防护区内的砂石场，必须在2001年11月底以前关闭，完成拆除设备、停水、停电等工作。在2001年11月底以前，市国土房管局和市水利局要提出全市砂石场逐步关停的实施方案。丰台区、石景山区和门头沟区政府要在2002年3月底以前完成辖区内砂石运输道路（不含河堤路）的硬化整治工作。市水利局对永定河13公里西河堤路进行硬化。

（二）城近郊区凡有煤堆、渣堆、灰堆、土堆的单位以及有料堆、土堆的施工单位，必须负责将其全部覆盖。锅炉除尘器下灰要以袋装方式收集和运输。市农委和市农业局今冬要通过增加越冬作物面积、推广"留茬免耕"技术等措施，减少8.67万公顷（约130万亩）裸露农田的尘污染。在2002年3月底以前，市教委要研究制定学校裸露操场的控制扬尘方案，并开始对10个大学和20个中小学操场进行尘污染治理。在2002年3月底以前，市政管委要组织完成1000辆渣土砂石运输车的机械式密闭改造。自2002年1月1日起，市建委要参照柴油车排放标准加强对施工机械污染物排放情况的监督管理。自2001年11月15日起，华北电力集团公司开始对居民电采暖实行优惠电价。

（三）在2001年底以前，市经委和北京金隅集团要制定建材行业2002年削减污染的具体方案。房山区政府要制定2002年底以前关闭5个水泥厂、10个石灰（灰粉）厂实施计划。在2001年11月底以前，怀柔县政府要组织落实北京青山建材股份有限公司全部停产的工作。在2001年11月底以前，北京京能热电股份有限公司要制定龙口灰场治理扬尘的计划，并在2002年3月底以前完成。在2002年3月底以前，首钢总公司要提出其石景山厂区及所属企业的颗粒物污染治理方案，对钢渣厂的装卸、运输实现防尘作业。首钢白庙料场要采用覆盖技术。在2002年3月底以前，首钢建材化工厂要彻底解决窑尾至料仓白灰的无组织排放。

（四）市环保局和市质量技术监督局要按照排放限值与国际先进指标接轨的要求，修改现行的《锅炉大气污染物排放标准》、《燃煤锅炉氮氧化物排放标准》及《火电厂二氧化硫排放标准》，并在2002年1月1日颁布实施。为在2003年1月1日提前实施《轻型汽车污染物排放限值及测量方法》（Ⅱ）国家标准（相当于欧2标准），市环保局要在2001年底以前做好上报国务院审批的准备工作。

（五）在2001年11月底以前,有关部门要按照使用18亿立方米天然气、新增供热面积300万平方米、新增电采暖面积400万平方米、使用700万吨低硫低灰份煤、推广平房电采暖的要求,编制2002年工作计划;各城近郊区政府要制定2002年燃煤锅炉改造计划。

（六）在2001年底以前,市环保局要制定本市2002年工业污染物排放总量和工业用煤削减指标,市经委要制定具体的削减实施计划。在2002年3月底以前,市经委要提出东南郊化工区产业调整计划。在2001年底以前,市经委和市规划委要组织制定2002年新建建筑使用电采暖的计划。

（七）在2001年底以前,首绿办、市园林局和市政管委要制定2002年四环路内城市道路两旁、小区院墙外以及城乡结合部的垃圾堆放地、土路的"黄土不露天"计划。市园林局要提出本市屋顶绿化、墙面立体绿化方案,制定并落实"绿化动土控制扬尘管理办法",要大力推广采用地槿覆盖裸露地面的防尘技术。

二、加大监查力度,巩固治理成果

（八）市政府各有关部门和各区、县政府要认真履行各自职责,继续落实市政府发布的前六个阶段、特别是采暖期控制大气污染的各项措施。各区、县环保局要完善监督机制,加强执法队伍的建设,严格执法。要加强城乡结合部地区工地及餐馆的巡查,对恢复使用燃煤炉灶和高硫煤等违法行为,要依法从重处罚,切实巩固治理成果。市监察局和市环保局要认真执行《关于违反环境保护法规追究行政责任的暂行规定》。全市各部门要健全环保管理网络,指定专人负责本部门各项环保措施的落实。

（九）自2001年11月15日起,市质量技术监督局对各区、县用煤单位的抽检数每月不少于总数的25%,市环保局对各区、县燃煤锅炉的抽测数每月不少于总数的30%,同时分别组织对用煤单位的煤质、锅炉二氧化硫及烟尘黑度排放情况进行抽测,并将检查结果报市政府办公厅。市煤炭质量监督部门和工商部门要严格管理民用煤市场,坚决取缔非法无照经营的个体煤贩。在2001年底以前,在城近郊区范围内,市建委每周组织检查各区施工工地总数不得少于20个,市国土房管局每周组织检查各区拆迁工地总数不得少于5个,并将检查结果报市政府办公厅和市扬尘污染联合检查办公室。

(十)在2002年2月底以前,市环保局要完成部分机动车年检场尾气检测数据的联网试点工作,并开始对年检场尾气检测工位实施在线监控。

三、加强环境科研和监测工作

(十一)市科委要继续组织有关部门开展二次粒子污染物的生成机理和防治对策及地热、水源热泵技术对环境的影响,农业生产排放的氨、甲烷、土壤尘等污染物对大气环境质量影响的研究。

(十二)在2001年底以前,市环保局要完成环境污染监控中心项目建议书编制工作,市计委、市规划委、市国土房管局要尽快完成监控中心的立项审批、规划选址、用地审批;市环保监控中心要完成新增2台机动车尾气排放遥感测试仪的调试并投入使用。市环保局要组织水泥厂安装粉尘在线监测仪的试点工作。

四、加大宣传力度,发挥公众监督作用

(十三)宣传部门要组织各新闻单位加强对防治大气污染工作的宣传,提高干部、群众对其工作、生活地区控制扬尘污染重要意义的认识,树立从自己做起,减少扬尘、保护环境的观念;进一步推动"绿色社区"创建活动,引导市民积极行动,参与大气污染防治和环境保护。同时加强对各责任单位贯彻落实本通告情况的报道,加强舆论监督。市建委要加强推进环保型施工管理和组织的

工作力度,推广减少扬尘的土方施工技术。市教委要继续推进中小学的环境教育,扩大范围,每学期应组织1至2次主题班会。市科委要加强对大气污染防治知识的普及工作。

特此通告。

二〇〇一年十月三十日

(注:因版面所限,印章未按原大。下同。)

主题词:环保　控制　污染　措施　通告

主送:各区、县人民政府,市政府各委、办、局,各市属机构。
抄送:党中央各部门,全国人大常委会办公厅,国务院办公厅、各部委、各直属机构,中央军委办公厅,全国政协办公厅,最高人民法院,最高人民检察院。
　　市委各部门,市人大常委会办公厅,市政协办公厅,市高级人民法院,市人民检察院,北京卫戍区。
　　各民主党派北京市委和北京市工商联。

北京市人民政府办公厅　　　　　　　　　　2001年10月30日印发

共印2660份

　　例文包括公文份数序号、发文机关标识、发文字号、标题、正文、成文日期、公文生效标识、主题词、主送机关及抄送机关名称、印发机关和印发时间等项目。值得注意的是，"发文机关标识"一项不是由发文机关名称加"文件"二字组成的，而是由发文机关名称加文种名称"通告"组成；主送机关没有标在标题之下、正文之前，而是放在版记部分，即列在抄送机关的前面。这两点是通告这样的普发性公文，特别是公开发布的普发性公文常有的特点。

另外，需要说明的是，自2012年7月1日起施行的《党政机关公文处理工作条例》对公文的格式要素做了调整，规定"公文一般由份号、密级和保密期限、紧密程度、发文机关标志、发文字号、签发人、标题、主送机关、正文、附件说明、发文机关署名、成文日期、印章、附注、附件、抄送机关、印发机关和印发日期、页码等组成"。同以往的规定（主要指《国家行政机关公文处理办法》）相比，增加了"份号""发文机关署名""页码"几个要素，减少了"主题词"。对"份号""页码"虽然此前未做要求，但在公文实践中一直使用，所以新增加的要素其实只有"发文机关署名"。

这份通告的标题是由发文机关、事由和文种三个要素组成的。正文包括开头、主体和结语三个部分。开头部分（第一、二自然段）概述工作目的及工作任务和目标，"现将……通告如下:""特此通告如下"等，是通告的开头和主体部分之间常用的过渡性语句；主体部分采用分条列项、条断项连的写法，写明具体的通告事项也即需要有关人员了解的工作措施；"特此通告"是通告惯用的结语。

关于进一步加强国际海运市场监管的通告

《中华人民共和国国际海运条例》(以下简称:《国际海运条例》)实施以来,交通运输主管部门依法规范国际海运市场秩序,取得了积极成效。近期,交通运输部在对国际班轮运输和无船承运市场监管中发现,有少数境外国际班轮运输业务经营者,在经营资格失效的情况下,仍在中国口岸开展国际班轮运输业务;部分企业在未依法取得无船承运业务经营资格情况下,擅自经营无船承运业务,违反了《国际海运条例》的规定,严重扰乱市场秩序,损害了有关当事人的合法权益。交通运输部依据《国际海运条例》规定,对这些违规经营者进行了严肃查处,给予行政罚款。此外,对经查实已实际终止业务但未办理经营资格注销手续的国际班轮业务经营者,交通运输部依法注销了19家公司的国际班轮运输业务经营资格。

为进一步规范国际海上运输活动,保护公平竞争,维护国际海上运输市场秩序,保障国际海上运输各方当事人的合法权益,现将有关事项通告如下:

一、根据《国际海运条例》第16条的规定,经营进出中国港口的国际班轮运输须向交通运输部申请取得经营资格。国际班轮运输业务经营者应严格履行《国际海运条例》规定的班轮航线、运营船舶以及班轮公会协议、运营协议、运价协议的备案义务,并在《国际班轮运输经营资格登记证》有效期满前30天,向交通运输部申请办理延期手续,逾期未办理延期手续又继续经营的,依照《国际海运条例》第46条规定予以处罚。各国际船舶代理企业不得为未取得经营资格或已丧失经营资格的国际班轮运输业务经营者提供代理服务。

二、根据《国际海运条例》第7条的规定,经营无船承运业务应向交通运输部办理提单登记,并交纳保证金。各国际班轮运输经营者应严格遵守《国际海运条例》及其实施细则的有关规定,在与无船承运业务经营者订立协议运价时,应当确认其已依法取得无船承运业务经营资格。国际班轮运输经营者不得与未取得经营资格的无船承运业务经营者签订协议运价,不得接受其提供的货物或者集装箱。对于国际班轮运输经营者违反规定,与未取得经营资格的无船承运业务经营者订立协议运价的行为,将依照《国际海运条例》第51条规定予以处罚。

三、各省、区、市交通运输主管部门(港航管理部门)应继续加强对本地区国际海运市场监管,加大现场检查力度,对违反《国际海运条例》的企业,应责令其限期改正,并向交通运输部报告。

特此通告。

附件:交通运输部近期查处的违规经营国际海运业务企业名单

中华人民共和国交通运输部(章)
二〇〇八年六月二十三日

例文的标题是由事由和文种名称两个要素构成的,事由写得比较具体。正文的开头部分首先简述情况,指明问题及其危害,这也就是对发文缘由的明确;然后说明发布通告的目的,并以过渡性语句"现将有关事项通告如下:"引出下文。主体部分写明要求有关机构或部门遵照执行的通告事项。"特此通告"是通告常用的结语。

（七）意　　见

国务院关于加快发展服务业的若干意见

国发〔2007〕7号

各省、自治区、直辖市人民政府，国务院各部委、各直属机构：

根据"十一五"规划纲要确定的服务业发展总体方向和基本思路，为加快发展服务业，现提出以下意见：

一、充分认识加快发展服务业的重大意义

服务业是国民经济的重要组成部分，服务业的发展水平是衡量现代社会经济发达程度的重要标志。我国正处于全面建设小康社会和工业化、城镇化、市场化、国际化加速发展时期，已初步具备支撑经济又好又快发展的诸多条件。加快发展服务业，提高服务业在三次产业结构中的比重，尽快使服务业成为国民经济的主导产业，是推进经济结构调整、加快转变经济增长方式的必由之路，是有效缓解能源资源短缺的瓶颈制约、提高资源利用效率的迫切需要，是适应对外开放新形势、实现综合国力整体跃升的有效途径。加快发展服务业，形成较为完备的服务业体系，提供满足人民群众物质文化生活需要的丰富产品，并成为吸纳城乡新增就业的主要渠道，也是解决民生问题、促进社会和谐、全面建设小康社会的内在要求。为此，必须从贯彻落实科学发展观和构建社会主义和谐社会战略思想的高度，把加快发展服务业作为一项重大而长期的战略任务抓紧抓好。

党中央、国务院历来重视服务业发展，制定了一系列鼓励和支

持发展的政策措施,取得了明显成效。特别是党的十六大以来,服务业规模继续扩大,结构和质量得到改善,服务领域改革开放不断深化,在促进经济平稳较快发展、扩大就业等方面发挥了重要作用。但是,当前在服务业发展中还存在不容忽视的问题,特别是一些地方过于看重发展工业尤其是重工业,对发展服务业重视不够。我国服务业总体上供给不足,结构不合理,服务水平低,竞争力不强,对国民经济发展的贡献率不高,与经济社会加快发展、产业结构调整升级不相适应,与全面建设小康社会和构建社会主义和谐社会的要求不相适应,与经济全球化和全面对外开放的新形势不相适应。各地区、各部门要进一步提高认识,切实把思想统一到中央的决策和部署上来,转变发展观念,拓宽发展思路,着力解决存在的问题,加快把服务业提高到一个新的水平,推动经济社会走上科学发展的轨道,促进国民经济又好又快发展。

二、加快发展服务业的总体要求和主要目标

当前和今后一个时期,发展服务业的总体要求是:以邓小平理论和"三个代表"重要思想为指导,全面贯彻落实科学发展观和构建社会主义和谐社会的重要战略思想,将发展服务业作为加快推进产业结构调整、转变经济增长方式、提高国民经济整体素质、实现全面协调可持续发展的重要途径,坚持以人为本、普惠公平,进一步完善覆盖城乡、功能合理的公共服务体系和机制,不断提高公共服务的供给能力和水平;坚持市场化、产业化、社会化的方向,促进服务业拓宽领域、增强功能、优化结构;坚持统筹协调、分类指导,发挥比较优势,合理规划布局,构建充满活力、特色明显、优势互补的服务业发展格局;坚持创新发展,扩大对外开放,吸收发达国家的先进经验、技术和管理方式,提高服务业国际竞争力,实现服务业又好又快发展。

根据"十一五"规划纲要,"十一五"时期服务业发展的主要目标是：到2010年，服务业增加值占国内生产总值的比重比2005年提高3个百分点，服务业从业人员占全社会从业人员的比重比2005年提高4个百分点，服务贸易总额达到4000亿美元；有条件的大中城市形成以服务经济为主的产业结构，服务业增加值增长速度超过国内生产总值和第二产业增长速度。到2020年，基本实现经济结构向以服务经济为主的转变，服务业增加值占国内生产总值的比重超过50%，服务业结构显著优化，就业容量显著增加，公共服务均等化程度显著提高，市场竞争力显著增强，总体发展水平基本与全面建设小康社会的要求相适应。

三、大力优化服务业发展结构

适应新型工业化和居民消费结构升级的新形势，重点发展现代服务业，规范提升传统服务业，充分发挥服务业吸纳就业的作用，优化行业结构，提升技术结构，改善组织结构，全面提高服务业发展水平。

大力发展面向生产的服务业，促进现代制造业与服务业有机融合、互动发展。细化深化专业分工，鼓励生产制造企业改造现有业务流程，推进业务外包，加强核心竞争力，同时加快从生产加工环节向自主研发、品牌营销等服务环节延伸，降低资源消耗，提高产品的附加值。优先发展运输业，提升物流的专业化、社会化服务水平，大力发展第三方物流；积极发展信息服务业，加快发展软件业，坚持以信息化带动工业化，完善信息基础设施，积极推进"三网"融合，发展增值和互联网业务，推进电子商务和电子政务；有序发展金融服务业，健全金融市场体系，加快产品、服务和管理创新；大力发展科技服务业，充分发挥科技对服务业发展的支撑和引领作用，鼓励发展专业化的科技研发、技术推广、工业设计和节能服务业；规范发展法律咨询、会计审计、工程咨询、认证认可、信用评估、广告会展等商务服务业；提升改造商贸流通业，推广连锁经营、特许经营等现代经营方式和新型业态。通过发展服务业实现物尽其用、货畅其流、人尽其才,降低社会交易成本,提高资源配置效率,加快走上新型工业化发展道路。

大力发展面向民生的服务业,积极拓展新型服务领域,不断培育形成服务业新的增长点。围绕城镇化和人口老龄化的要求,大力发展市政公用事业、房地产和物业服务、社区服务、家政服务和社会化养老等服务业。围绕构建和谐社会的要求,大力发展教育、医疗卫生、新闻出版、邮政、电信、广播影视等服务事业,以农村和欠发达地区为重点,加强公共服务体系建设,优化城乡区域服务业结构,逐步实现公共服务的均等化。围绕小康社会建设目标和消费结构转型升级的要求,大力发展旅游、文化、体育和休闲娱乐等服务业,优化服务消费结构,丰富人民群众精神文化生活。服务业是今后我国扩大就业的主要渠道,要着重发展就业容量大的服务业,鼓励其他服务业更多吸纳就业,充分挖掘服务业安置就业的巨大潜力。

大力培育服务业市场主体,优化服务业组织结构。鼓励服务业企业增强自主创新能力,通过技术进步提高整体素质和竞争力,不断进行管理创新、服务创新、产品创新。依托有竞争力的企业,通过兼并、联合、重组、上市等方式,促进规模化、品牌化、网络化经营,形成一批拥有自主知识产权和知名品牌、具有较强竞争力的大型服务企业或企业集团。鼓励和引导非公有制经济发展服务业,积极扶持中小服务企业发展,发挥其在自主创业、吸纳就业等方面的优势。

四、科学调整服务业发展布局

在实现普遍服务和满足基本需求的前提下,依托比较优势和区域经济发展的实际,科学合理规划,形成充满活力、适应市场、各具特色、优势互补的服务业发展格局。

城市要充分发挥人才、物流、信息、资金等相对集中的优势,加快结构调整步伐,提高服务业的质量和水平。直辖市、计划单列市、省会城市和其他有条件的大中城市要加快形成以服务经济为主的产业结构。发达地区特别是珠江三角洲、长江三角洲、环渤海地区要依托工业化进程较快、居民收入和消费水平较高的优势,大力发展现代服务业,促进服务业升级换代,提高服务业质量,推动经济增长主要由服务业增长带动。中西部地区要改变只有工业发展后才能发展服务业的观念,积极发展具有比较优势的服务业和传统服务业,承接东部地区转移产业,使服务业发展尽快上一个新台阶,不断提高服务业对经济增长的贡献率。

各地区要按照国家规划、城镇化发展趋势和工业布局,引导交通、信息、研发、设计、商务服务等辐射集聚效应较强的服务行业,依托城市群、中心城市,培育形成主体功能突出的国家和区域服务业中心。进一步完善铁路、公路、民航、水运等交通基础设施,优先发展城市公共交通,形成便捷、通畅、高效、安全的综合运输体系,加快建设上海、天津、大连等国际航运中心和主要港口。加强交通运输枢纽建设和集疏运的衔接配套,在经济发达地区和交通枢纽城市强化物流基础设施整合,形成区域性物流中心。选择辐射功能强、服务范围广的特大城市和大城市建立国家或区域性金融中心。依托产业集聚规模大、装备水平高、科研实力强的地区,加快培育建成功能互补、支撑作用大的研发设计、财务管理、信息咨询等公共服务平台,充分发挥国家软件产业基地的作用,建设一批工业设计、研发服务中心,不断形成带动能力强、辐射范围广的新增长极。

立足于用好现有服务资源,打破行政分割和地区封锁,充分发挥市场机制的作用,鼓励部门之间、地区之间、区域之间开展多种形式的合作,促进服务业资源整合,发挥组合优势,深化分工合作,在更大范围、更广领域、更高层次上实现资源优化配置。防止不切实际攀比,避免盲目投资和重复建设。

五、积极发展农村服务业

贯彻统筹城乡发展的基本方略,大力发展面向农村的服务业,不断繁荣农村经济,增加农民收入,提高农民生活水平,为发展现代农业、扎实推进社会主义新农村建设服务。

围绕农业生产的产前、产中、产后服务,加快构建和完善以生产销售服务、科技服务、信息服务和金融服务为主体的农村社会化服务体系。加大对农业产业化的扶持力度,积极开展种子统供、重大病虫害统防统治等生产性服务。完善农副产品流通体系,发展各类流通中介组织,培育一批大型涉农商贸企业集团,切实解决农副产品销售难的问题。加快实施"万村千乡"市场工程。加强农业科技体系建设,健全农业技术推广、农产品检测与认证、动物防疫和植物保护等农业技术支持体系,推进农业科技创新,加快实施科技入户工程。加快农业信息服务体系建设,逐步形成连接国内外市场、覆盖生产和消费的信息网络。加强农村金融体系建设,充分发挥农村商业金融、合作金融、政策性金融和其他金融组织的作用,发展多渠道、多形式的农业保险,增强对"三农"的金融服务。加快农机社会化服务体系建设,推进农机服务市场化、专业化、产业化。大力发展各类农民专业合作组织,支持其开展市场营销、信息服务、技术培训、农产品加工储藏和农资采购经营。

改善农村基础条件,加快发展农村生活服务业,提高农民生活质量。推进农村水利、交通、渔港、邮政、电信、电力、广播影视、医疗卫生、计划生育和教育等基础设施建设,加快实施农村饮水安全工程,大力发展农村沼气,推进生物质能、太阳能和风能等可再生能源开发利用,改善农民生产生活条件。大力发展园艺、特种养殖业、乡村旅游业等特色产业,鼓励发展劳务经济,增加农民收入。积极推进农村社区建设,加快发展农村文化、医疗卫生、社会保障、计划生育等事业,实施农民体育健身工程,扩大出版物、广播影视在农村的覆盖面,提高公共服务均等化水平,丰富农民物质文化生活。加强农村基础教育、职业教育和继续教育,搞好农民和农民工培训,提高农民素质,结合城镇化建设,积极推进农村富余劳动力实现转移就业。

六、着力提高服务业对外开放水平

坚定不移地推进服务领域对外开放,着力提高利用外资的质量和水平。按照加入世贸组织服务贸易领域开放的各项承诺,鼓励外商投资服务业。正确处理好服务业开放与培育壮大国内产业的关系,完善服务业吸收外资法律法规,通过引入国外先进经验和完善企业治理结构,培育一批具有国际竞争力的服务企业。加强金融市场基础性制度建设,增强银行、证券、保险等行业的抗风险能力,维护国家金融安全。

把大力发展服务贸易作为转变外贸增长方式、提升对外开放水平的重要内容。把承接国际服务外包作为扩大服务贸易的重点,发挥我国人力资源丰富的优势,积极承接信息管理、数据处理、财会核算、技术研发、工业设计等国际服务外包业务。具备条件的沿海地区和城市要根据自身优势,研究制定鼓励承接服务外包的扶持政策,加快培育一批具备国际资质的服务外包企业,形成一批外包产业基地。建立支持国内企业"走出去"的服务平台,提供市场调研、法律咨询、信息、金融和管理等服务。扶持出口导向型服务企业发展,发展壮大国际运输,继续大力发展旅游、对外承包工程和劳务输出等具有比较优势的服务贸易,积极参与国际竞争,扩大互利合作和共同发展。

七、加快推进服务领域改革

进一步推进服务领域各项改革。按照国有经济布局战略性调整的要求,将服务业国有资本集中在重要公共产品和服务领域。深化电信、铁路、民航等服务行业改革,放宽市场准入,引入竞争机制,推进国有资产重组,实现投资主体多元化。积极推进国有服务企业改革,对竞争性领域的国有服务企业实行股份制改造,建立现代企业制度,促使其成为真正的市场竞争主体。明确教育、文化、广播电视、社会保障、医疗卫生、体育等社会事业的公共服务职能和公益性质,对能够实行市场经营的服务,要动员社会力量增加市场供给。按照政企分开、政事分开、事业企业分开、营利性机构与非营利性机构分开的原则,加快事业单位改革,将营利性事业单位改制为企业,并尽快建立现代企业制度。继续推进政府机关和企事业单位的后勤服务、配套服务改革,推动由内部自我服务为主向主要由社会提供服务转变。

建立公开、平等、规范的服务业准入制度。鼓励社会资金投入服务业,大力发展非公有制服务企业,提高非公有制经济在服务业中的比重。凡是法律法规没有明令禁入的服务领域,都要向社会资本开放;凡是向外资开放的领域,都要向内资开放。进一步打破市场分割和地区封锁,推进全国统一开放、竞争有序的市场体系建设,各地区凡是对本地企业开放的服务业领域,应全部向外地企业开放。

八、加大投入和政策扶持力度

加大政策扶持力度,推动服务业加快发展。依据国家产业政策完善和细化服务业发展指导目录,从财税、信贷、土地和价格等方面进一步完善促进服务业发展政策体系。对农村流通基础设施建设和物流企业,以及被认定为高新技术企业的软件研发、产品技术研发及工业设计、信息技术研发、信息技术外包和技术性业务流程外包的服务企业,实行财税优惠。进一步推进服务价格体制改革,完善价格政策,对列入国家鼓励类的服务业逐步实现与工业用电、用水、用气、用热基本同价。调整城市用地结构,合理确定服务业用地的比例,对列入国家鼓励类的服务业在供地安排上给予倾斜。要根据实际情况,对一般性服务行业在注册资本、工商登记等方面降低门槛,对采用连锁经营的服务企业实行企业总部统一办理工商注册登记和经营审批手续。

拓宽投融资渠道,加大对服务业的投入力度。国家财政预算安排资金,重点支持服务业关键领域、薄弱环节发展和提高自主创新能力。积极调整政府投资结构,国家继续安排服务业发展引导资金,逐步扩大规模,引导社会资金加大对服务业的投入。地方政府也要相应安排资金,支持服务业发展。引导和鼓励金融机构对符合国家产业政策的服务企业予以信贷支持,在控制风险的前提下,加快开发适应服务企业需要的金融产品。积极支持符合条件的服务企业进入境内外资本市场融资,通过股票上市、发行企业债券等多渠道筹措资金。鼓励各类创业风险投资机构和信用担保机构对发展前景好、吸纳就业多以及运用新技术、新业态的中小服务企业开展业务。

九、不断优化服务业发展环境

加快推进服务业标准化,建立健全服务业标准体系,扩大服务标准覆盖范围。抓紧制订和修订物流、金融、邮政、电信、运输、旅游、体育、商贸、餐饮等行业服务标准。对新兴服务行业,鼓励龙头企业、地方和行业协会先行制订服务标准。对暂不能实行标准化的服务行业,广泛推行服务承诺、服务公约、服务规范等制度。

积极营造有利于扩大服务消费的社会氛围。规范服务市场秩序,建立公开、平等、规范的行业监管制度,坚决查处侵犯知识产权行为,保护自主创新,维护消费者合法权益。加强行政事业性收费管理和监督检查,取消各种不合理的收费项目,对合理合法的收费项目及标准按照规定公示并接受社会监督。落实职工年休假制度,倡导职工利用休假进行健康有益的服务消费。加快信用体系建设,引导城乡居民对信息、旅游、教育、文化等采取灵活多样的信用消费方式,规范发展租赁服务,拓宽消费领域。鼓励有条件的城镇加快户籍管理制度改革,逐步放宽进入城镇就业和定居的条件,增加有效需求。

发展人才服务业,完善人才资源配置体系,为加快发展服务业提供人才保障。充分发挥高等院校、科研院所、职业学校及有关社会机构的作用,推进国际交流合作,抓紧培训一批适应市场需求的技能型人才,培养一批熟悉国际规则的开放型人才,造就一批具有创新能力的科研型人才,扶持一批具有国际竞争力的人才服务机构。鼓励各类就业服务机构发展,完善就业服务网络,加强农村剩余劳动力转移、城市下岗职工再就业、高校毕业生就业等服务体系建设,为加快服务业发展提供高素质的劳动力队伍。

十、加强对服务业发展工作的组织领导

加快发展服务业是一项紧迫、艰巨、长期的重要任务,既要坚持发挥市场在资源配置中的基础性作用,又要加强政府宏观调控和政策引导。国务院成立全国服务业发展领导小组,指导和协调服务业发展和改革中的重大问题,提出促进加快服务业发展的方针政策,部署涉及全局的重大任务。全国服务业发展领导小组办公室设在发展改革委,负责日常工作。国务院有关部门和单位要按照全国服务业发展领导小组的统一部署,加强协调配合,积极开展工作。各省级人民政府也应建立相应领导机制,加强对服务业工作的领导,推动本地服务业加快发展。

加强公共服务既是加快发展服务业的重要组成部分,又是推动各项服务业加快发展的重要保障,同时也是转变政府职能、建设和谐社会的内在要求。要进一步明确中央、地方在提供公共服务、发展社会事业方面的责权范围,强化各级人民政府在教育、文化、医疗卫生、人口和计划生育、社会保障等方面的公共服务职能,不

断加大财政投入,扩大服务供给,提高公共服务的覆盖面和社会满意水平,同时为各类服务业的发展提供强有力的支撑。

尽快建立科学、统一、全面、协调的服务业统计调查制度和信息管理制度,完善服务业统计调查方法和指标体系,充实服务业统计力量,增加经费投入。充分发挥各部门和行业协会的作用,促进服务行业统计信息交流,建立健全共享机制,提高统计数据的准确性和及时性,为国家宏观调控和制定规划、政策提供依据。各地区要逐步将服务业重要指标纳入本地经济社会发展的考核体系,针对不同地区、不同类别服务业的具体要求,实行分类考核,确保责任到位,任务落实,抓出实绩,取得成效。

各地区、各部门要根据本意见要求,按照各自的职责范围,抓紧制定加快发展服务业的配套实施方案和具体政策措施。发展改革委要会同有关部门和单位对落实本意见的情况进行监督检查,及时向国务院报告。

国　务　院

二〇〇七年三月十九日

例文的标题是由发文机关、事由和文种三个要素构成的。正文包括开头、主体和结尾三个部分,开头部分(第一自然段)简要说明发布意见的根据和目的,"现提出以下意见:""现就……提出如下意见:"是意见的开头和主体部分之间常用的过渡性语句;主体部分逐条写明各项工作意见,从工作意义到总体要求、主要目标,再到具体要求、措施和办法等,逻辑性和条理性很强。目标和要求明确,措施和办法得当,便于人们领会并施行文件内容。结尾部分(最后一个自然段)提出落实意见的要求和希望。意见要就工作或问题提出见解和处理办法,所以通常内容比较翔实,篇幅较长,例文就是这样。

（八）通　　知

国家发展改革委关于印发高技术产业发展"十一五"规划的通知

发改高技〔2007〕911号

各省、自治区、直辖市及计划单列市、新疆生产建设兵团发展改革委、经（贸）委，国务院有关部门：

　　为贯彻落实《国民经济和社会发展第十一个五年规划纲要》和《国家中长期科学和技术发展规划纲要（2006—2010）》，我委组织制定了《高技术产业发展"十一五"规划》（以下简称《规划》）。经报请国务院批准同意，现将《规划》印发你们。

　　请你们结合本地区、本部门实际情况，按照《规划》的总体部署，坚持自主创新、着力应用、产业集聚、规模发展、国际合作，加强组织协调，强化政策支持，完善体制机制，保障重点投资，切实把发展高技术产业作为本地区、本部门的战略任务抓紧抓好，完成《规划》提出的各项重点任务，做强做大高技术产业，进一步推动高技术产业成为国民经济的战略性先导产业，推进产业结构调整和经济增长方式转变，加快建设创新型国家。

　　附件：高技术产业发展"十一五"规划

中华人民共和国国家发展和改革委员会
二〇〇七年四月二十八日

　　这是一份"颁发"型通知，随文发布的是通常没有独立运行功能的事务文书,将事务文书等各类没有独立运行功能的文件附在通知后发布,在日常工作中十分常见。例文的标题是由发文机关、事由和文种三个要素构成的。从公文写作实践来看,在事由一项中,公布比较重要的行政法规和规章,一般用"颁发"或"发布",公布一般的规章或其他文件一般用"印发"。例文的正文包括两个部分,第一个部分首先说明制订相关文件的目的,然后写明发布事项;第二个部分提出落实文件内容、完成工作任务的要求。

国家税务总局关于印发
《特别纳税调整实施办法（试行）》的通知

国税发〔2009〕2号

各省、自治区、直辖市和计划单列市国家税务局、地方税务局：

　　为贯彻落实《中华人民共和国企业所得税法》及其实施条例，规范和加强特别纳税调整管理，国家税务总局制定了《特别纳税调整实施办法（试行）》，现印发给你们，请遵照执行。

　　附件：《特别纳税调整实施办法（试行）》表证单书

国家税务总局
二〇〇九年一月八日

　　同前面一篇例文相比，这篇"颁发"型通知的正文内容要更简单一些。正文部分只有短短的一个段落，但却包含着几层意思：申明制发文件的目的，写明发布事项，明确执行要求。其实，这也就是此类通知常写的几项内容。

重庆市国家税务局

渝国税函〔2005〕230号

重庆市国家税务局转发国家税务总局关于企业虚报亏损适用税法问题的通知

各区县(自治县、市)国家税务局,各直属单位:

现将《国家税务总局关于企业虚报亏损适用税法问题的通知》(国税函〔2005〕190号)转发给你们,并补充如下意见,请遵照执行。

"相关年度"是指从虚报亏损行为次年至税务机关检查发现虚报行为的前一年,但最长不超过五年。税务机关发现虚报亏损是在纳税人虚报行为次年的,则只根据虚报亏损对行为当年的纳税影响,按《征管法》的有关规定处罚。

二〇〇五年五月八日

重庆市国家税务局办公室　　　　　　　　2005年5月8日印发

如果认为上级机关、同级机关和不相隶属机关的公文,对本机关所属下级机关的工作具有指示、指导或参考作用,则可将其随"转发"型通知下发,例文就是这样。例文是一份要素比较齐全的公文,据此可以大致了解公文的写作样式。例文的正文包括两个部分。第一个部分宣布转发事项,申明执行要求。"现将……转发给你们,请遵照执行""现转发给你们……请认真贯彻执行""请结合具体情况,参照执行""请按此执行""请研究执行"是这类通知惯用的申明要求的语句,可以根据情况,酌情使用；第二个部分对相关事项做出补充规定。也有很多转发型通知在宣布转发事项,申明执行要求之后,还要进一步强调工作意义,申明工作原则。

国务院关于进一步加强企业安全生产工作的通知

国发〔2010〕23号

各省、自治区、直辖市人民政府,国务院各部委、各直属机构:

近年来,全国生产安全事故逐年下降,安全生产状况总体稳定、趋于好转,但形势依然十分严峻,事故总量仍然很大,非法违法生产现象严重,重特大事故多发频发,给人民群众生命财产安全造成重大损失,暴露出一些企业重生产轻安全、安全管理薄弱、主体责任不落实,一些地方和部门安全监管不到位等突出问题。为进一步加强安全生产工作,全面提高企业安全生产水平,现就有关事项通知如下:

一、总体要求

1. 工作要求。深入贯彻落实科学发展观,坚持以人为本,牢固树立安全发展的理念,切实转变经济发展方式,调整产业结构,提高经济发展的质量和效益,把经济发展建立在安全生产有可靠保障的基础上;坚持"安全第一、预防为主、综合治理"的方针,全面加强企业安全管理,健全规章制度,完善安全标准,提高企业技术水平,夯实安全生产基础;坚持依法依规生产经营,切实加强安全监管,强化企业安全生产主体责任落实和责任追究,促进我国安全生产形势实现根本好转。

2. 主要任务。以煤矿、非煤矿山、交通运输、建筑施工、危险化学品、烟花爆竹、民用爆炸物品、冶金等行业(领域)为重点,全面加强企业安全生产工作。要通过更加严格的目标考核和责任追究,采取更加有效的管理手段和政策措施,集中整治非法违法生产行为,坚决遏制重特大事故发生;要尽快建成完善的国家安全生产应急救援体系,在高危行业强制推行一批安全适用的技术装备和防护设施,最大程度减少事故造成的损失;要建立更加完善的技术标准体系,促进企业安全生产技术装备全面达到国家和行业标准,实现我国安全生产技术水平的提高;要进一步调整产业结构,积极推进重点行业的企业重组和矿产资源开发整合,彻底淘汰安全性能低下、危及安全生产的落后产能;以更加有力的政策引导,形成安全生产长效机制。

二、严格企业安全管理

3. 进一步规范企业生产经营行为。企业要健全完善严格的安全生产规章制度,坚持不安全不生产。加强对生产现场监督检查,严格查处违章指挥、违规作业、违反劳动纪律的"三违"行为。凡超能力、超强度、超定员组织生产的,要责令停产停工整顿,并对企业和企业主要负责人依法给予规定上限的经济处罚。对以整合、技改名义违规组织生产,以及规定期限内未实施改造或故意拖延工期的矿井,由地方政府依法予以关闭。要加强对境外中资企业安全生产工作的指导和管理,严格落实境内投资主体和派出企业的安全生产监督责任。

4. 及时排查治理安全隐患。企业要经常性开展安全隐患排查,并切实做到整改措施、责任、资金、时限和预案"五到位"。建立以安全生产专业人员为主导的隐患整改效果评价制度,确保整改到位。对隐患整改不力造成事故的,要依法追究企业和企业相关负责人的责任。对停产整改逾期未完成的不得复产。

5. 强化生产过程管理的领导责任。企业主要负责人和领导班子成员要轮流现场带班。煤矿、非煤矿山要有矿领导带班并与工人同时下井、同时升井,对无企业负责人带班下井或该带班而未带班的,对有关责任人按擅离职守处理,同时给予规定上限的经济处罚。发生事故而没有领导现场带班的,对企业给予规定上限的经济处罚，并依法从重追究企业主要负责人的责任。

6. 强化职工安全培训。企业主要负责人和安全生产管理人员、特殊工种人员一律严格考核，按国家有关规定持职业资格证书上岗；职工必须全部经过培训合格后上岗。企业用工要严格依照劳动合同法与职工签订劳动合同。凡存在不经培训上岗、无证上岗的企业，依法停产整顿。没有对井下作业人员进行安全培训教育，或存在特种作业人员无证上岗的企业，情节严重的要依法予以关闭。

7. 全面开展安全达标。深入开展以岗位达标、专业达标和企业达标为内容的安全生产标准化建设，凡在规定时间内未实现达标的企业要依法暂扣其生产许可证、安全生产许可证，责令停产整顿；对整改逾期未达标的，地方政府要依法予以关闭。

三、建设坚实的技术保障体系

8. 加强企业生产技术管理。强化企业技术管理机构的安全职能，按规定配备安全技术人员，切实落实企业负责人安全生产技术管理负责制，强化企业主要技术负责人技术决策和指挥权。因安全生产技术问题不解决产生重大隐患的，要对企业主要负责人、主要技术负责人和有关人员给予处罚；发生事故的，依法追究责任。

9. 强制推行先进适用的技术装备。煤矿、非煤矿山要制定和实施生产技术装备标准，安装监测监控系统、井下人员定位系统、紧急避险系统、压风自救系统、供水施救系统和通信联络系统等技术装备，并于 3 年之内完成。逾期未安装的，依法暂扣安全生产许可证、生产许可证。运输危险化学品、烟花爆竹、民用爆炸物品的道路专用车辆，旅游包车和三类以上的班线客车要安装使用具有行驶记录功能的卫星定位装置，于 2 年之内全部完成；鼓励有条件的渔船安装防撞自动识别系统，在大型尾矿库安装全过程在线监控系统,大型起重机械要安装安全监控管理系统;积极推进信息化建设,努力提高企业安全防护水平。

10. 加快安全生产技术研发。企业在年度财务预算中必须确定必要的安全投入。国家鼓励企业开展安全科技研发,加快安全生产关键技术装备的换代升级。进一步落实《国家中长期科学和技术发展规划纲要(2006—2020年)》等,加大对高危行业安全技术、装备、工艺和产品研发的支持力度,引导高危行业提高机械化、自动化生产水平,合理确定生产一线用工。"十二五"期间要继续组织研发一批提升我国重点行业领域安全生产保障能力的关键技术和装备项目。

四、实施更加有力的监督管理

11. 进一步加大安全监管力度。强化安全生产监管部门对安全生产的综合监管,全面落实公安、交通、国土资源、建设、工商、质检等部门的安全生产监督管理及工业主管部门的安全生产指导职责,形成安全生产综合监管与行业监管指导相结合的工作机制,加强协作,形成合力。在各级政府统一领导下,严厉打击非法违法生产、经营、建设等影响安全生产的行为,安全生产综合监管和行业管理部门要会同司法机关联合执法,以强有力措施查处、取缔非法企业。对重大安全隐患治理实行逐级挂牌督办、公告制度,重大隐患治理由省级安全生产监管部门或行业主管部门挂牌督办,国家相关部门加强督促检查。对拒不执行监管监察指令的企业,要依法依规从重处罚。进一步加强监管力量建设,提高监管人员专业素质和技术装备水平,强化基层站点监管能力,加强对企业安全生产的现场监管和技术指导。

12. 强化企业安全生产属地管理。安全生产监管监察部门、负有安全生产监管职责的有关部门和行业管理部门要按职责分工,对当地企业包括中央、省属企业实行严格的安全生产监督检查和管理,组织对企业安全生产状况进行安全标准化分级考核评价,评价结果向社会公开,并向银行业、证券业、保险业、担保业等主管部门通报,作为企业信用评级的重要参考依据。

13. 加强建设项目安全管理。强化项目安全设施核准审批,加强建设项目的日常安全监管,严格落实审批、监管的责任。企业新建、改建、扩建工程项目的安全设施,要包括安全监控设施和防瓦斯等有害气体、防尘、排水、防火、防爆等设施,并与主体工程同时设计、同时施工、同时投入生产和使用。安全设施与建设项目主体工程未做到同时设计的一律不予审批,未做到同时施工的责令立即停止施工,未同时投入使用的不得颁发安全生产许可证,并视情节追究有关单位负责人的责任。严格落实建设、设计、施工、监理、监管等各方安全责任。对项目建设生产经营单位存在违法分包、转包等行为的,立即依法停工停产整顿,并追究项目业主、承包方等各方责任。

14. 加强社会监督和舆论监督。要充分发挥工会、共青团、妇联组织的作用,依法维护和落实企业职工对安全生产的参与权与监督权,鼓励职工监督举报各类安全隐患,对举报者予以奖励。有关部门和地方要进一步畅通安全生产的社会监督渠道,设立举报箱,公布举报电话,接受人民群众的公开监督。要发挥新闻媒体的舆论监督,对舆论反映的客观问题要深查原因,切实整改。

五、建设更加高效的应急救援体系

15. 加快国家安全生产应急救援基地建设。按行业类型和区域分布,依托大型企业,在中央预算内基建投资支持下,先期抓紧建设7个国家矿山应急救援队,配备性能可靠、机动性强的装备和设备,保障必要的运行维护费用。推进公路交通、铁路运输、水上搜救、船舶溢油、油气田、危险化学品等行业(领域)国家救援基地和队伍建设。鼓励和支持各地区、各部门、各行业依托大型企业和专业救援力量,加强服务周边的区域性应急救援能力建设。

16. 建立完善企业安全生产预警机制。企业要建立完善安全生产动态监控及预警预报体系,每月进行一次安全生产风险分析。发现事故征兆要立即发布预警信息,落实防范和应急处置措施。对重大危险源和重大隐患要报当地安全生产监管监察部门、负有安全生产监管职责的有关部门和行业管理部门备案。涉及国家秘密的,按有关规定执行。

17. 完善企业应急预案。企业应急预案要与当地政府应急预案保持衔接,并定期进行演练。赋予企业生产现场带班人员、班组长和调度人员在遇到险情时第一时间下达停产撤人命令的直接决策权和指挥权。因撤离不及时导致人身伤亡事故的,要从重追究相关人员的法律责任。

六、严格行业安全准入

18. 加快完善安全生产技术标准。各行业管理部门和负有安全生产监管职责的有关部门要根据行业技术进步和产业升级的要求,加快制定修订生产、安全技术标准,制定和实施高危行业从业人员资格标准。对实施许可证管理制度的危险性作业要制定落实专项安全技术作业规程和岗位安全操作规程。

19. 严格安全生产准入前置条件。把符合安全生产标准作为高危行业企业准入的前置条件,实行严格的安全标准核准制度。矿山建设项目和用于生产、储存危险物品的建设项目,应当分别按照国家有关规定进行安全条件论证和安全评价,严把安全生产准入关。凡不符合安全生产条件违规建设的,要立即停止建设,情节严重的由本级人民政府或主管部门实施关闭取缔。降低标准造成隐患的,要追究相关人员和负责人的责任。

20. 发挥安全生产专业服务机构的作用。依托科研院所,结合事业单位改制,推动安全生产评价、技术支持、安全培训、技术改造等服务性机构的规范发展。制定完善安全生产专业服务机构管理办法,保证专业服务机构从业行为的专业性、独立性和客观性。专业服务机构对相关评价、鉴定结论承担法律责任,对违法违规、弄虚作假的,要依法依规从严追究相关人员和机构的法律责任,并降低或取消相关资质。

七、加强政策引导

21. 制定促进安全技术装备发展的产业政策。要鼓励和引导企业研发、采用先进适用的安全技术和产品,鼓励安全生产适用技术和新装备、新工艺、新标准的推广应用。把安全检测监控、安全避险、安全保护、个人防护、灾害监控、特种安全设施及应急救援等安全生产专用设备的研发制造,作为安全产业加以培育,纳入国家振兴装备制造业的政策支持范畴。大力发展安全装备融资租赁业务,促进高危行业企业加快提升安全装备水平。

22. 加大安全专项投入。切实做好尾矿库治理、扶持煤矿安全技改建设、瓦斯防治和小煤矿整顿关闭等各类中央资金的安排使用,落实地方和企业配套资金。加强对高危行业企业安全生产费用提取和使用管理的监督检查,进一步完善高危行业企业安全生产费用财务管理制度,研究提高安全生产费用提取下限标准,适当扩大适用范围。依法加强道路交通事故社会救助基金制度建设,加快建立完善水上搜救奖励与补偿机制。高危行业企业探索实行全员安全风险抵押金制度。完善落实工伤保险制度,积极稳妥推行安全生产责任保险制度。

23. 提高工伤事故死亡职工一次性赔偿标准。从 2011 年 1 月 1 日起,依照《工伤保险条例》的规定,对因生产安全事故造成的职工死亡,其一次性工亡补助金标准调整为按全国上一年度城镇居民人均可支配收入的 20 倍计算,发放给工亡职工近亲属。同时,依法确保工亡职工一次性丧葬补助金、供养亲属抚恤金的发放。

24.鼓励扩大专业技术和技能人才培养。进一步落实完善校企合作办学、对口单招、订单式培养等政策,鼓励高等院校、职业学校逐年扩大采矿、机电、地质、通风、安全等相关专业人才的招生培养规模,加快培养高危行业专业人才和生产一线急需技能型人才。

八、更加注重经济发展方式转变

25.制定落实安全生产规划。各地区、各有关部门要把安全生产纳入经济社会发展的总体布局,在制定国家、地区发展规划时,要同步明确安全生产目标和专项规划。企业要把安全生产工作的各项要求落实在企业发展和日常工作之中,在制定企业发展规划和年度生产经营计划中要突出安全生产,确保安全投入和各项安全措施到位。

26.强制淘汰落后技术产品。不符合有关安全标准、安全性能低下、职业危害严重、危及安全生产的落后技术、工艺和装备要列入国家产业结构调整指导目录,予以强制性淘汰。各省级人民政府也要制订本地区相应的目录和措施,支持有效消除重大安全隐患的技术改造和搬迁项目,遏制安全水平低、保障能力差的项目建设和延续。对存在落后技术装备、构成重大安全隐患的企业,要予以公布,责令限期整改,逾期未整改的依法予以关闭。

27.加快产业重组步伐。要充分发挥产业政策导向和市场机制的作用,加大对相关高危行业企业重组力度,进一步整合或淘汰浪费资源、安全保障低的落后产能,提高安全基础保障能力。

九、实行更加严格的考核和责任追究

28.严格落实安全目标考核。对各地区、各有关部门和企业完成年度生产安全事故控制指标情况进行严格考核,并建立激励约束机制。加大重特大事故的考核权重,发生特别重大生产安全事故的,要根据情节轻重,追究地市级分管领导或主要领导的责任;后果特别严重、影响特别恶劣的,要按规定追究省部级相关领导的责任。加强安全生产基础工作考核,加快推进安全生产长效机制建设,坚决遏制重特大事故的发生。

29. 加大对事故企业负责人的责任追究力度。企业发生重大生产安全责任事故,追究事故企业主要负责人责任;触犯法律的,依法追究事故企业主要负责人或企业实际控制人的法律责任。发生特别重大事故,除追究企业主要负责人和实际控制人责任外,还要追究上级企业主要负责人的责任;触犯法律的,依法追究企业主要负责人、企业实际控制人和上级企业负责人的法律责任。对重大、特别重大生产安全责任事故负有主要责任的企业,其主要负责人终身不得担任本行业企业的矿长(厂长、经理)。对非法违法生产造成人员伤亡的,以及瞒报事故、事故后逃逸等情节特别恶劣的,要依法从重处罚。

30. 加大对事故企业的处罚力度。对于发生重大、特别重大生产安全责任事故或一年内发生2次以上较大生产安全责任事故并负主要责任的企业,以及存在重大隐患整改不力的企业,由省级及以上安全监管监察部门会同有关行业主管部门向社会公告,并向投资、国土资源、建设、银行、证券等主管部门通报,一年内严格限制新增的项目核准、用地审批、证券融资等,并作为银行贷款等的重要参考依据。

31. 对打击非法生产不力的地方实行严格的责任追究。在所辖区域对群众举报、上级督办、日常检查发现的非法生产企业(单位)没有采取有效措施予以查处,致使非法生产企业(单位)存在的,对县(市、区)、乡(镇)人民政府主要领导以及相关责任人,根据情节轻重,给予降级、撤职或者开除的行政处分;涉嫌犯罪的,依法追究刑事责任。国家另有规定的,从其规定。

32. 建立事故查处督办制度。依法严格事故查处,对事故查处实行地方各级安全生产委员会层层挂牌督办,重大事故查处实行国务院安全生产委员会挂牌督办。事故查处结案后,要及时予以公告,接受社会监督。

各地区、各部门和各有关单位要做好对加强企业安全生产工作的组织实施,制订部署本地区本行业贯彻落实本通知要求的具体措施,加强监督检查和指导,及时研究、协调解决贯彻实施中出现的突出问题。国务院安全生产委员会办公室和国务院有关部门要加强工作督查,及时掌握各地区、各部门和本行业(领域)工作进展情况,确保各项规定、措施执行落实到位。省级人民政府和国务院有关部门要将加强企业安全生产工作情况及时报送国务院安全生产委员会办公室。

国务院
二〇一〇年七月十九日

例文是一份指示性通知。正文包括三个部分,开头部分(第一自然段)概述情况,指明问题,明确制发该通知的目的。"现将有关事项通知如下"之类的语句,是这类通知的开头和主体部分之间惯用的过渡性语句,以此可以很自然地引出下文。主体部分是写明通知事项的部分,例文采用分条列项,以条贯之式写法,将工作的总体要求、基本原则、具体目标及措施等一一写明,内容具体,条理清楚。结尾部分(最后一个自然段)提出贯彻落实文件精神,安排相关事项的要求。"特此通知,望认真执行""本通知自下发之日起施行"等语句,也是这类通知惯用的结语。

国务院办公厅关于调整
国家防汛抗旱总指挥部成员的通知

国办发〔2007〕29号

各省、自治区、直辖市人民政府，国务院各部委、各直属机构：

根据人员变动情况和工作需要，国务院决定对国家防汛抗旱总指挥部的组成人员进行相应调整。现将调整后的名单通知如下：

总 指 挥：回良玉　国务院副总理
副总指挥：陈　雷　水利部部长
　　　　　张　勇　国务院副秘书长
秘 书 长：鄂竟平　水利部副部长
副秘书长：戚建国　总参作战部部长
成　　员：（略）

国家防汛抗旱总指挥部在水利部单设办事机构，鄂竟平兼任办公室主任。

二〇〇七年五月二日

例文是一份告知性通知。正文的开头部分写明发文机关的决定事项及作出该项决定的根据，"现将……通知如下"是常用的过渡性语句；主体部分写明通知事项也即国家防汛抗旱总指挥部的人员安排。这类通知的写法大都比较简单，发文缘由和应知事项是常写的两项内容。另外，"特此通知""以上事项望周知"等，是告知性通知常用的结语。

关于召开创新型企业建设工作会议的通知

国科办政〔2008〕52号

各有关创新型试点企业,各有关省、自治区、直辖市及计划单列市科技厅(委、局),新疆生产建设兵团科技局,国务院有关部门科技司(局),有关行业协会,各有关单位:

为深入贯彻落实党的十七大精神,推进创新型企业建设,加快建立以企业为主体、市场为导向、产学研相结合的技术创新体系,根据创新型企业试点工作的部署,经科学技术部、国务院国资委和中华全国总工会研究,定于 2008 年 7 月 28 日在北京召开创新型企业建设工作会议。

一、会议主题

总结创新型企业试点工作的进展和成效,交流典型企业创新发展的经验和做法,命名首批"创新型企业",进一步推进创新型企业建设。

二、会议时间

2008 年 7 月 28 日(周一)上午 9:00—12:00

三、会议地点

京西宾馆会议楼三层第一会议室
地址:北京市海淀区羊坊店路 1 号,电话:(略)

四、参会人员

各有关创新型试点企业主要负责同志各 1 名(可有 1 名陪同

人员列席会议),各有关省、自治区、直辖市、计划单列市及新疆生产建设兵团科技管理部门负责同志和主管处长各1名,国务院有关部门相关负责同志各1—2名,有关行业协会代表各1名。

五、会议议程

1. 发布首批"创新型企业"名单并授牌;
2. 企业代表发言;
3. 领导讲话。

六、有关要求

1. 请各参会单位于2008年7月25日12:00前将会议回执传真至科技部政策体改司。
2. 请京外代表于2008年7月27日9:00—21:00、京内代表于7月28日8:00—8:40执本通知(复印有效)到京西宾馆会议楼大厅报到。
3. 京外代表报到后截至7月28日的食宿由会议安排,京内代表和列席人员不安排住宿。

联系人:(略)
电　话:(略)
传　真:(略)
E-mail:(略)
附件:会议回执

科学技术部办公厅
二〇〇八年七月十八日

这份会议通知的正文包括开头和主体两个部分,开头部分指明召开会议的目的和根据,然后直接进入主体部分。很多会议通知会在此以过渡性语句"现将有关事项通知如下："引出下文；主体部分写明会议须知事项，主要包括会议主题、会议时间、地点、与会人员、会议日程及有关会务安排等会议通知常写的事项。例文事项齐全、具体，表述清楚、易懂，合乎会议通知的基本要求。

（九）通　　报

关于表彰国家环境保护总局信息中心的通报

环办〔2005〕36号

各省、自治区、直辖市环境保护局（厅），各直属单位，各派出机构：

按照2004年5月31日国家环境保护总局电子政务领导小组（以下简称"领导小组"）第一次会议的工作部署，国家环境保护总局信息中心认真落实会议精神，在推进总局电子政务综合平台和政府网站两项重要工作中开拓进取，努力工作，取得突出成绩。

总局电子政务综合平台实现了单点登录，协同工作，数据共享，提高了机关工作效率，为总局环境管理提供了良好的信息服务和决策支持。该项目的成功实施标志着总局电子政务建设和信息化应用水平进入了一个新的阶段。总局电子政务综合平台开发和应用在国内电子政务建设中产生了一定影响，2005年1月被办公自动化国际学术研讨会大会专家组推荐为第五届OA典型应用系统。本届大会共有15个项目被推荐为全国办公自动化典型应用系统，我局电子政务综合平台名列第一，是中央国家机关中唯一的获奖单位。

总局政府网站自2003年改版后，以面向社会公众提供环境信息服务为中心，在信息渠道整合，提高信息服务质量方面下功夫，网站信息量和访问量逐年上升，为宣传环境保护基本国策，鼓励公众参与环境保护发挥了重要作用。已连续两次在优秀政府门户网站评比中获奖，最近在国务院信息化工作办公室组织的2004年全国政府网站绩效评估中，又在71个部委门户网站中获得第五名的好成绩。

鉴于国家环境保护总局信息中心在总局电子政务综合平台和政府网站建设和运行做出突出成绩,经总局领导批准,给予国家环境保护总局信息中心通报表彰。

希望国家环境保护总局信息中心再接再厉,在全面推进总局电子政务与信息化建设中做出更大的成绩。

二〇〇五年四月五日

主题词: 环保　电子政务　表彰　通报

例文是一份在系统内部发布的表彰通报。正文主要写了以下几个方面的内容:一是以极为概括的表述方式,总述表彰对象的工作成绩(第一自然段);二是具体介绍表彰对象在各个方面所取得的成绩及所获得的荣誉,对表彰对象的工作业绩给予高度评价(第二、三自然段),这部分内容写得比较具体,同时又不显琐细,可以说突出了"亮点",写出了特点;三是在说明表彰根据的基础上,宣布表彰决定(第四自然段);四是向表彰对象在提出做好今后工作的希望。归结起来,工作成绩、表彰决定、今后希望,就是例文所写的主要内容。

陕西省人民政府办公厅
关于对省林业厅违反政府新闻发布制度问题的通报

各设区市人民政府，省人民政府各工作部门、各直属机构：

2007年10月5日，镇坪县林业局向省林业厅报告称：镇坪县农民周正龙10月3日在该县神州湾一处山崖旁，用数码和普通胶片照相机拍摄到华南虎照片71张，其中数码照片40张、胶片负片31张。省林业厅委托镇坪县林业局进行核实后，在没有派员进行实地调查的情况下，仅由本厅技术力量和省内有关专家对照片进行了鉴别，就于10月12日召开新闻发布会，宣布"镇坪县发现野生华南虎"，公布了周正龙拍摄的两张华南虎照片，并向其颁发奖金2万元。此后，新闻发布会上公布的两张照片引起了媒体和公众的质疑，导致政府公信力成为社会舆论的热门话题。

事情发生之初，省政府就对省林业厅提出了严肃批评，责成其认真查找工作中的失误和不足，向省政府作出深刻检查。省政府认为，媒体和公众对华南虎问题的关注，对林业厅发布华南虎照片的质疑及责问，既反映了对野生动物保护事业的高度重视，也体现出对省林业厅工作的关心和监督，告诫省林业厅要高度重视、正确理解、积极对待社会舆论，并要求按照国家林业局和省政府的决定，委托国家专业鉴定机构对周正龙拍摄的华南虎照片进行鉴定。

政府新闻发布是一项极其严肃的工作，有着严格的程序和要求。省林业厅举行此次新闻发布会，既未按规定程序履行报批手续，也未对华南虎照片拍摄情况进行实地调查，在缺乏实体证据的情况下，就草率发布发现华南虎的重大消息。当引起媒体和公众质疑后，有关人员又一再违反纪律，擅自发表意见、参与争论，加剧了舆论的关注程度，造成了不良的社会影响，在一定程度上损害了政府形象。省林业厅的做法，很不严肃，极其轻率，违反了《陕西省政府信息公开规定》、《陕西省人民政府办公厅关于建立政府新闻发布制度的意见》的有关规定；有关人员的行为，反映出该厅存在着工作作风漂浮、工作纪律涣散等问题。

为了严肃纪律，省政府决定，除对省林业厅有关负责同志追究纪律责任外，对省林业厅违反政府新闻发布制度、擅自发布未经全面核实重大信息的问题予以通报批评。省林业厅要汲取教训，深刻反思和查找工作中存在的问题，进一步完善工作制度，严格工作程序，严肃工作纪律，整顿工作作风，切实抓好各项工作。

省林业厅的做法尽管是个别的，但反映出的作风漂浮、纪律涣散等问题，在其他地方、其他部门也不同程度存在。各地、各部门都要以此为戒，在处理各类重大问题、敏感问题时，一定要以对党和人民事业高度负责的态度，认真调研，审慎决策。要坚持政务公开，不断完善各类公开办事制度，努力提高政府工作的透明度和公信力。要进一步加强作风建设，严肃纪律，提高效率，狠抓落实，为加快建设西部强省做出应有贡献。

陕西省人民政府办公厅
二〇〇八年二月三日

例文的正文部分采用了一种开门见山式的写法，开头便简述情况，说明批评对象的错误事实，并指明错误事实的危害与性质；在明确事实及其危害的基础上，宣布通报批评决定，并要求批评对象汲取教训，改善工作；最后向各地、各部门提出引以为戒，做好相关工作的要求，便于落实。写明事实与危害，分清责任，申明通报决定或处罚事项，提出引以为戒的要求或切实可行的防范措施等，是批评性通报常写的几项内容。

关于各地区贯彻落实房地产市场调控政策情况的通报

建住房〔2006〕283号

各省、自治区、直辖市人民政府,国务院各部委、各直属机构:

按照《国务院办公厅关于开展房地产市场调控政策检查工作的通知》(国办发明电〔2006〕38号)要求,各省(区、市)对房地产市场调控工作进行了认真检查,上报了自查结果;国务院有关部门组成联合检查组,对北京、天津、内蒙古、辽宁、江苏、江西、山东、湖北、广东、四川、陕西等11个省(区、市)进行了检查。经国务院同意,现就各地区贯彻落实房地产市场调控政策的检查结果通报如下:

一、各地贯彻落实调控政策的总体情况

《国务院办公厅关于切实稳定住房价格的通知》(国办发明电〔2005〕8号)、《国务院办公厅转发建设部等部门关于做好稳定住房价格工作意见的通知》(国办发〔2005〕26号)和《国务院办公厅转发建设部等部门关于调整住房供应结构稳定住房价格意见的通知》(国办发〔2006〕37号)下发以来,各地区和有关部门认真贯彻执行各项政策措施,在调整住房供应结构、稳定住房价格方面做了大量的工作。当前,全国房地产市场情况总体上是好的,并且出现了一些积极的变化:

(一)住房供应结构调整有了好的开端。一是住房建设规划编制工作取得初步成果。截至2006年9月底,全国已有276个城市(含地级以上城市101个)按期公布了住房建设规划,明确了普通商品住房、经济适用住房和廉租住房的建设目标。36个直辖

市、计划单列市、省会城市中,有35个城市完成了住房建设规划的公布和备案工作。二是落实新建住房套型结构比例工作开始启动。28个上报数据的直辖市、计划单列市、省会城市,新出让土地的商品住房项目中套型建筑面积90平方米以下的比重占75%;6月1日以后核发施工许可证的商品住房项目套型建筑面积90平方米以下的比重明显提高,其中13个城市超过70%。

(二)住房保障工作力度逐步加大。一是城镇廉租住房制度建设加快推进。截至2006年9月底,已有26个省(区、市)将廉租住房制度纳入目标责任制管理。268个地级以上城市建立并实施了廉租住房制度。10个省(区、市)明确了土地出让净收益用于廉租住房建设的具体比例,其中一些城市明确的比例比较高,青岛、深圳、长沙市分别为15%、10%、10%。北京市扩大了廉租住房制度覆盖面,福建省建立了省级财政廉租住房专项补助资金,云南省计划每年财政列支5500万元支持各市县建立廉租住房制度,广东省财政列支3000万元专项用于对部分财政困难市、县的补助。二是经济适用住房管理有所加强。浙江、四川、北京、天津、辽宁等省(市)经济适用住房竣工面积占商品住房的比重超过10%。辽宁、黑龙江、浙江、北京、天津、江西、甘肃等省(市)已相继停止审批党政机关集资合作建房项目。

(三)税收信贷土地政策稳步落实。一是各地财政、税务、房管等有关部门加强协调配合,实行房地产税收一体化管理,一窗式征收,落实住房转让环节营业税调整政策。二是金融部门督促商业银行及时制订实施办法,落实新的住房信贷政策,加大对房地产信贷业务的监督检查力度。三是进一步加强土地供应管理。江苏省已清理闲置土地近5.7万亩,收回2.5万亩。四川、江西等地对单宗房地产开发用地出让规模进行规范,严格控制一次性大面积出让。北京、南京、苏州、广州、大连、泉州等城市积极开展"限套型、限房价、竞地价、竞房价"(以下简称"两限两竞")普通商品住房建设管理试点。

（四）**房地产市场秩序有所好转**。一是加强了房地产开发建设全过程监管。天津市整合项目监管程序,建立了规划、建设、国土房管等部门的项目审批结果交换制度,各环节审批信息共享,实现了对项目全过程监管。二是查处了一批违法违规案件。福州市查处违法违规建设项目32个,处罚建设单位28家、施工单位68家;查处违规预售项目19个,清退定金3187万元。北京市开通网上投诉窗口,对投诉问题较多的141个项目进行了现场巡查,对20家企业的违规行为进行了通报处理。

（五）**城镇房屋拆迁工作进展平稳**。一是拆迁规模得到合理控制。全国城镇房屋拆迁面积在2004、2005年同比分别下降13.59%、40%的基础上,2006年上半年同比下降15%。二是进一步加强拆迁管理,规范拆迁行为,拆迁矛盾和纠纷明显减少。2005年,因拆迁问题到建设部上访的人数比2004年下降了78.58%,2006年上半年比2005年同期又下降了29%。因拆迁问题到各省（区、市）建设部门上访的人数也呈下降趋势。

二、目前存在的主要问题

当前房地产市场运行中还存在不少困难和问题,主要是部分地区政策未落实、管理不到位,突出表现在以下方面:

（一）**对政策的认识存在一定差距**。有的地区在落实住房套型结构比例要求时,过分强调地方特点、短期利益和困难因素。有的地区强调当地房价基数低,虽然涨幅较大,但绝对水平不高。有的地区认为房地产价格上涨有利于促进当地经济的发展等。认识上的差距是造成部分地区落实政策不坚决、调控措施不到位的根本原因。

（二）**住房结构调整工作处于起步阶段**。截至2006年9月底,全国还有65%的地级以上城市、91.1%的县级城市未公布住房建设规划。规划已报建设部备案的35个直辖市、计划单列市和省会城市中,有22个城市仅提出总量控制要求,没有将住房套型结构比例要求落实到今明两年的住房建设项目。目前还有12.2%的地级以上城市、45.6%的县级城市未采取有效措施落实住房套型结构比例要求。

(三)部分城市住房价格涨幅仍然偏高。2006年10月,全国70个大中城市新建商品住房销售价格同比上涨6.6%,涨幅比上月提高0.3个百分点,其中,较为突出的有:北京10.7%、厦门10.5%、深圳9.9%、福州9.6%、沈阳9%、广州8.8%。二手住房销售价格同比上涨5.2%,涨幅比上月提高0.3个百分点,其中,大连12.7%、深圳12.4%、北京10.2%、郑州8.7%。

(四)部分地区住房保障制度建设滞后。截至2006年9月底,尚有5个省(区、市)没有建立廉租住房制度目标责任制,19个地级以上城市没有建立廉租住房制度。部分城市还未确定用于廉租住房建设的土地出让净收益比例,或未落实住房公积金增值收益用于廉租住房建设的有关规定。部分地区对经济适用住房管理不到位,供应对象、面积标准不明确,审查不严格;有的地方未将集资合作建房纳入当地经济适用住房统一管理。

此外,落实土地、信贷政策的具体措施有待完善,"两限两竞"政策在大部分地方尚未具体实施,对购买第二套住房执行差别信贷政策的情况不理想。部分地区房地产交易秩序专项整治工作滞后,房地产市场出现了新的不规范行为。

三、下一步工作要求

(一)统一思想,提高认识。虽然前一段时期,贯彻落实房地产市场调控政策工作取得了一定成绩,但当前宏观调控的任务依然比较艰巨。各地区、各有关部门要按照统一认识、稳定政策、完善配套、狠抓落实的原则,进一步严格贯彻国务院关于房地产市场调控的各项政策措施,尽快完善配套政策,突出重点、远近结合、标本兼治,继续做好调控工作。要把房地产市场调控与深化住房制度改革、完善社会保障制度结合起来,切实稳定住房价格。少数房价上涨过快的城市,一定要加大工作力度,坚决遏制房价过快增长的势头。

(二)加快住房结构调整。目前尚未公布住房建设规划的城市,要加快工作进度,务必在 2006 年 12 月 20 日前全面完成规划的编制、公布和备案工作。已编制完成住房建设规划的,要抓紧完善,并把新建住房套型结构比例分解到区域,落实到具体地块、项目。要将住房建设规划落实工作纳入政府 2007 年度工作计划,纳入城市规划效能监察的重点督察范围。2007 年 6 月,各地和有关部门要对新建住房套型结构比例要求的落实情况进行年度考核。要在部分城市试点工作的基础上,进一步完善土地供应"两限两竞"政策的具体实施办法。

(三)完善住房保障制度。尚未建立廉租住房制度的城市,必须在 2006 年年底前建立并实施。要综合考虑当地住房状况和房价综合水平、实际收入水平等因素,合理确定对低收入家庭的保障标准,并根据资金水平逐步扩大保障范围。要严格落实以财政预算为主、住房公积金增值收益为辅的廉租住房资金筹措机制,确保土地出让净收益的一定比例用于廉租住房建设。各级财政要加大对廉租住房制度建设的支持力度。各地区要严格落实各项管理制度,规范发展经济适用住房,坚决禁止党政机关以任何名义和方式搞集资合作建房。

(四)大力规范市场秩序。要深入开展房地产交易秩序专项整治,加强对房地产开发建设、销售的全程监管。继续加大对房地产市场违法违规案件的查处力度,防范和制止各种规避结构调整政策、变相囤积房源行为,严厉查处哄抬房价、扰乱市场秩序的房地产商。要适时披露市场运行情况,合理引导消费需求,鼓励适度和梯度消费,稳定市场预期。要加强舆论引导,加大正面宣传力度,引导媒体正确报道各项房地产市场调控政策,客观反映市场情况,宣传调控成果,提高群众的信心。

（五）继续抓好督促检查。各地区要切实负起责任,增强贯彻落实房地产市场调控政策的主动性和积极性,把调整住房供应结构、控制住房价格过快上涨纳入政府工作的目标责任制。建设部会同有关部门要继续加强督促检查工作,狠抓落实不动摇。2007年一季度,建设部将会同全国房地产市场宏观调控部际联席会议成员单位,对各地落实住房建设规划尤其是廉租住房开工建设等情况进行检查。对调控政策落实不到位、房价涨幅没有得到有效控制、结构性矛盾突出、拆迁问题较多及未把新建住房套型结构比例分解到区域,未落实到具体地块、项目的城市,要限期整改并追究有关领导责任。

附件:1. 房地产市场调控政策落实情况表(略)
   2. 廉租住房制度建设不到位的地区名单(略)

中华人民共和国建设部
中华人民共和国国家发展和改革委员会
中华人民共和国监察部
中华人民共和国财政部
中华人民共和国国土资源部
二〇〇六年十一月二十四日

这份通报的开头部分(第一自然段)主要简述情况,说明发文缘起,并以过渡性语句引出下文。主体部分共写了三个方面的内容,首先写明总体情况,着重反映工作成效;然后集中指出问题,指明有待加强或改进的工作;最后针对问题,明确各项工作要求和措施。例文在"情况"和"问题"部分,使用了一些实例和数据,内容十分翔实、具体。另外,无论是"情况",还是"问题",都是采用分门别类、分条列项的形式写出的,而且各大部分均以序码加小标题的形式标示要点,各项内容均自成一个段意相对统一、完整的段落,并将段中主句置于段首,点明段落的中心意思,层次清楚,重点突出,条理性极强,非常便于阅读。

（十）报　　告

六安市人民政府关于市人大代表意见和建议办理情况的报告

六政秘〔2006〕35号

人大常委会：

去年10月，在市人大常委会开展的走访市人大代表活动中，市人大代表从关心支持的角度出发，对政府工作提出了一些中肯的意见和建议。市政府主要负责同志对此高度重视，当即批示要求认真办理落实。市政府办公室按照有关规定，把市人大代表所提的22条意见和建议分解到市发改委等26个部门和单位办理落实，反馈率100%。现将有关情况综合报告如下：

一、关于城市建设方面。有代表建议市政府在推进中心城市建设的同时，要大力加强农村集镇建设，实现城市建设与集镇建设相对接。建市以来，市委、市政府坚持适度超前城镇化的发展思路，六安中心城市和各县城面貌得到根本性改观，全市城镇化率由20%提高到28.7%。在抓好中心城市和县城建设的同时，市委、市政府高度重视农村集镇建设，一是2005年，市委、市政府专门制发了《关于进一步加快小城镇建设的若干意见》（六发〔2005〕15号），以指导全市农村集镇建设。二是市成立了农村集镇建设指导委员会，加强对农村集镇建设的指导和调度。三是按照中央、省建设社会主义新农村的部署和要求，日前，市召开了全市社会主义新农村建设百村十镇示范工程工作会议，要求科学规划，抓好示范，全面推进社会主义新农村建设。四是积极争取上级各项小城镇建设和新农村建设专项资金,确保农村集镇建设的资金投入。有代表要求市政府抓紧整修六安城区振华路,以方便群众生产生活。市政府已经把振华路整修纳入2006年城市重点工程,市建委和市重点办已作了实地勘察并制定了治理方案,工程将于今年汛前完成。有代表建议加强城市公共卫生管理。为落实这项建议,一是进一步界定了城区环卫管理界限,对一些重难点区域落实了人员,明确了责任。二是建立了快速反映机制,迅速解决群众反映的热点问题。三是加大对街乡环卫工作的检查考评。四是合理使用环卫以奖代补资金。总之,我们将不断探索促进城区环卫工作新机制,力促中心城市管理上水平。

二、关于农村经济方面。有代表建议要加大农业产业化力度、加强农产品标准认证和加快六安城区蔬菜基地建设工作。近几年来,我市按照"培育大龙头、建设大基地、强化大服务"的总体思路,采取一系列措施,不断提升农业产业化水平,实现了农村经济主导产业及区域布局基本明晰、龙头企业进一步壮大、市场销售渠道进一步拓宽的目标。通过严格农业投入品管理,推行标准化生产,强化农产品质量检测监督等措施,有力加快了全市农产品标准认证工作。截止2005年底,全市共认证安全优质农产品94个,认证面积250万亩,进一步提升了我市农产品的市场知名度和占有率。六安城区的蔬菜基地建设一直是广大城市居民关注的焦点,也一直受到市、区两级党委、政府的高度重视。通过坚持不懈地努力,目前,六安城区的蔬菜基地建设虽然有了较快发展,但与中心城市的发展和居民生活水平提高的需求还有差距。下一步,市政府将进一步强化领导,加大基地建设投入,健全配套服务网络,切实加快六安城区蔬菜基地建设,不断满足六安城区居民日常生活需求。

三、关于社会事业方面。有代表建议要提高新型农村合作医疗质量。2002年,中央制发《关于进一步加强农村卫生工作的决定》,提出建立新型农村合作医疗制度。2003年,全国开展了试点工作。2005年,我市金寨县被列为全省第二批试点县,全县实际参加人数48.73万人,农民实际筹资487.36万元,农民参加率达87.4%。2006年,我市没有新增县区,主要原因是地方财政配套难。目前,这种情况已经引起上级的重视,2005年8月,中央财政提高了补助标准,但要求地方财政相应增加配套经费,我市地方财政仍然难以承受。因此,提高农村医疗水平,要在深化农村卫生改革,推进农村卫生服务体系建设的同时,稳步推进新型农村合作医疗,逐步建立起农民基本医疗保障制度。有代表建议流动人口计划生育管理缺乏有效手段,要加强指导。为此,市有关部门采取了规范流动人口管理程序、明确重点人群、落实双向责任、提高服务质量、实行举报有奖和建立完善的考核体系等措施。

四、关于改革发展方面。有代表建议市政务服务中心要进一步加强内部管理,在提高办件量和办件率上下功夫。市政务服务中心挂牌以来,在市委、市人大常委会、市政府和市政协的高度重视下,通过努力,发挥了应有的作用。截止2005年底,累计受理办件16.91万件,月均办理1.3万件,按时办结率100%,群众比较满意。从中心实际运转情况来看,抓好内部管理,提高办件量和办件率至关重要。中心运行以来,市委、市政府及有关方面已经从强力推进"项目、骨干、授权"三进中心、建立健全并严格执行规章制度和创新工作机制等方面入手,加强中心建设。为进一步提升市政务服务中心服务水平,下一步将采取以下措施。一是以效能建设为内容,推进窗口规范化建设;二是以加大督查为抓手,保障各项规章制度落实;三是以加强教育为手段,全面提升中心工作人员政治业务素质。有代表建议要提高行政案件行政首长出庭率。为落实这一建议,市政府分管领导批示要求,市政府法制办会同市司法局认真研究,提出行政机关法定代表人出庭应诉工作意见。市政府专门下发了《关于进一步做好行政机关出庭应诉工作的通知》

（六政〔2006〕6号），明确要求行政案件，各级政府及其所属行政机关法定代表人要严格按照要求出庭应诉。今年，市《政府工作报告》又明确提出逐步健全在行政诉讼中机关法定代表人出庭应诉制度。

特此报告。

二○○六年三月二十二日

例文是一份地方人民政府向同级人民代表大会呈报的专题性报告，反映情况，反馈信息，是这份报告的基本用途和主要内容。报告的标题是由发文机关、事由和文种三个要素构成的，事由写得很清楚。正文包括开头、主体和结语，开头部分综述情况，简单明了，"现将……报告如下："是常用于报告的开头和主体部分之间的过渡性语句；主体部分针对人大代表提出的意见和建议，分门别类地写明各方面工作情况，其中既有现状的说明，也有改进措施的明确，内容比较具体、翔实、集中；"特此报告"及"特此报告，请审阅""专此报告"之类的语句是报告惯用的结语。

关于农业机械化综合示范工作的报告

省政府：

开展农机化综合示范活动，是我省"九五"期间推进农业机械化工作的重要工作内容。根据苏政办发(1999)149号文件规定及部分农机化综合示范县(市)人民政府的申请，省政府办公厅已牵头分4次组织有关部门组成评价核验组，对武进、常熟、江阴、东台、丹阳、海安、江都、金湖、铜山10县(市)进行基本实现农业机械化县(市)评价核验。评价核验组通过听取汇报、查阅资料、实地考察等形式，经过认真测算和考核，确认武进等10个县(市)已达到基本实现农业机械化县(市)建设评价指标。目前，江宁、赣榆、泰兴、宿豫4县(市)也正积极准备基本机械化评价的各项工作，扬中、大丰、沛县等9个县(市)通过了市政府办公室组织的基本实现农业机械化县(市)评价核验。现报告如下：

一、"九五"期间我省农机综合示范工作所取得的成绩

自1996年开展农业机械化综合示范工作以来，各综合示范县(市)党委、政府在省委、省政府的领导和各有关部门的指导下，紧紧围绕"九五"期末率先基本实现农业机械化的目标，围绕农业增效和农民增收，切实加强对农机化工作领导，加大投入，因地制宜，积极推广农机化新技术，农机化事业持续、快速、健康发展，发挥了率先、领先和示范作用，取得了显著的成效。

(一)大中型高性能机具大幅度增长，提高了农机装备水平和作业水平。据1999年统计，13个综合示范县(市)大中型拖拉机增加到1.47万台，联合收割机增加到1.37万台，是1995年底拥有量的2.31倍和3.1倍，占全省总保有量的1/3左右。三麦生产已基本实现机械化，水稻生产机械化取得突破性进展。农机作业

范围由种植业向农副产品加工、水产养殖和经济作物生产机械化拓展。1999年,13个综合示范县稻麦综合机械化水平达到76.6%,比"八五"期末提高近30个百分点,比全省平均水平高出9.6个百分点。海安县养禽机械化达到了70%,东台市试验推广油菜分段收割机械,江阴市试验示范草坪种植机械,发挥了良好的示范效应。

(二)农机技术创新和推广取得成效,开拓了新的农机化发展领域。各综合示范县(市)在巩固提高耕耙、灌排、植保、脱粒和三麦收割机械化的基础上,积极主攻水稻种植机械化这一难点,大力推广高性能水稻收获机械,在一些关键环节上取得了突破。丹阳、武进示范推广水稻机械化直播技术,获得了大面积高产;江宁、江都、金湖引进高性能水稻插秧机进行机械化育秧、插秧试验,不仅在机插技术上取得成功,而且大大降低了育秧成本,为机插秧大面积推广和走向产业化经营创造了条件。铜山、赣榆大面积推广小麦精少量播种技术,小麦亩产增百斤以上。与此同时,各示范县还根据农业可持续发展的需要,积极试验示范推广秸秆还田、粮食烘干、河道清淤等新机具;根据农业结构调整的需要,积极试验示范油菜收获、蔬菜和花卉种植、设施农业生产等新技术、新机具,这些新技术和新的作业项目符合现代农业发展的新形势,为我省农机化发展开拓了新的领域。

(三)改革农机投资和经营机制,多渠道增加对农机化投入,增强了农机化事业的发展后劲。在投入机制上,各综合示范县(市)适应社会主义市场经济的要求,调动农民投资办机械化的积极性,建立国家投入为导向,农民投入为主体,集体和社会其他方面投入为补充的新的农机化投入制度,形成多渠道筹集资金,多层次扶持,多种经济成分参与经营的新局面。

从所评价的综合示范县(市)来看,"九五"前4年,9个示范县(市)农机总投入达到10.45亿元,平均每县(市)1.16亿元。相当于"九五"以前农机投资的总和。在扶持农机化发展的政策措施上,也有许多新的举措。如江都市依照《江苏省农业机械管理条例》的规定,率先在县(市)级建立了农机化发展基金,这一做法和经验推广到全省 50 多个市县,对全省农机化发展起到了积极的促进作用。东台市将农发资金大部分和村组公积金的 20%—30%用于大中型农机具的推广补助或参股,调动了农民购机用机的积极性。海安县各种农业专项资金均按 20%以上比例用于农机投入,通过资金补贴、信贷支持,典型引路等办法引导农民投入,加快了农机具更新和推广速度。这些为全省农机化发展提供了有益的经验。

(四)加强农机法制化管理,发展市场化、产业化农机服务,走出了一条发展农业机械化的新路子。各综合示范县(市)认真贯彻落实《江苏省农业机械管理条例》,建立健全各项规章制度,加强农机化安全监督管理,加强执法队伍培训,大力开展农机配件供应和维修市场整顿,净化农机市场,切实维护广大机手和农民的利益。金湖县率先在全省实施拖拉机监理,保障了农机安全生产。海安县农机监理所积极推行"文明监理,优质服务",获得农业部表彰。各综合示范县(市)积极探索和创新市场经济条件下农机化服务体制和运行机制,积极培植市场主体,取得了不少成功的经验。江阴市和江都市以乡镇农机站为依托,建立农机行业协会,成为政府农机部门与农机户联系的新纽带;武进市对村级集体经营的农机服务队进行转制改革,吸收机工入股,提高了机工责任心和作业的积极性;常熟市虞山镇借鉴股份公司的做法,建立了农机专业服务公司,常熟市还建成了国内一流的县级农机化综合服务中心。为发展市场化、产业化农机服务,各综合示范县(市)发挥大中型机械多的优势,积极组织联合收割机跨区作业。武进市前黄镇组织了 85 台农民拥有的"洋马"联合收割机,进行跨区机收收割服务,年作业时间长达 3 个月,转战四川、山东、浙江、安徽、上海 5 省市 20 多个县(市),平均每台"洋马"机作业纯收入在 10 万元以上。江都市、金湖县农机部门大规模地组织机手跨区作业,为全县农民人均增收 30—40 元。

(五)率先开展技术引进与合资合作,为江苏农机行业对外开放起了先行示范的作用。江苏农机行业的对外开放,首先是从农机化综合示范县开始起步实施的。我省与日本洋马公司合资合作,是从江阴市开始起步的。引进机械最多的武进市,拥有洋马"人民号"等高性能联合收割机达 432 台。现在,环太湖地区已成为我国高性能农业机械的生产基地。农机化综合示范县(市)为引进机具的试验、示范、生产、使用,提供了经验,奠定了基础。

二、存在的主要不足和建议采取的改革措施

"九五"期间,各农机化综合示范县(市)较好完成了省政府提出的农机化目标任务,但与全省农业、农村经济发展形势和省委关于率先基本实现现代化的要求相比,还存在很大的差距。一是水稻种植机械化未普及;二是农业结构调整对农业机械化提出新的需求,许多新机具亟待研制、开发和推广;三是现有的农机装备结构不够合理,小型机械多,老旧机型多,技术含量低,需要对装备结构进行战略性调整,发展大中型高性能农业机械,提高农机装备的技术水平;四是农机管理服务体制和运行机制还不能完全适应市场经济运作的要求,要进一步提高农机管理法治化水平,进一步加快农机服务组织创新步伐,加大改革力度,推进农机服务产业化进程。

当前,随着农业和农村经济的发展,我省农业机械化事业已进入了新的发展阶段。"十五"期间,全省农机化工作的主要任务是在"九五"基本实现稻麦生产六项环节机械化的基础上,努力实现全省主要农作物稻、麦、玉米、油菜生产的全程机械化。组织实施

水稻生产机械化工程、农机装备结构调整工程、农用航空技术应用工程和农机服务体系创新工程,进一步提高农机装备水平、作业水平和管理服务水平,为加强农业和增加农民收入服务。

为确保"十五"期末全省主要农作物生产实现机械化,建议采取如下鼓励扶持农机化发展政策措施:

(一)加强领导,认真制定"十五"规划。各级政府要高度重视农业机械化工作,按照全省农机化发展总体要求,因地制宜,制订切实可行的农业机械化发展规划与配套的政策措施。要组织协调各方面力量,形成合力,支持农业机械化建设,做好有关农业机械化工作的指导、管理和服务工作。

(二)加快农业机械化技术创新步伐。坚持以市场为导向,以效益为中心,以科技进步为动力,推动全省农机化技术升级换代,提高农机化整体质量和运行效益。加快水稻插秧机的试验示范和合资合作步伐,降低机插秧成本,大力推广高性能联合收割机,努力提高水稻生产机械化水平;重点支持一批适应农业结构调整需要的农机化新技术、新机具的研制、开发和推广项目;制定农机具报废更新的标准和规章制度,淘汰一批能耗高、效率低的老旧农机具;深化农机科研、培训和开发、推广体制改革,加强农机科研、推广基地建设,逐步建立产学研相结合,科技创新能力强的农机化科研、开发、推广、培训体系。为扶持农机化技术创新,建议省政府在农业三项工程资金中,安排一定比例用于全省农机化发展。

(三)加大发展农业机械化的政策扶持力度。《江苏省农业机械管理条例》已明确规定各级要根据财力建立农业机械化发展基金,目前全省大部分市、县已建立了农机化发展基金制度,"十五"期间要进一步巩固、完善,并运用信贷资金建立新的筹资渠道,形成良性循环机制。各级财政要继续增加对农机化的投入,鼓励扶持农民和合作经济组织购买、经营农业机械。扶持新型农机服务组织,加快农机服务市场化、产业化步伐。对农机跨区作业继续给予免费通过公路、桥梁的优惠政策;对农机专业户从事农田作业给予免征所得税的政策措施。

(四)进一步开展农机化试点示范工作,提高综合示范水平。实践证明,因地制宜,抓点带面,是加快全省农机化发展步伐的有效举措。"十五"期间,建议省政府在苏南、苏中、苏北不同类型的地区选择基础好、水平高、具有一定代表性的县(市)继续进行农机化试点示范,使这些县(市)先行一步,探索路子,积累经验,形成具有各自区域特色的农业机械化区域,为推进全省农机化进程,率先基本实现农业现代化再作新的贡献。

江苏省农机局报告
二〇〇一年×月×日

例文是一份反映情况、提出工作意见的报告。报告的正文包括开头、主体和结尾三个部分,开头部分简述情况,指明问题及解决问题的紧迫性,最后以"现将有关情况报告如下"这一过渡性语句领起下文。主体部分包括两项内容,一是介绍"企业欠息基本情况",指明企业欠息的危害,写得相对简要、概括;二是提出解决问题的要求和措施,这是整个报告的重点,写得比较详尽、具体。结尾部分提出转发请求,"以上报告如无不妥,建议××转发各地区、各部门贯彻执行""以上报告如无不妥,请批转各地执行"之类的语句,是呈转性报告惯用的结语。介绍情况,写明工作安排,提出批转请求,是这类报告常见的写法。

呈转性报告一经转发或批转,便具有同转发或批转机关的公文相同的效力,可以作为有关单位安排工作、处理问题的依据,有的甚至能够起到行政法规的作用。

（十一）请　　示

关于征收污水排污费有关法律适用问题的请示

天津市环保局：

　　《排污费征收使用管理条例》（国务院369号令）规定：排污者向城市污水集中处理设施排放污水、缴纳污水处理费用的，不再缴纳排污费。我局依据此原则，对虽进入城市排污管网，但未进入城市污水集中处理设施的企业征收污水排污费。但一些企业以《天津市污水处理费管理办法》（津政发〔2000〕13号）第二条第二款之规定："交纳污水处理费后，环保部门不再向排入城市排污管网和污水集中处理设施的单位征收排污费。"为依据，拒不缴纳排污费。

　　望市局对此问题给予成文解释，以便更好地开展工作。

天津市西青区环境保护局
二〇〇四年八月十六日

　　例文的标题是由事由和文种两个要素构成的，请示多采用这种标题写法。正文说明情况，明确问题，提出对问题予以答复的请求。这是一份请求指示的请示，文中着重反映无法解决的问题，而未提出解决问题的意见或建议，这是此类请示的内容特点。

关于沈阳特种环保设备制造股份有限公司
城市污水处理成套设备产业化示范项目撤项的请示

辽发改高技〔2007〕496号

国家发展和改革委员会：

沈阳特种环保设备制造股份有限公司承担的城市污水处理成套设备产业化示范项目，于1999年7月经国家发展计划委员会批复项目可行性研究报告（计高技〔1999〕804号），项目总投资7125万元，其中国家投入资金1500万元，企业自筹3075万元，银行贷款1000万元，地方配套1550万元。该项目初步设计于2001年底经辽宁省发展计划委员会批复（辽计发〔2001〕1037号），项目于2002年开工建设。截至2006年底，项目已累计完成投资5455万元，其中国家投入预算内专项资金（国债）1500万元，银行贷款3200万元，企业自筹755万元。目前，该项目因各种原因无法继续实施，现申请撤项。主要理由如下：

一、沈阳特种环保设备制造股份有限公司是1997年在深圳证券交易所挂牌交易的上市公司，自2001年起持续亏损，并于2004年退市。目前公司累计负债8.4亿元，绝大部分资产已被查封和执行，已丧失持续经营能力。

二、根据沈阳市城市发展规划，2007年3月沈阳市和平区长白地区被整体拆迁，该厂内沈阳特种环保设备制造股份有限公司所投资建设的两个主体厂房也被债权人起诉并查封。拆迁补偿款除支付国家投入资金1500万元和安置职工费用外，全部按法院执行文件由债权人支配。至此，项目承担单位无法异地继续项目建设。

经沈阳市发展改革委与拆迁办等部门协调，目前已将国家投入国债资金1500万元收回,并存入沈阳市发展和改革委员会会计核算中心专门账户,暂代国家保管。鉴于上述原因,现对由沈阳特种环保设备制造股份有限公司承担的城市污水处理成套设备产业化示范项目提出撤项请示。

当否,请批示。

辽宁省发展和改革委员会
二〇〇七年六月十九日

例文的标题是由事由和文种名称两个要素构成的,其中"事由"一项写得非常具体,已经基本上把所请示的问题反映出来了。正文包括三个部分,第一个部分(第一自然段)概述情况,明确请示事项,并以"主要理由如下:"引出下文;第二个部分在陈述理由的基础上,再次申明请示事项,也即提出对问题的处理意见;最后是表明请求批复意愿的结语"当否,请批示",这是请求批准的请示惯用的结语。跟前面的例文有所不同,这是一份请求批准的请示。此类请示除了说明情况之外,还必须写明发文机关的意见,而上级机关的批复就是针对发文机关的意见做出的答复。

（十二）批　　复

国务院关于宁波市城市总体规划的批复

国函〔2006〕69号

浙江省人民政府：

你省《关于要求审批〈宁波市城市总体规划（2004—2020）〉的请示》收悉。现批复如下：

一、原则同意修订后的《宁波市城市总体规划（2006年—2020年）》（以下简称《总体规划》）。

二、宁波市是我国东南沿海重要的港口城市，长江三角洲南翼经济中心，国家历史文化名城。宁波市的建设与发展要遵循经济、社会、人口、资源和环境相协调的可持续发展战略，转变经济增长方式，调整产业结构和布局，充分发挥港口和对外贸易口岸的优势，发展先进制造业和现代物流业，不断完善城市功能，逐步把宁波市建设成为经济繁荣、社会和谐、设施完善、生态良好，具有国际港口和江南水乡特色的现代化城市。

三、有序引导城市空间布局。在《总体规划》确定的2560平方公里的城市规划区范围内，要实行城乡统一规划管理。要保持中心城区三江片、镇海片、北仑片相对独立的组团式布局结构，强化中心城区的集聚和辐射功能，防止城市无序蔓延发展。要在市域城镇体系规划指导下，做好村庄和集镇规划，加强村镇建设，促进城乡协调发展。

四、合理确定城市人口和建设用地规模。到2020年，中心城区实际居住人口要控制在250万人左右，城镇建设用地控制在

312平方公里以内。要根据《总体规划》确定的空间布局,积极引导产业与人口的合理分布,着力提高人口素质,防止人口规模盲目扩大。要坚持集中紧凑的发展模式,切实做好耕地特别是基本农田的保护工作。

五、完善城市基础设施体系。要加快交通基础设施建设,建立公路、铁路、民航、水运相协调的对外交通运输体系。要坚持公共交通优先的原则,逐步建立包括轨道交通在内的各种交通方式相结合的公共客运服务系统。要充分重视城市防灾工作,加强大型防灾骨干工程和防灾信息系统的建设,建立包括防洪、防潮、抗震、防治地质灾害、消防、人防等在内的城市综合防灾体系。

六、建设资源节约型和环境友好型城市。要重视集约和节约利用建设用地,合理开发城市地下空间资源。要保护好城市水源地,通过发展节水技术、建设再生水利用设施等提高水资源利用效率,避免过度开采地下水。要逐步推广使用清洁能源,严格实施建筑节能设计标准,推进工业、交通和建筑节能工作。要坚持经济建设、城乡建设与环境建设同步规划,严格控制污染物排放总量,加强烟尘、酸雨、污水、机动车尾气的治理和海洋生态保护,切实改善环境质量,实现生态良性循环,促进城市可持续发展。

七、切实改善城市人居环境。要坚持以人为本,做好关系人民群众切身利益的交通、教育、医疗等公共服务设施的规划布局,切实满足人民群众的需要。要将普通商品住房、经济适用住房和廉租住房的建设目标纳入近期建设规划,从方便低收入群体的生活与就业出发,保障经济适用住房和廉租住房用地的分期供给规模、区位布局和相关资金投入。要根据城市的实际需要与可能,控制旧城区开发强度,稳步推进危旧房改造,改善市政基础设施条件,提高人民群众居住和生活质量。

八、重视历史文化和风貌特色保护。要按照《总体规划》要求,保护好"三江交汇、一湖居中"的旧城格局,控制旧城内的建筑高度。要重点保护好天一阁等文物保护单位和海上丝绸之路等遗址，采取有效措施加强对月湖、秀水街等历史文化街区的保护，保持古城的传统风貌。要充分利用宁波市江河交汇和滨海的优势，提高绿化覆盖率，形成靠山面海、绿水相间的城市特色。

九、严格实施《总体规划》。《总体规划》是宁波市城市发展、建设和管理的基本依据，城市规划区内的一切建设活动都必须符合《总体规划》的要求。要结合国民经济和社会发展"十一五"规划，明确实施《总体规划》的重点和建设时序。城市规划行政主管部门要依法对城市规划区，包括各类开发区在内的一切建设用地与建设活动实行统一、严格的规划管理，切实保障规划的实施，市级城市规划管理权不得下放。要加强公众和社会监督，提高全社会遵守城市规划的意识。驻宁波市各单位都要遵守有关法规及《总体规划》，支持宁波市人民政府的工作，共同努力，把宁波市规划好、建设好、管理好。

宁波市人民政府要根据本批复精神，认真组织实施《总体规划》，任何单位和个人不得随意改变。你省和建设部要加强对《总体规划》实施工作的指导、监督和检查。

国　务　院
二〇〇六年八月三日

例文是一份篇幅较长，内容较为复杂的批复。标题是由发文机关、事由和文种名称三个要素构成的。正文是由开头、主体和结尾三个部分构成的，写法很规范。开头部分（第一自然段）引述来文的标题和字号，这是对批复缘由和根据的说明。引述来文，有的不仅写出标题、发文字号，还要写出制发时间。"现批复如下"是常用于批复的开头和主体部分之间的过渡性语句；主体部分写了九条批复意见，首先表明对请示事项的态度，然后写明对下一步工作的指示。对下一步工作的指示,既有总体原则,也有具体部署,条分缕析,便于执行。批复就请示事项作出明确答复,有同意和不同意两种情况。如果同意请示事项,则既可以只表示肯定性意见,也可以在此基础上提出指示事项和要求;如不同意请示事项,则既可以只表示否定性意见,也可以在此基础上说明理由。如对请示事项部分肯定,部分否定,则要把肯定和否定意见分别写清,或同时写上对不妥之处的修正或补充意见;结尾部分(最后一个自然段)简要申明工作要求。例文没有使用"特此批复""此复"等批复惯用的结束语,篇幅较短、内容较为单一的批复常用此类结语。

辽宁省人民政府

辽政〔2006〕201号

辽宁省人民政府关于部分沿海重点发展区域界定区域调整等有关问题的批复

丹东、锦州、营口、盘锦、葫芦岛市人民政府：

丹东市政府《关于再次调整辽宁丹东产业园区区域范围的请示》（丹政〔2006〕73号）、锦州市政府《关于调整锦州西海工业区开发范围的请示》（锦政〔2006〕31号）、营口市政府《关于申报调整辽宁（营口）沿海产业基地规划控制范围的请示》（营政〔2006〕75号）、盘锦市政府《关于将盘锦船舶修造产业园区纳入省沿海重点发展区域的请示》（盘政〔2006〕48号）、葫芦岛市政府《关于增加北港工业区区域面积的请示》（葫政〔2006〕72号）收悉。现批复如下：

一、对沿海重点发展区域规划控制范围的调整

1. 同意调整丹东产业园区区域范围，调整后该产业园区四至范围：西起浪东路，东至鸭绿江边，北起一潮沟，南至浅塘沟（古沟），规划面积97平方公里，起步区面积39平方公里。

2. 同意将锦州白沙湾配套生活区（规划开发面积11平方公里）、汤河子工业区（规划开发面积7.5平方公里）纳入锦州西海工业区。锦州白沙湾配套生活区四至范围：南至开发区西海大街，北至华山路，东至三角山（老龙共），西至渤海大街；汤河子工业区四至范围：东起锦汤线杨兴村段，西至腰硫线腰汤村段及汤小线以

东,南至原锦汤线杨兴村——女儿河村段,北至杨兴村——大洼村——前白村——西白村——前汤村乡路。调整后该园区总规划开发面积扩至41.26平方公里。

3. 同意将营自治金重装备工业区15平方公里、营口物流园区1.6平方公里纳入总规划范围。调整后辽宁(营口)沿海产业基地主体区域分南区和东区,南区四至范围:青花大街以南,大旱河以北,西至海岸线,东至庄林路;东区四至范围:营柳路以南,小平山以西,南至规划界,西至向阳科化集团。总规划面积120平方公里。起步区面积20平方公里,其中,南区15.4平方公里、东区3平方公里、物流区1.6平方公里。

4. 同意将盘锦船舶修造产业园区纳入省沿海重点发展区域。园区定名为辽宁(营口)沿海产业基地盘锦船舶修造产业园区,四至范围:东至盘营公路(滨海大道),南至辽河,西至产业园区规划4号路(外边路),北临大洼县荣兴乡小庄子村,规划面积10平方公里。

5. 同意将连接锦州西海工业区和葫芦岛北港工业区的打渔山区域(规划面积10.3平方公里)及葫芦岛新港区域(规划面积2.77平方公里)纳入到葫芦岛北港工业区规划范围。其中,打渔山区域的四至范围:北至京沈铁路葫芦岛段,东至锦州经济技术开发区与锦州接壤,西至塔山村与龙港区接壤,南至连山海湾;新港区域的四至范围:东西靠渤海,北至张学良筑港纪念碑、柳条沟,西至渤船重工职工医院。调整后,北港工业区规划面积为34.94平方公里,起步区面积为20平方公里。

二、延长辽政发〔2006〕3号文件中优惠政策执行期限

《辽宁省人民政府关于鼓励沿海重点发展区域扩大对外开放的若干政策意见》(辽政发〔2006〕3号)中"自2006年1月1日起两年内享受如下新增优惠政策"的规定期限再延长三年,即:"自2006年1月1日起至2006年12月31日止共五年内享受如下新增优惠政策"。

二〇〇六年九月二十二日(印章)

抄送:沈阳、大连、鞍山、抚顺、本溪、阜新、辽阳、铁岭、朝阳
　　市人民政府,省外经贸厅,省财政厅国土资源厅,省物价局。

辽宁省人民政府办公厅　　　　　　　　　　2006年9月27日印发

　　这是一份体式比较规范、要素比较齐全的公文,通过这篇例文,可以全面、直观地了解公文的一般格式,所以将其照录于此。不过,由于本书版面的限制,例文的幅面规格已有改动,无法完全真实地再现原文的印装格式。

(十三)议　　案

綦江县人民政府关于提请审议农村水利设施建设管理情况报告的议案

綦江府文〔2007〕95号

县人大常委会：

《关于农村水利设施建设管理的情况报告》已经县政府同意，并委托县水务局局长董志荣同志向县十六届人大常委会第3次会议报告，请予审议。

二〇〇七年五月二十四日

例文是县人民政府向同级人民代表大会提交的议案，内容是提请审议已经县政府同意的报告。标题由提出议案机关、事由即"关于提请审议农村水利设施建设管理情况报告"和文种名称"议案"三个要素组成；正文的内容比较单一，即只写明提请审议的事项和审议请求，篇幅简短，但事项表述得很清楚。有的议案提请审议的事项较为复杂，内容较为具体，就要分条列项地写出。

温岭市人民政府关于提请
审议确定市树市花的议案

市人大常委会：

市树市花是城市风貌的象征。为提高全市人民的绿化意识和生态意识，丰富城市内涵，提升城市品位，同时，为创建国家园林城市创造条件，我市开展了市树市花评选工作，在广泛征询市民意愿的基础上，经市政府常务会议讨论形成了初步意见，现提请市人大常委会审议。

一、评选标准

（一）种植历史古老悠久，能反映温岭的自然和人文特点，有较深的文化内涵；

（二）具有地方特点，分布范围较广；

（三）栽培容易，适应性强；

（四）有较高观赏价值和经济价值。

二、组织领导

为切实加强对市树市花评选工作的领导，按照市政府要求，市农业林业局成立了园林城市创建工作领导小组，由农业林业局局长、市绿化委员会副主任×××任组长，农业林业局副局长×××、市绿化委员会办公室主任×××为副组长。市树市花的评选活动在领导小组的统一领导下开展工作，市绿化委员会办公室具体组织实施。

三、评选过程

（一）宣传发动和分发选票。2005年12月21日，市绿化委员会、市委宣传部等12家单位联合在《温岭日报》上发出评选市树市花倡议书,号召全体市民积极参与。同时,在报纸上公布了评选标准,评选办法,刊登了有奖选票。2006年1月至2月底,又通过多种途径进一步加大宣传力度,扩大参与面:一是向各绿委成员单位以及全市机关企事业单位发送评选市树市花的通知,并附寄选票;二是利用召开的各类全市性会议,特别是人大、政协会议,分发选票,充分征求全市人大代表和政协委员的意见;三是利用农林科技下乡活动,多次到各镇、街道进行街头宣传和分发选票,并进行现场咨询;四是在温岭农林科技服务网上发出信息,接受网上评选。

(二)回收选票和分类统计。经过广泛宣传和发送选票后,从2006年1月中旬开始我们陆续收到选票,到活动截止期3月10日止,从各种途径收到的选票共7859张。随后,我们立即抽调人员对这些选票进行分类统计,确认在收到的选票中,有效票7785张,无效票74张。统计结果见下页表格(略)。

四、送审意见和理由

9月1日,根据市树市花评选结果,市政府常务会议确定推荐候选市树为香樟,市花为桂花,并提请市人大常委会审议决定。其理由除得票最多以外,主要有:

(一)香樟。香樟是我市地带性森林中的重要组成树种,土生土长,在我市种植历史悠久,民间很早就形成了"前樟后朴"的庭园绿化习惯。全市148株古树名木中,香樟就有93株,占63%,树龄最大的达800多年。香樟根深叶茂,四季常青,生长快,寿命长,生命力极强。其树冠华盖如云,树姿高大优美,给人以片片绿叶奋发向上之感,是园林和四旁绿化的优良树种。它的木材致密坚实,纹理细,富光泽,具有特殊芳香味,是造船、家具和雕刻的优良用材。其根茎叶还可以提炼樟脑、樟脑油等。可以说香樟全身都是宝,具有较高的观赏价值和经济价值,是城市绿化的一个优良树种,省内杭州、宁波、金华、台州、临海等地都确定为市树。

（二）桂花。中国十大传统名花之一,素以芳香而著称。历代文人墨客对桂花都极为推崇,也深受温岭人民喜爱,自古就在庭园和道路旁广泛种植。我市桂花古树二株,分别生长在新河长屿高明洞和八仙岩。桂花为常绿阔叶乔木,四季常青,抗逆性强,繁殖栽培容易,其品种有100多种,常见的有丹桂、金桂、银桂、四季桂等,有一年四季开花的,也有秋季开花的。尤为农历八月花期最为集中,开花时秋高气爽,飘香四溢,沁人肺腑。满树的桂红花色花朵,象征着友谊与爱情,贞洁与荣誉,地位与财富。其鲜花还广泛用于食品、医药等行业。主要缺陷是在我市东南沿海不易栽培。因桂花喜酸性疏松土壤,而沿海一带土壤黏重,偏碱性,常年风力较大,需采取改土等措施,才能正常生长。但相较入围的其他几种花卉,桂花的适应性最强,栽培相对较易,大众化程度最高。

以上议案,请予审议。

温岭市人民政府
二〇〇六年十月十九日

前面一份议案提请审议的内容是另外一份文件,所以并不需要在议案中表述,议案只写明提请审议事项即可,而这份议案要将全部审议内容写明,同前面的例文相比,内容要复杂得多。实际上,这就是两种不同类型的议案。例文的正文是由开头、正文和结语三个部分组成的,开头部分（第一自然段）简单介绍情况,概述提请审议事项;主体部分在说明相关情况的基础上,提出意见,阐明理由,所有事项都写得非常具体、明确,为审议工作提供了较为充分的依据;"以上议案,请予审议"是议案常用的结语。

（十四）函

北京市食品安全委员会关于北京市
实行蔬菜市场准入制度的函

各省、自治区、直辖市人民政府办公厅：

为保证首都食品安全，根据《中华人民共和国农产品质量安全法》及食品安全的有关法律、法规和规定，北京市食品安全委员会决定，从2006年11月1日起，在北京市实行蔬菜市场准入制度，届时进入北京市场销售的蔬菜，必须经检测机构检测合格达到安全要求。

贵地符合安全要求的蔬菜，须凭有效的产地证明及产品质量证明方可进京。产品质量证明包括产品检测证明、无公害农产品证明、绿色食品证明、有机农产品证明。

对未取得相关证明的蔬菜，暂实行入市登记现场检测制度。现场检测合格的蔬菜，允许进入北京市场销售；检测不合格的蔬菜禁止在北京市场销售，并就地进行无害化处理。

对半年内连续三次抽检不合格的蔬菜品种，其产区的相应品种六个月内禁止进入北京市场销售，并在新闻媒体上公布。

为保证贵地农民和经销商的利益不受损害，请协助我们做好以下工作：

一、建立蔬菜安全质量检测体系，及时为进京蔬菜进行检测，并提供质量合格证明

（一）检测证明可以由有资质的检测机构出具，也可以由具有一定条件的单位采用速测法出具（农产品快速检测质量证明参考格式见附件2)。

(二)获得无公害农产品、绿色食品、有机农产品认证的蔬菜,可由被认证单位出具认证证书的复印件作为产品质量证明。包装蔬菜的无公害农产品、绿色食品、有机农产品认证标识也可作为产品质量证明。

二、建立产地确认体系,及时为生产者提供产地证明

(一)获得无公害农产品、绿色食品、有机农产品认证的蔬菜,可由被认证单位出具产地证明。

(二)蔬菜批发市场销售的蔬菜,由市场主办单位出具产地证明。

(三)未获得无公害农产品、绿色食品、有机农产品认证的蔬菜,由县级以上人民政府指定有关部门或委托乡(镇)人民政府、村委会、农村经济合作组织出具产地证明。

(四)包装蔬菜规范的产品追溯标签(由北京市农业局与外埠农业主管部门共同确认),可作为产地证明。

(五)产地证明可参照北京市食品安全委员会提供的农产品产地证明参考格式(见附件3、4、5)开具。

三、建立《蔬菜产地和质量证明出具单位统计表》

为保证有关证明真实有效,请各省、自治区、直辖市主管部门将本行政区内县级以上人民政府指定的检测单位和产地证明出具单位的名单,以电子表格格式(见附件6)送达北京市农业局。

请各地加强对蔬菜生产基地和产地证明、产品质量证明出具单位的管理,并协助北京市相关部门,指导向北京市场供应蔬菜的生产基地、批发市场及经销商落实提供产地证明及有关产品质量证明的工作,逐步规范蔬菜产地证明和产品质量证明的管理,确保贵地生产的蔬菜顺利进入北京市场。

感谢贵办公厅多年来对北京市农产品质量安全工作特别是蔬菜供应的大力支持。

特此函告。

联系人:(略)

附件1:关于进一步完善北京蔬菜市场准入制度的意见
附件2:农产品快速检测质量证明参考格式
附件3:农产品产地证明参考格式1
附件4:农产品产地证明参考格式2
附件5:农产品产地证明参考格式3

北京市食品安全委员会
2006年11月6日

从行文方向上看,例文是发文机关主动制发的"去函";从内容上看,例文是不相隶属的机关之间用以商洽工作、告知事项、请求协作的函,其写法兼有商洽性函、知照性函及请求性函的特点,这类函在实际工作中用得还是比较多的。例文的正文部分主要写入以下内容:首先说明建立相关制度的目的、根据及规定要点,然后写明商请受文机关协助做好的工作,最后表示谢意并以结束语"特此函告"结束全文。"妥否,请函复""专此函达,请答复"等,也是商洽函惯用的结束语。

国务院办公厅关于鼓励服务外包产业加快发展的复函

国办函〔2010〕69号

商务部：

你部关于鼓励服务外包产业加快发展政策建议的请示收悉。经国务院批准，现函复如下：

一、国务院同意完善支持中国服务外包示范城市（以下简称示范城市）发展服务外包产业的政策措施。

（一）完善技术先进型服务企业所得税优惠政策。放宽认定条件，将技术先进型服务业务收入占本企业总收入70%的比例降低到50%；取消企业需获得国际资质认证的要求；简化申报核准程序，认定工作由示范城市人民政府科技部门会同相关部门组织实施，加快技术先进型服务企业认定工作。

（二）将营业税免税政策扩大到示范城市所有离岸服务外包业务。

（三）对于全部面向国外市场的服务外包企业经营呼叫中心业务（即最终服务对象和委托客户均在境外），在示范城市实施不设外资股权比例限制的试点。创新服务外包海关监管模式，推广实施服务外包保税监管。

（四）2010年到2012年，中央财政每年安排示范城市各500万元资金用于服务外包公共平台建设。

二、加大财政资金支持力度。2010年中央财政安排500万元资金用于服务外包境外投资促进活动，并通过中小企业国际市场开拓资金等支持服务外包企业开拓国际市场。扩大服务外包人才培训资金支持范围，促进大学生就业。放宽服务外包企业及培训机构申请服务外包人才培训资金的条件，将服务外包业务额由

150万美元下调至50万美元,离岸业务额占服务外包业务额比例由70%下调至50%。鼓励服务外包企业取得国际资质认证,扩大国际资质认证资金支持范围。改进上述资金申报核准程序,由原来每年1次改为每年2次拨付,使企业加快获得资金支持。

三、做好有关金融服务工作。各金融机构要认真落实金融支持服务外包产业发展的各项措施,积极开展适合服务外包企业特点的金融产品和服务方式创新,拓宽服务外包企业的融资渠道。努力解决服务外包企业特别是中小企业融资难的问题。大力支持符合条件的服务外包企业境内外特别是创业板上市。

四、为服务外包企业做大做强营造良好环境。减轻服务外包企业负担,将符合人力资源社会保障部门规定条件的服务外包企业均纳入"五缓四减三补贴"政策范围之内。将示范城市技术先进型服务企业实行的特殊工时制度推广到全国其他地区符合条件的服务外包企业。鼓励服务外包企业海外并购,开拓国际市场,并为服务外包企业员工境外工作提供签证便利。结合我国国际采购安排,将外国供应商须向中国企业发包一定比例的服务外包业务作为大宗商品采购的条件。通过体制改革和组织制度创新,积极培育在岸服务外包市场,促进国际国内服务外包业务协调发展。整合利用现有公共技术服务平台资源,避免重复建设。创新服务模式,支持专业化服务企业发展。

五、加强服务外包人才培养和引进。改进、加强大学服务外包课程体系和实践教学基地建设,鼓励充分利用各种培训资源,多形式、多渠道加快服务外包人才培养,为服务外包企业提供合格的实用型人才。加大海外高层次服务外包人才引进力度,并在落户、子女入学等方面提供便利。

六、商务部要会同有关部门加强对示范城市发展服务外包产业的指导和服务,同时搭建服务于全国的服务外包投资促进平台,制定我国国际服务外包产业发展规划(2011—2015年),完善服务外包统计制度。示范城市人民政府要加强规划,突出特点,强化服务,营造环境,增强聚集效应,推动服务外包产业量的扩张和质的提升。

国务院办公厅
二〇一〇年四月七日

  这是一份答复请示的函,是为回复来文而被动制发的"复函"或称"回函"。上级机关答复下级机关的请示,通常要用批复,"批复"与"请示"应为对应使用的公文文种。但例文的发文机关与受文机关没有直接的行政隶属关系,所以不宜使用批复,而要用函答复问题。同样是答复请示事项,可以用批复,也可以用函,究竟是用何者为宜,主要应当根据行文关系来确定。

  例文正文的开头部分非常简短,首先引述对方来文的标题(有的还要引述文号),以明确发文缘由,然后以"现函复如下"这一惯用的过渡性语句领起下文,这是答复性函的开头部分最为常见的写法;主体部分写明答复事项,从基本态度到工作举措,从有关政策性规定到具体事项的处理意见,都表述得非常清楚。从例文的发文字号可以看出,"函"一般要在发文字号中加上文种标识"函",标明这是一份函件。

（十五）纪　　要

全国东西扶贫协作工作会议纪要

2008年3月20日至21日，国务院扶贫办在广东省东莞市召开全国东西扶贫协作工作会议，进一步贯彻党的十七大和"两会"精神，深入落实科学发展观，全面总结2007年工作，交流工作经验，重点就贯彻落实《国务院扶贫办关于2008年东西扶贫协作工作的指导意见》进一步统一思想认识，明确工作措施。会议还实地考察了东莞市统筹城乡发展的经验。国务院扶贫办王国良副主任出席会议并讲话。全国26个省区市扶贫协作部门负责人及相关处长参加了会议。

会议认为，在党中央、国务院的正确领导下，各有关省区市党委、政府高度重视，东西部协作双方干部群众共同努力，东西扶贫协作工作取得了显著的成效，有力地推动了我国扶贫开发总体进程，促进了东西部区域协调发展，增强了中华民族的凝聚力和向心力，生动体现了中国特色社会主义的优越性，对于深入贯彻科学发展观，构建社会主义和谐社会，具有不可替代的独特作用和重大战略意义，得到了党中央、国务院的充分肯定和社会各界特别是西部贫困地区广大干部群众的广泛赞誉。2007年4月12日，胡锦涛总书记在宁夏视察扶贫工作时，亲切接见福建对口帮扶宁夏的挂职干部，高度肯定东西扶贫协作工作，明确指示"先发展起来的地区，有责任支持和帮助中西部地区的发展"，并要求东西扶贫协作挂职干部"要把东部发展的经验和做法带到西部贫困地区"。胡锦涛总书记的重要指示对我们进一步做好东西扶贫协作工作具有十分重要的指导意义。

会议分析了我国扶贫开发工作面临的总体形势。2007年是《中国农村扶贫开发纲要(2001—2010年)》实施以来减贫速度最快的一年,全国农村贫困人口减少1378万人,592个国家扶贫开发工作重点县农民人均纯收入从1928元增加到2200元,扣除物价因素比上年增长11.7%,高出全国农村平均水平2.2个百分点。我国扶贫开发工作重点县农民收入首次出现了连续五年增幅在6%以上且高于全国平均水平的局面。这一成绩的取得,是党中央、国务院正确领导的结果,是中央各项支农惠农、社会保障政策与扶贫措施相互促进的结果,是贫困地区广大干部群众艰苦努力的结果,也是中央国家机关各部门、各有关单位和东部各省市以及社会各界通力协作、大力支持的结果。

在充分肯定扶贫工作成绩的同时也必须看到我国扶贫开发面临的严峻形势。一是贫困人口规模较大。2007年底,全国农村绝对和低收入贫困人口总数是4320万,扶贫系统建档立卡的工作对象近1亿人。二是特殊类型贫困问题突出。在15万个贫困村中,贫困人口占33%;在石山区、荒漠区、高寒山区、黄土高原区和地方病高发区、人口较少民族地区、"直过区"和沿边境的扶贫重点县,这一数字超过40%,其中大部分是少数民族聚居区。三是革命老区发展滞后。国家统计局监测的第二次国内革命战争的237个老区县,农民人均纯收入只有全国平均水平的57%。四是返贫现象严重。全国农村每年遭受严重自然灾害的村在10%左右,而扶贫工作重点县一般超过50%。今年初我国南方十几个省区遭受的严重冰雪灾害对贫困地区造成的损失相当严重。五是区域、城乡和居民收入差距继续扩大。2007年全国592个扶贫开发工作重点县农民人均纯收入2200元,仅为全国农民人均纯收入的53.1%,城镇居民可支配收入的15.9%。2006年最低收入20%家庭的人均纯收入仅为最高收入家庭的七分之一。

党的十七大明确要求到2020年要"基本消除绝对贫困现象",

同时要"加大对革命老区、民族地区、边疆地区和贫困地区的扶持力度","逐步提高扶贫标准","提高扶贫开发水平"。十一届人大一次会议政府工作报告也明确提出要"加大扶贫开发力度,继续减少贫困人口","适当提高扶贫的标准","进一步加大对革命老区、民族地区、边疆地区、贫困地区发展的扶持力度"。扶贫工作的必要性、重要性和长期性决定了我国东西扶贫协作工作的必要性、重要性和长期性。作为全国扶贫工作的重要组成部分,东西扶贫协作要深入贯彻落实十七大和"两会"精神。

会议全面总结了2007年东西扶贫协作工作。2007年东西部各有关省区市在财政援助、企业协作、人才交流、社会帮扶等方面取得了明显成效。据初步统计,2007年东部省市党政领导到西部贫困地区实地考察达4351人次,比上年增加了80.2%;其中省级领导68人次,比上年增加112.5%;地厅级572人次,比上年增加99.3%。西部省区市党政领导到东部考察3674人次,比上年增加53.7%。东部向西部提供财政援助5.47亿元,社会捐款1.21亿元,两项合计达7.5亿元。东西双方共有4091家企业签订合作协议。东部向西部派出挂职干部359人,西部向东部派出交流干部355人。东部为西部举办党政干部培训班159期,培训干部4181人次;派出专业技术人员738人次,举办专业技术人才培训班317期,共培训5.3万人次。西部贫困地区向东部省市有组织输出劳动力53万人,合作开展劳务培训班668期,培训8.1万人次。

会议也具体分析了工作不足。一是个别西部省区对东西扶贫协作的指导思想存在定位偏差,没有把东西扶贫协作纳入扶贫工作的总体部署。二是部分东部省份存在畏难情绪。对这项工作的长期性、艰巨性认识不足,领导重视不够,有的省市已经连续几年没有主要领导深入西部对口帮扶省区实地考察。三是东西扶贫协作在工作管理规范化、制度化方面还需进一步加强。

会议重点研究了2008年东西扶贫协作工作,并提出了明确要求。

第一,进一步开拓创新,提高认识,解放思想。东西扶贫协作不单是一项经济工作,同时也是一项重要的社会工作、政治工作,集中反映了我们党的根本宗旨和执政理念,体现了科学发展观,是各级党委政府特别是东部地区各级党委政府的重要责任。实践证明,凡是东西扶贫协作工作搞得好的地区和部门,与当地党委政府对这项工作重要性的认识是分不开的。各级扶贫协作部门要继续深入实际,研究把握这项工作的规律,不断总结新经验,取得新成果,通过实际工作赢得当地各级领导的重视和支持。

第二,切实改进工作作风,把各项工作落到实处。东西扶贫协作工作涉及面广,协调任务重。做好这项工作,不但需要有满腔的热情和无私奉献的精神,需要有一定的战略眼光和综合协调能力,同时也需要有脚踏实地的工作作风。2008年要围绕《国务院扶贫办关于2008年东西扶贫协作工作的指导意见》,重点在四个方面抓好落实:一是紧密围绕扶贫开发工作重点安排项目。东西扶贫协作的政府援助资金要重点支持"三个确保"重点村开展整村推进,对口区县要协商确定支持"三个确保"重点村的具体数量和措施;大力支持"扶贫志愿者行动计划"和互助资金等项目;积极支持在扶贫措施和方式上的创新与探索。二是组织开展工作绩效考评。考评方式包括交叉检查、专家评估、年度统计等,探索建立有效的东西扶贫协作工作激励机制。三是探索建立对口帮扶调整机制。在对口省份不变的前提下,要适当调整个别省份2008—2010年东西扶贫协作双方区县级对口帮扶结对关系,调整的具体方案由相关对口省份协商研究提出。四是加大培训和宣传工作。今年全国的培训工作要在总结去年工作的基础上,继续扩大培训到东部地市一级,时间安排要尽量靠前。2008年是我国改革开放30周年,也是东西扶贫协作工作部署开展12周年。各级扶贫协作部门要高度重视宣传工作,通过多种形式加大宣传力度,努力使全社会进一步了解、支持、参与东西扶贫协作工作。

第三,加大工作力度,争取各项工作上一个新台阶。东西扶贫协作工作要按照对口帮扶、广泛协作、东西互动、共同发展的要求,继续推进扶贫开发、加强经济协作、促进社会发展,重点在政府援助、企业协作、人才交流、社会帮扶等方面扩大规模、拓宽领域,完善政策框架和工作体系。政府财政援助是东西扶贫协作工作的基础,体现了东西扶贫协作工作的性质,要进一步加大投入力度,同时要研究探索建立政府援助的增长机制。进一步推动企业协作、人才交流和社会帮扶工作,积极研究制定相关引导和鼓励政策。研究了2008年东西扶贫协作工作,并提出了明确要求。

例文是一份随通知印发的专题工作会议纪要。标题是由会议名称和文种名称两个要素构成的,这是会议纪要的标题最常见的写法。正文的开头部分(第一自然段)简要介绍会议情况,主要包括召开会议的时间、地点、与会人员和会议主要内容等。主体部分具体写明各项会议内容,集中反映会议对各个方面的问题所形成的基本认识,其中有对以往工作成效的肯定、对当前工作形势的分析、对当前工作情况(成绩与不足)的总结,最后则是工作要求的明确。研究2008年东西扶贫协作工作,做好下一步工作的安排,是会议重点,也是会议纪要所要着重记述的事项,例文这部分内容写得比较详细。在全面反映会议内容的基础上有所侧重,从而做到详略得当,"纪实性"和"提要性"并重,是会议纪要所应具备的特点。

会议纪要在某些方面同其他行政公文是有一定的区别的,譬如,会议纪要不需要加盖印章,通常没有独立运行功能,要作为"通知"等文件的附件发布,例文就是随《关于印发全国东西扶贫协作工作会议纪要的通知》(国开办组发〔2008〕15号)发布的。

中国高校校报协会 2008 年常务理事会会议纪要

2008 年 5 月 8 日,中国高校校报协会 2008 年常务理事会在湖北武汉市武汉大学召开。教育部社会科学司副司长徐惟凡在会上作了讲话。中国高校校报协会副理事长、常务理事、秘书长参加了会议。会上传达教育部有关精神,交流了各省市校报研究会工作情况和经验,研究了高校校报评估、《中国高校校报史》(暂定名)的编撰和中国高校校报协会理事会的换届工作。

一、会议研究决定,在 2008 年上半学年启动中国高校校报评估工作,首选山东为评估试点单位;会议就《校报评估方案》(草稿)展开了研讨,提议在行政发文、评估组织、评估程序、评估指标、评估办法等各方面结合校报实际情况进一步充实修改,使评估工作更加切实可行;会议决定由协会副理事长魏国英同志牵头,全面负责高校校报评估的相关工作。

二、会议研究决定,2008 年由中国高校校报协会编撰《中国高校校报史》(暂定名)一书。具体由各省(市、自治区)副理事长、常务理事负责本省(市、自治区)的校报史撰写工作,每个省(市、自治区)写一章,每章文字在 10000 字以上。会议决定由协会常务副理事长方延明同志牵头负责校报史的编写工作。各省(市、自治区)须在 10 月 31 日前将初稿报送方延明常务副理事长。

三、会议研究决定,协会秘书处在会后及时发放 2008 年缴纳会费评审费的通知、2008 年好新闻评选通知以及"高校校报与和谐校园建设"好论文征文通知,各会员单位须于 6 月 30 日前将会费评审费汇到秘书处账户,将作品寄到秘书处。

四、会议研究决定,2008 年年会初步拟定在云南或海南召开,由云南民族大学联系云南省,由协会副理事长李铁铮联系海南省,负责年会承办的有关工作。

五、会议研究决定,中国高校校报协会理事长、秘书处将在2009年年会换届。建议今年下半年的年会讨论下届理事长秘书长所在单位,为换届工作做准备。

中国高校校报协会
二〇〇八年五月八日

例文应当属于日常行政工作会议纪要,写法比较简单。正文的开头部分介绍会议概况,即说明会议时间、地点、主要与会人员及会议主要内容等;主体部分逐条写明会议议定事项,简单明了,很有条理。

# 二、事务文书

（一）调查报告

2008年中国新农村建设进程调查报告

何爱国

2008年2月11—18日，复旦大学中外现代化进程研究中心中国社会主义现代化指标体系研究课题组赴江西东北部东乡、余江、余干3个县、5个乡镇、52个村庄进行了新农村建设调研。调研对象包括：农民个人、家庭、自然村、村委会、乡镇。既含新农村建设试点村庄（往往是临近城镇的村庄），也包括非试点村庄。全面调查（对村领导进行系统访谈，并对每家每户进行上户全面调查）的村庄有招贤沅何村、河山村、桂家山村，其他村庄为部分抽查或个案抽查。调研内容包括：基础设施建设、制度与组织建设、经济建设、社会建设、文化教育与思想道德建设、生态文明建设。另外，还通过对农民工的随机访谈调查了湖南、湖北、广西、四川、安徽等省区的新农村建设情况。

成绩：环境普遍得到改善

电话普及率在95％以上。 基础设施建设方面，公路、电、电话等基础设施建设较好。村乡之间一般都连通了水泥公路，但村与村之间很多地方尚没有连通水泥公路。农村个人交通工具主要为自行车与摩托车，其中摩托车越来越普及。乡县之间全部有公交系统，但乡与乡之间尚无公交系统直接相连。电话普及率在95％以上。靠近城镇的农村有的也连通了宽带网络。

宗教组织发展迅速。 制度与组织建设方面，村民自治基本实现;宗教组织发展迅速,特别是基督教组织,信教群众一般约占当地人口的3%—9%之间,不同村庄比例差异较大,有些家庭是全部信教。据调查,招贤沅何村人口数约为320人,信基督教者约为28人,有1个教堂。河山村委会约2600人,信基督教者约为120人,有3个教堂。

打工收入一般占农民家庭收入的80%以上。经济建设方面,农村家庭收入提高,生活水平大有改善,农村能源利用由木材、草、糠逐渐为电与燃气取代。农民全年总支出一般在万元以上,多则达30000—40000元以上。农民人均纯收入一般在2000—4000元之间,多则有达8000元以上,少的也有在1000元以下,甚至500元以下。农业人口中农民工比例高,农民外出打工比例一般占当地总人口的40%以上,占青壮年劳动力的70%以上,务农农民在农闲时一般也在当地打工,打工收入一般占农民家庭收入的80%以上,纯粹靠务农收入的家庭已不多见。据调查,招贤沅何村外出打工人口占当地总人口的81%,桂家山村为23%,河山村为50%多。往往离城镇越远,打工人口比例越高。打工的主要城市为上海、广东深圳、东莞、广州、福建厦门、泉州、浙江温州、宁波、义乌等地。打工的主要行业集中在建筑装潢、家电、纺织服装、酒店餐饮等。打工者月工资一般在1000—1500元左右。也有600—800元之间者,甚至500元以下者。也有农民在沿海城市自主创业,有的办公司,有的从事各种零售、家具制造、发艺与餐饮服务。自主创业者的收入一般年人均在2万元以上。

大部分村庄的参合率在95%以上。社会建设方面,住房条件大有改善,80%以上的农民住上了钢筋水泥砖头房,住房面积达到当地一般标准。普遍参与合作医疗,大部分村庄的参合率在95%以上。低保制度基本建立,原五保户全部纳入低保范围。农村老龄化尚不严重,一般以子女养老为主。据调查,河山村委会老龄化率(65岁以上人口占当地人口比例)约为8%,河山村为8.4%,桂家山村约为15%,招贤沅何村约为12.5%。政府对耕地实行补贴,每亩平均100元左右。

义务教育完成达标率一般在80%以上。文化教育与思想道德建设方面,农民素质不断提高,农民工普遍受到发达地区思想文化风气的影响,思想观念更加开放,对生活有更乐观的预期。义务教育完成达标率一般在80%以上,有许多村庄达到100%,也有少数贫困村庄达标率极低,甚至只有10%左右。

生态系统逐渐恢复。生态建设方面,农村环境普遍得到改善,生态系统逐渐恢复。人均耕地面积在0.8—2亩之间不等。由于城镇化速度加快,农村人口转移数量日益增多,也由于沿海经济发达,就业机会多,就业工资较高,去沿海打工的农民工数量也居高不下,致使农村资源环境压力不断减轻,环境逐渐好转。

问题:存在"豆腐渣"工程

村庄建设缺乏整体规划。基础设施建设方面,村庄建设缺乏整体规划,整个村庄显得杂乱无序,严重影响各种基础设施建设,也有欠美观。原因在于:一方面,农民往往根据合作化以前的土地产权建房,另一方面,土地批租时缺乏规划。清洁饮水严重缺乏,基本没有自来水,有自来水的地方自来水也没有经过科学净化,直接饮用的井水没有经过技术检测鉴定合格。水泥公路与公交系统尚未完善,有的地方公路损坏极其严重,一方面在于缺乏日常维护与管理,另一方面直接与公路质量相关。有线电视还没有普及,宽带网络极其有限。除家庭电视与体力劳动外,文化娱乐健身设施欠缺。消防设施、太阳能利用、沼气利用等方面尚需加强。这次暴雪冻雨暴露了农村基础设施建设中存在的一些弊端,主要是新电线杆大量折断,这一方面固然与本次恶劣天气有关,但另一方面也对其质量是个严峻考验,暴露了其明显的质量不良。因此,在新农村建设基础设施建设中,一定要注意质量管理与质量监督,坚决保证建设工程质量,而不能再制造"豆腐渣"工程。

城乡联动缺乏体制的系统建构。制度与组织建设方面,除劳动力单向输出外,城乡联动缺乏体制的系统建构。各类社会经济组织不发达,集体合作经济组织名存实亡。

农业产业化程度低。经济建设方面,土地利用方式单一,一般以种植某种粮食作物为主,农业产业化程度低,乡镇民营农业产业化企业数量有限,缺乏规模经营。青壮劳动力基本上外出打工,打工收入占全部家庭收入来源70%—100%。

养老等社会保障体制欠缺。社会建设方面,除合作医疗、低保外,其他社会保障体制欠缺,如养老,应对各种突发事故等。一胎计划生育达标率低,普遍生育在两胎以上。直接原因在于:养老保障主要依靠儿女,尤其是儿子。维持家庭收入来源主要靠儿女打工。由于收入有限、观念限制与劳动力转移,家庭农业主要劳动力来源也主要靠儿女,而不是依靠雇佣。维持家族地位与势力也主要靠儿女数量多。由于法治不完善,保障家庭安全在一定程度上也靠儿女。还有养儿防老、多子多福的观念仍然根深蒂固。由于城市社会保障体制还不健全,许多城市的社会保障不是直接与户口挂钩,而是与就业单位挂钩,因此,一些已转移出农村的农业人口由于在城市找不到合适就业,生活极其困难,期待恢复农业户口,出现了一种逆城市化现象。

文化娱乐单调贫乏。文化教育与道德建设方面,除看电视、打扑克、打麻将外,文化娱乐单调贫乏。家庭主要劳动力受教育程度一般为初中,女性则为小学。义务教育流失率高,达标率低。原因在于:农民家庭收入主要来源依靠打工,许多初中未毕业的农村学生纷纷外出沿海打工。以科学技术与思想文化教育为主题的新农民培育缺乏,大部分外出农民工未经过专门培训,留在农村的农民更缺乏社会教育。消防意识淡漠,乱搭电线与违规使用电器与燃气现象比较严重,火灾隐患多。

生态农村与生态文明意识薄弱。生态文明建设方面,废物与污物处理欠缺,厕所建设不合理,没有良好的排污系统。生态农业、生态农村与生态文明意识薄弱,生态经济不发达。

思路:新农村建设的六大误区

有人把新农村建设归结为"一看路,二看住,三看环境,四看树",新农村建设是否可以这样简单地理解?新农村建设与以前一再反复倡导的乡村建设、农村建设究竟有什么不同?

新农村建设不是一般意义的农村建设,而是要根本改变传统的城乡分离、工农分离、城市单向抽取农村资源的城乡关系与工农关系,重新定位国家与乡村社会的关系、人与自然的关系,使农村全面告别土地经济、小农经济、自然经济、自足经济,走上城镇化、市场化、科技化、生态化、产业化、新工业化的现代化轨道,使土地农业文明转型为市场工业文明与市场生态文明。21世纪中国的新农村建设与以往的农村建设根本不同之处,应在于制度创新、观念变迁与文明转型。如果不是这样,那么新农村建设就只能是重复以前一再倡导的乡村建设而已。

从这一思路看,新农村建设必须澄清以下六大误区。

新农村建设固然离不开基础设施建设,但它并不等于基础设施建设。清洁用水、沼气、电力、燃气、通讯、网络、消防设施、住房、道路、桥梁、水利、农业机械、文化娱乐设施等方面的建设是新农村建设的基础性工作,完成这些工作,只是新农村建设的良好开端,而不是意味着新农村建设的大功告成。

新农村建设固然离不开国际开发机构、政府、企业部门的援助与救济,但它并不等于外来的援助与救济。农村资金与技术薄弱,外来的援助与救济是十分必要的,但它仅仅只能发挥协助功能,并不能完全替代农村自身持续的成长活力。新农村建设的主体仍然只能是农村与农民本身。

新农村建设固然需要建设健全的社会保障制度,但新农村建设并不等于社会保障制度建设。医疗、教育、养老、抚恤、转移就业等,都应该纳入社会保障体系的框架之内,没有完善的社会保障体系,新农村建设中的风险因素就不能得到最大程度的缓解,但社会保障仅仅是新农村建设的社会安全网,是新农村建设成功的基础与保证。

新农村建设固然要提高农村大多数地区与大多数农民的生活水平,但它并不是以平均主义的方法去进行建设。中国农村区域的地方资源特点不同,发展水平参差不齐,因此,不能以同等的投资、技术、方法去进行建设,而应该在原有发展水平基础上,结合不同地区的具体资源与风情,建设富有地区特色的新农村,鼓励有条件的地区先发展起来。就单个村庄而言,新农村建设也不是平均分配集体财富,而是按照集体与家庭(或个人)的双层经营模式,根据要素与效益进行分配,不能完全取消集体这一层次的分配收益,要留够集体自主发展的空间。

新农村建设不是农村与城市分别建设。不是要农村独立自主地发展,使农村永远成为农村,而是要农村更加紧密地与城镇结合互动,进一步融入城镇化的轨道,不断向城镇转移农村人口。

新农村建设不应该进一步污染和破坏农村生态环境,而主要是保护、修复和改良农村生态环境。大规模地耗用土地资源、林木资源、水资源,不断污染空气、河流、土壤,不是新农村建设的根本方向。新农村经济建设的重点应该是构建循环经济、绿色经济(绿色食品产业)、生态经济(生态农业)、旅游经济(观光农业)、服务经济。

对策:向着社会和谐化方向迈进

新农村建设任重而道远,在以下六个方面需要切实加强:

进一步加强农业基础设施。基础设施建设方面,要使城乡基础设施差异不断缩小,使农村也能够较快地赶上市场化、工业化、信息化、知识化、服务化、城镇化、生态化、社会化的潮流。因此,需进一步加强农业基础设施、清洁饮水、有线电视、宽带网络、消防设施、太阳能利用、沼气利用、水泥公路与公交系统、文化娱乐健康设施等方面的建设步伐。

通过制度建构使农村向着政治民主化、经济市场化、社会和谐化、生态优良化、文化多彩化的方向迈进。制度与组织建设方面,要通过制度建构使农村向着政治民主化、经济市场化、社会和谐化、生态优良化、文化多彩化的方向迈进。着力完善村民自治制度、农村管理规范化制度、城乡市场一体化制度、社会保障制度、生态安全监督与风险评估制度,农村环境责任制度与保洁制度,文化教育技术创新制度,进一步培育和发展各类农村经济社会组织。必须在农村构建包含资本市场、信息市场、土地市场、技术市场、人力市场在内的完善的市场制度。稳步地推进户籍制度改革,完善农民渐进地市民化的制度安排。健全农民自组织化的制度,维护农民组织的合法权益。改良并发展以合作投资、合作管理、合作承担风险、合作收益为基础的农村各项合作制度。有序建设城乡一体、互助、联动的城乡和谐融合制度。健全有关法律与管理制度,切实转换政府管理职能,建设以引导和服务农民为职责,而不是以创业赢利为目标的新型乡政府。

深入推进农业产业化经营与农业技术创新。经济建设方面,要使农业向着市场化、产业化、规模化、公司化、多样化、科技化、生态化、绿色化、服务化、自主合作化的方向迈进。大力发展节水节能高效农业、生态农业、绿色农业、有机农业、观光农业,深入推进农业产业化经营与农业技术创新。

要使农村社会向着安全保障化、社会和谐化、全面小康化的方向迈进。社会建设方面,要使农村社会向着安全保障化、社会和谐化、全面小康化的方向迈进。进一步完善合作医疗制度,积极推进老龄、孤儿、贫困与意外方面的保障制度建设,建设有中国特色的社会主义和谐农村社会。对农民工要普遍推行综合保险,包括劳动保险、意外保险、医疗保险等,有条件的城市,要有序地不断地使长期在该城市服务的农民工转为城市市民。

使农村文化向着多元化、多样化、多彩化、现代化,农村道德向着规范化、合法化、合情合理化的方向迈进。文化教育与道德建设方面,要使农村文化向着多元化、多样化、多彩化、现代化,农村道德向着规范化、合法化、合情合理化的方向迈进。在文化教育建设方面,一方面要进一步加强文化教育娱乐健康等方面的基础设施建设,另一方面要确保义务教育的完成与达标,大力发展多种形式与内容的社会教育。在核心价值观与道德建设方面,要以科学发展观、和谐社会观、八荣八耻观、生态文明观引领新农民培育,大力弘扬优秀传统道德文化,积极推进传统道德的科学化、规范化、合法化与现代化。从观念变迁看,新农村建设要充分发挥农民在新农村建设中的自主性与自觉性,而要做到这一点,就必须培育有文化、懂技术、会经营、面向市场、具有企业家精神的新农民。因此,新农村建设应该成为对农民的一场思想、行为与文明的现代化启蒙运动。政府及有关开发机构不仅要传授农民各种实用的知识与技能,特别是具有地方特色的资源知识及其技术,以提高农民的技术与管理水平,尤其要着力培育农民的市场与创业意识、法律与维权意识、风险与安全意识、生态与社会意识,使新农村建设普遍成为现代文明对农村的洗礼,真正使农村迸发出持续发展的内在活力。

使整个农村生态系统得到恢复与改良,切实建设农村生态文明。生态文明建设方面,要使整个农村生态系统得到恢复与改良,切实建设农村生态文明。在农业生态经济方面,要大力发展循环经济、绿色经济、有机农业、观光农业。科学使用农药与化肥,加强食品生产的检查与监督;在生态农村发展方面,要积极推进生态村落与绿色家园建设,全面推进农村保洁制度建设。

(原文载于《社会科学报》2008年3月20日"改革实践版")

例文是对一项全局性工作的进展情况进行比较全面的反映与分析的调查报告。标题主要标明调查事项和文种名称,这是调查报告的标题最为常见的写法。正文是由开头和主体两个部分组成的,开头或称前言部分(第一自然段)概述调查情况,即对调查的时间、范围、对象、方式、内容等加以介绍,以使读者对调查的基本情况有所了解。从文中的小标题可以清楚地看出,主体部分主要写入"成绩""问题""思路""对策"四项内容,其中,"成绩"和"问题"分别是对正反两个方面的情况的客观反映,是调查结果也即事实的说明部分;"思路"则是对问题的深层根源的分析,也是作者对工作的总体认识和看法的明确;"对策"则在前文指明问题、明确思路的基础上,提出改进工作的具体措施。从情况到思路,再由思路到对策,层层推进,顺序合理,衔接自然、紧密,逻辑性和条理性很强。

加快农业产业化发展是优化农业结构和增加农民收入的现实选择
——双城市农业产业化发展情况的调查

史文清

(中共哈尔滨市委,黑龙江 哈尔滨 150010)

摘 要:农民收入增长缓慢是农村工作面临最突出的矛盾和问题,实现农民增收是当前和今后农村工作的中心任务。通过农业产业化发展的实现,促进农村产业化经营和农民增收,是农村经济发展的现实选择。黑龙江省双城市的具体做法取得了很好的经验。农业产业化发展是优化农业结构和增加农民收入的现实选择。

关键词:农业产业化;农业结构调整;粮食转化;农民收入

中图分类号:F321 **文献标识码**:A

文章编号:1002-462X(2002)01-0083-03

黑龙江省双城市粮食综合生产能力连续多年居黑龙江省各县(市)首位,列全国百个产粮大县(市)前10名。2000年全市农业总产值实现40.5亿元,其中农业产业化产值达到27.6亿元,占农业总产值的63.5%,"九五"期间年均增长10.8%;农民人均收入2459元,其中通过产业化实现的人均收入占63.9%,五年间提高了31个百分点。双城市通过农业产业化发展,正在由农业大市向畜牧业大市、加工业大市和经济强市转变。

一、现状与成效

双城市把加快农业产业化经营作为调整优化农业结构、增加农民收入的战略措施,农业产业化经营粗具规模,已经成为经济发展和农民增收的新亮点。

一是形成了奶牛、蛋鸡和生猪三大主导产业。奶牛业在十年间登上三个台阶,奶牛从1991年的2.2万头,目前奶牛存栏达13万头,户均1.09头奶牛。肉牛饲养量20万头,生猪饲养量51万头,家禽饲养量1054万只。全市现已具备年提供15亿公斤粮食、8万吨肉、32万吨鲜奶、10万吨鲜蛋、7亿公斤瓜菜的综合生产能力。

二是增加了农民收入和财政收入。全市农民通过养奶牛人均增收480元,通过饲养家禽人均增收190元,通过养猪人均增收140元,通过酿酒、饲料加工人均增收330元,通过农民在龙头企业和市场就业人均增收80元。2000年畜牧业过腹转化农作物秸秆90万吨,占秸秆总量的65%,仅此一项农民增收8000多万元。农业产业化发展使农民增收有了稳定的渠道,为市财政培植了新的财源。2000年仅雀巢公司一家就上缴税金1.2亿元,占全市财政收入的42%,成为市财政的支柱。

三是推进了粮食转化增值。粮食的过腹转化和加工转化,改变了过去农民卖原粮的低效益循环状态,有效地缓解了农民卖粮难。2000年畜牧业转化粮食6亿公斤,转化增值5亿元,加工转化1亿公斤,转化增值0.5亿元,转化粮食占总产量的46.7%。

四是吸纳了大量的农村剩余劳动力。全市专兼职从事畜牧养殖业的劳动力16.8万人,占农村劳动力总数的60%,农民离土创业人员14万人,占农村总劳动力的51%。

二、经验与做法

1. 把资源优势与市场需求紧密结合起来。双城盛产玉米、水稻、高粱和瓜菜、烤烟等作物,农业资源丰富,农畜产品质量好。近年来,双城市立足资源优势,把资源优势与市场需求紧密结合起来,以加快畜牧业发展为重点推进农业产业化经营,确立了由产粮大县向经济强县转变的发展目标。他们反弹琵琶,抓市场、上加工、带产业、促养殖,在稳定粮食生产的同时,通过加快发展畜牧业生产,实现粮食过腹增值;通过招商引资建设农畜产品加工龙头企业,实现加工增值;通过建设城市市场,培育发展中介组织,实现农产品流通增值。通过梯次、多次增值,增加了农业的综合效益,拓宽了农民增收的渠道。

2. 把做强龙头企业与做大主导产业紧密结合起来。近几年,双城市把农业产业化发展的着力点放到引进培育龙头企业上,扶优、扶强、扶大龙头企业。在奶牛产业上,1990年引进了世界50强之一的瑞士雀巢公司,从那时起,千方百计扶持企业发展,帮助解决企业发展中遇到的困难和问题,做大做强这个龙头企业。该公司已三次增资扩产改造,总投资由初建时的2.6亿元增加到了6亿元,鲜奶日加工能力由150吨增加到700吨,2001年又启动了四期扩建工程,建成投产后,日加工能力将达到1350吨。现在双城农民每天供应雀巢公司700吨鲜奶,收入130万元。在玉米产业上,引进了黑龙江绿色食品集团公司等7家企业,年加工转化玉米6.5万吨。在小米产业上,引进黑龙江省焦氏集团建设万吨小米加工企业,带动全市发展无公害谷子0.33万公顷。

3. 把完善市场体系与强化流通带动功能紧密结合起来。双城市加强对农产品市场的统一规划、建设和管理,建成了新胜蛋禽等一批农产品专业批发市场,初步形成了以全国性批发市场为龙头,以区域性专业批发市场、专业市场为骨干,以城乡集贸市场和经营网点为基础的农产品市场体系,市场年成交额达15亿元。新胜蛋禽批发市场已与全国13个大中城市的30多家公司建立了稳定的供销关系,日销售鲜蛋600吨以上,日交易额220万元,带动全市饲养蛋鸡1000万只。鲜蛋收购覆盖黑龙江、吉林两省十多个县(市),远销到广州、上海、江苏、福建、安徽等省市,每天销往俄罗斯的鲜蛋有70吨。市场各环节吸纳从业人员2300多人,年创收2800多万元,养鸡户年收入1亿多元,经销户收入600多万元,带动相关加工和服务业增加产值1亿元,实现利税800多万元。另外,全市流通经济组织已发展到200多个,流通大户300余户,从事农产品营销的经纪人达2400余人,市场和流通中介组织已成为农业产业化发展的重要牵动力量。

4. 把依靠科技进步与加强基地建设紧密结合起来。基地是农业产业化龙头企业的第一车间。双城市把依靠科技进步与加强基地建设有机地结合起来,用先进技术装备基地,围绕龙头企业和市场对基地进行合理布局,培育典型,发挥示范作用,推进专业化生产和规模经营。目前专业户发展到5.6万户,专业村256个,专业乡(镇)9个,分别占户、村、乡(镇)总数的42%、66%和30%。涌现出了一批奶牛生产万头乡镇、千头村、百头大户和蛋鸡生产的百万只乡镇、十万只村、万只大户。大力推广普及先进适用技术和综合配套的高产优质生产模式,奶牛生产全部推广"冻精配种、配合饲养、秸秆三化、暖舍饲养、防疫灭病"的高产模式。蛋鸡生产普遍推广"纯化良种、配合饲料、密集饲养、科学防病"的高产模式。2000年推广先进技术60多项,先进技术覆盖率达到96%。

5. 把创造优良环境与促进农业产业化发展紧密结合起来。不断优化农业产业化发展环境,对龙头企业实行挂牌保护,派驻专人负责协调监督对企业的各种检查、收费等问题。对收费项目进行集中清理,印制收费项目目录,给企业发放收费项目"明白卡",取消和缓收收费项目83项,合并92项,下调44项,一年减轻企业负担1000多万元。同时,出台了鼓励乡镇发展奶牛业的政策,新增奶源增加税收的地方留成部分,市乡两级五五分成,乡镇每增加1吨鲜奶,可增加税收60元,调动了乡镇发展奶牛生产,扩大基地规模的积极性。发挥政府的宏观调控作用,调整龙头企业和农户间的利益关系,让利于民,雀巢公司在两年内七次提高鲜奶价格,鲜奶价格由每公斤0.78元上调到1.60元。在鲜蛋营销上,每天都由市场主管部门首先定出鲜蛋参考价,防止蛋价大起大落,保护养殖户和营销户双方利益。强化环境治理,打击偷、盗、毒害奶牛犯罪活动,严肃查处个别奶站投机倒把、克扣奶户的违法违纪行为,保护养牛户的切身利益,维护主导产业的正常生产经营秩序。

三、启示与建议

双城市农业产业化的实践证明,农业产业化经营是实现农民增收和调整优化农业结构的现实选择,带给我们一些重要的启示:

1. 推进农业产业化经营,必须把壮大龙头企业作为关键环节来抓。搞好龙头企业建设,是发展农业产业化经营的关键环节。只有通过招商引资、政策扶持、促进联合等多种渠道和手段,培强培壮一批产品竞争力强、为农户提供系列服务、与农户利益关系密切、牵动能力强的龙头企业,实现规模经营,把龙头舞起来,才能把农业产业化带起来。

2. 推进农业产业化经营,必须大力推动集约化经营。推进集约化经营是农业产业化向更高层次发展的必然要求。建立农村集体土地使用权流转机制,促进农业资源向优势产业和龙头企业集中,引导农民进行适度规模经营,加快建设专业化、区域化、规模化的商品生产基地,把基地规模和产业做大了,农民收入才能提高,农业产业化才能保持快速发展。

3. 推进农业产业化经营,必须处理好各方面的利益关系。利益机制是农业产业化发展的原动力。没有利益驱动,产业链就会脱节。只有加强政府宏观调控,按照市场经济原则正确处理农业产业化经营中公司和农户的利益关系,形成风险共担、利益共享的机制,把农业产业化经营纳入市场化、法制化轨道,才能实现龙头企业、基地、农户、市场的一体化发展,增加农民收入,增强产业化链条的凝聚力。

4. 推进农业产业化经营,必须选择好主导产业。农业产业化发展必须立足发挥优势,突出本地特色,因地制宜确定发展模式,选择主导产业。双城市农业产业化形成了牛、鸡、猪三大主导产业,主要是因为在主导产业的选择上,充分考虑到了本地的资源优势、农民的基本素质和市场的有效需求。这三个产业都属于农村传统产业,农民有基本的技术和经验,而且市场容量大,技术和市场风险相对比较小。

5. 推进农业产业化经营,必须大力提高市场化程度。市场化程度直接影响着农民进入市场的速度,影响农民收入增长的速度。培育农业产业化市场体系,搞活流通,是加快农村市场化进程的有效手段。只有采取政策扶持、效益吸引、典型引路等办法活跃市场主体,建设和完善市场体系,从根本上架起小生产通向大市场的桥梁,才能使广大农民通过进入市场来实现收入的增加。

6. 推进农业产业化经营,必须加强农村基础设施建设。农村消费环境较差,这既是当前农村经济发展缓慢的制约因素,也是农村市场启而不动的重要原因。只有加强农村、农业基础设施建设,才能夯实农业产业化发展的基础,真正启动农村市场,提高农民消费水平。建议国家采取加强农村基础设施建设的政策,加快农村电力、道路、水利、教育、文化等基础设施建设步伐,加大对农业科研与推广服务、农村教育、农村环境保护等方面的投入,改善农业生产条件,增强农村抗御自然灾害、抵御市场风险的能力。

A Practical choice of agricultural industrialization to optimize agricultural structure and increase peasant's income

SHI Wen-qing

(Harbin Municipal Committee of CPC, Harbin 150010, China)

Abstract: The sluggish peasant's income is a prominent problem, and increasing the peasant's income will be the kemel task in front of the rural works at present and in future. It is a practical choice of agricultural industrialization for raising the agriculture income and developing industrial management and economic growth. The city of Shuangcheng of Heilongjiang province gives a striking example in this way.

Key words: agricultural industrialization; agriculture structural readjustment; cereals transform; peasant's income

　　这是一篇以总结经验为写作宗旨的调查报告,由于是在学术性期刊上发表,所以期刊论文所应具备的构成项目已经基本具备。标题为双行标题,正标题揭示主题,概括基本观点;副标题表明调查对象和范围,同时也标示文种。正文是由开头和主体两大部分构成的,开头部分(第一自然段)总述调查对象的基本情况,点明调查对象的主要特点,开门见山,简明扼要。主体部分采用分条列项、层层推进的写法,具体介绍调查对象的"现状与成效",总结取得成效的"经验与做法",阐释对工作具有指导意义的"启示与建议",事实—经验—建议,一环扣一环,合乎事理和思维逻辑。由于文章以序码加小标题的形式概括各大部分的内容要点,以序码加段中主句的形式概括各个段落的中心意思,所以显得条理非常清楚,核心非常突出,便于阅读和理解。另外,材料翔实,分析深入,善于用数据和实例说明问题,充分体现经验的典型价值和建议的指导意义,也是例文值得借鉴的地方。

(二)工作计划

2008年全国税收工作要点

2008年全国税收工作总体要求是:全面贯彻党的十七大和中央经济工作会议精神,高举中国特色社会主义伟大旗帜,以邓小平理论和"三个代表"重要思想为指导,深入贯彻落实科学发展观,牢固树立聚财为国、执法为民的工作宗旨,坚持依法治税,完善税收制度,优化纳税服务,规范税收管理,加强队伍建设,推进反腐倡廉,为夺取全面建设小康社会新胜利作出新的贡献。主要工作如下:

一、认真学习贯彻党的十七大精神,全面提高税收工作水平

(一)认真组织学习贯彻党的十七大精神。深入学习贯彻党的十七大精神是全国税务系统当前和今后一个时期的首要政治任务。各级税务机关要紧密结合税收工作实际,深入学习贯彻十七大精神,坚持高举中国特色社会主义伟大旗帜,努力发挥税收的职能作用;坚持深入贯彻落实科学发展观,努力实现税收事业又好又快发展;坚持促进社会和谐,努力建设社会主义和谐税收;坚持发扬改革创新精神,努力开创税收事业发展新局面;坚持推进党的建设新的伟大工程,努力建设高素质的税务干部队伍。要制定具体计划和措施,分层次组织好领导干部的专题培训和轮训。根据十七大战略部署,深入研究税收工作中的重大问题,按照税收改革和发展的目标,提出改进和加强税收工作的措施和办法。认真督促检查,及时全面了解学习情况,切实加强指导,总结推广经验。

二、加强税收法制建设,进一步推进依法治税

(二)推进税法体系建设。按照国务院统一部署,积极参与税收立法调研,完善税收法律体系,提升税收法律级次。加强税制改革的统筹规划,制定中长期税制改革规划。加快税收基本法的立法进程。推动税收征管法、发票管理办法修订工作,做好发票管理办法实施细则修订工作。健全税务部门规章和规范性文件的制定程序和备案审查机制。完善税收立法听证制度。建立健全税收政策执行、反馈和调整机制。

(三)规范税收执法。深入贯彻国务院全面推进依法行政实施纲要。认真落实组织收入原则,做到依法征税、应收尽收、坚决不收过头税、坚决防止和制止越权减免税。既不能人为调节收入进度违规批准缓税,也不能寅吃卯粮收过头税,严禁转引税款。认真落实税收收入计划,完成国家预算税收任务。规范和减少税务行政审批项目,加强对取消的行政审批项目的事后监管,探索保证审批权力正确行使、后续管理科学有效的制度和机制。加强税收执法检查,最大限度地减少执法随意性。总局对省级国、地税机关有重点地进行检查。推行税收执法管理信息系统,科学合理地分解落实岗位职责,规范工作流程,加强考核评议,严格过错追究,全面落实执法责任制,切实降低税收执法风险。加强税务行政复议工作,修订《税务行政复议规则》,对近年复议工作进行检查。做好行政处罚和行政赔偿等工作。认真执行重大税务案件审理制度,严格案件审理工作程序。健全执法监督工作汇报、重大问题线索移送转办等工作制度,加强税收执法监督。

(四)大力整顿和规范税收秩序。认真组织开展税收专项检查工作,对房地产及建筑、餐饮及娱乐、有色冶金、烟草、电力、金融保险、证券、中介服务、大的品牌营销商(总代理商)等行业进行税收专项检查。组织对部分金融保险和供电行业汇总缴纳企业所得

税企业进行重点检查。对一些征管基础比较薄弱、税收秩序相对混乱、案件线索指向比较集中或发案率较高、宏观税负偏低的地区,集中力量开展税收专项整治。突出重点,会同公安部门加大对涉税违法大要案的查处力度,严厉打击虚开和接受虚开增值税专用发票、利用"四小票"骗抵税款、骗取出口退税以及制售假发票等涉税违法行为。从 2008 年年初开始,与公安部门联合集中开展打击制售假发票、非法代开发票专项整治行动。加强案件协查工作,提高协查质量和效率。做好涉税违法案件的举报受理工作,实施举报案件分类管理。加强税务稽查基础建设,完善稽查工作制度。积极构建税务稽查和日常检查联动机制,严格执行税务稽查工作规程,对一般性专案、专项稽查,在实施前通知纳税人,确保纳税人的合法权益。凡涉嫌偷逃骗税的,管理部门要及时移交给稽查部门,防止以评代查;加大对涉税违法案件的处罚和执行力度,防止以补代罚。继续推行分级分类稽查。加强稽查案例分析,建立税收征管与税务稽查的良性互动机制,做到以查促查、以查促管。

(五)加强税法宣传教育。继续做好"五五"普法工作,广泛宣传税收法律、行政法规,普及税法知识,重点做好企业所得税法及其实施条例等新出台税收法律法规的宣传工作。规范税收宣传管理,加强资源整合和各方面协调配合。全面落实政府信息公开制度。认真开展第 17 个全国税收宣传月活动。加大对涉税违法案件的曝光力度,震慑涉税违法犯罪行为。发挥税务报刊、图书在税收宣传中的主渠道作用。加强税务网站建设。

三、积极稳妥地推进税制改革和税收政策调整,逐步建立有利于科学发展和公平分配的税收制度

(六)推进所得税制改革。全面贯彻落实新的企业所得税法及其实施条例,认真做好新老税法的衔接工作,清理相关优惠政策,制定和完善收入确认、税前扣除、税收优惠政策目录、减免税认

定管理等相关配套管理制度和办法,落实各种过渡性安排,妥善处理好总分机构地区间所得税源转移问题,确保新税法顺利实施。加快推进个人所得税制改革工作,研究综合与分类相结合的个人所得税制度,更好地调节个人收入分配。

(七)深化流转税制改革。进一步完善增值税制度。继续在东北地区和中部地区部分城市进行增值税转型改革试点,研究制定在全国实施的方案。合理调整增值税起征点。加强对小规模纳税人管理。根据国家的产业政策,研究调整消费税的征税范围和税率。

(八)着力抓好地方税制改革。研究制定地方税制改革方案,推进房地产税制改革,深化房产模拟评税工作,扩大试点范围。改革资源税制度,合理调整税收优惠政策。落实新修订的耕地占用税暂行条例,及时制定实施办法,做好新旧政策的衔接工作,严格减免税管理。

(九)调整和完善税收政策。完善农产品加工税收政策,完善促进农业产业化重点龙头企业发展的税收政策,支持农产品加工业发展。研究制定有利于节约能源资源和保护生态环境的税收政策。完善出口退税和加工贸易税收政策,促进出口商品结构的优化,抑制高耗能、高排放、资源性产品出口。研究扩大服务贸易出口的税收政策。完善支持自主创新的税收政策,研究完善软件、集成电路税收优惠政策,落实国家中长期科学技术发展规划纲要。研究促进就业再就业的税收政策,支持下岗职工、军队转业干部、城镇退役士兵、随军家属就业,鼓励残疾人就业。落实国务院加快发展服务业的若干意见,清理现行涉及服务业的税收政策,研究推动服务业发展的税收政策。贯彻国家区域发展战略,研究区域协调发展和对外开放等方面税收政策,继续落实支持西部大开发、振兴东北老工业基地、促进中部崛起等税收政策。研究教育、文化等方面的税收政策,促进文化体制改革。研究支持国有企业重组上市的税收政策,推进国有企业股份制改革。落实国家房地产调控措施,研究支持经济适用房、廉租房等保障性住房建设和促进住房租赁市场发展的税收政策。加强地区间税收收入归属机制、电子商务税收政策与管理等方面的调研,为完善税收政策提供决策参考。

四、继续大力实施科学化、精细化管理,进一步提高税收管理的质量和效率

(十)认真做好征管基础工作。完善征管体制和制度,结合我国税收征管的特点,借鉴国际经验,从组织架构、职能调整、人力资源配置等方面积极探索。完善税收管理员制度,加强管理与服务。加强户籍管理,做好税务登记信息比对分析,切实掌握纳税人的开业、变更、注销、迁移、停业复业、外出经营等变化情况。加强对非正常户的管理。结合经济普查,加强与工商、统计等部门的信息沟通,建立统一的纳税人指标口径,准确掌握纳税人信息。落实集贸市场税收分类管理办法,跟踪了解未达起征点业户管理情况,规范个体税收管理。深化纳税评估工作,制定相关工作规程,加快评估模型的应用,加快评估应用平台建设。加强普通发票管理,继续做好税控器具推广应用和有奖发票工作。加强部门协作,拓宽获取第三方信息的途径,减少因信息不对称给税收管理带来的负面影响。

(十一)深入开展税收经济分析。认真落实税收分析工作制度,建立健全总局、省、市、县四级纵向分析联动和税收经济分析、企业纳税评估、税源监控、税务稽查横向互动机制。建立健全税收指标体系,规范数据定义口径,强化数据分析应用,加强跨部门信息交流,开展税负、弹性、税源、税收经济关联等分析,建立宏观税收经济预警分析系统,加强税收收入预测和能力估算工作,强化重点税源分析监控。

（十二）进一步加强流转税管理。完善增值税"一窗式"管理，制定一般纳税人认定管理办法，加强专用发票和"四小票"清单审核比对，做好增值税异常抵扣凭证审核检查工作，加强防伪税控一机多票系统开具增值税普通发票的管理，加强农产品收购加工、废旧物资回收经营企业增值税管理。研究制定金银首饰消费税管理办法，修订卷烟、汽油柴油行业消费税管理办法，加强酒类行业消费税管理。落实和完善建筑业、房地产业营业税项目管理办法，强化货物运输业、餐饮娱乐业等行业的营业税的征管。落实车辆税收"一条龙"管理办法，加强以票控税、信息共享、协同管理。

制定出口退税管理暂行条例，加强出口退税管理。建立和完善出口退税数据分析体系，开展出口退税预警评估工作，推进出口货物征退税衔接，规范和简化人工审核，防范和打击骗取出口退税违法行为。做好新出口退税审核软件的试点推广工作。推进出口退税审批权下放试点，改进出口退税管理模式。

（十三）加大所得税管理力度。加强汇总纳税企业所得税管理，逐步建立全国税务系统企业所得税信息交换平台。加强企业所得税分析评估和汇算清缴工作。研究规范企业所得税征管范围。加快推广应用个人所得税管理信息系统，稳步扩大全员全额扣缴明细申报的覆盖面。加强对高收入者的个人所得税征管，做好2007年度所得12万元以上个人自行纳税申报工作。强化对房地产交易和拍卖等行业的个人所得税管理。积极创造条件，逐步建立健全个人所得税管理档案。加大社保费征管力度，规范社保费征管流程。

（十四）加强国际税收管理。加大税收协定执行力度，健全和完善非居民企业税收管理机制，加大对外籍个人和外来承包工程与劳务的税收管理力度。加强反避税管理，健全和完善反避税工作制度、规范业务规程，解决通过转让定价、资本弱化、受控外国公司等方式逃避税收问题。加强我国居民企业境外投资所得税管理和"走出去"企业的税收管理服务工作。做好国际税收情报交换工作。加强世界贸易组织涉税有关工作。

（十五）加强地方各税种管理。建立健全地方税税源数据库，提高税源监控管理水平。落实房地产税收一体化管理工作规程，按照一体化管理的要求，广泛采集信息，开展信息比对和纳税评估，加强对房地产开发企业和建筑安装企业相关税种的管理。加强城镇土地使用税税源管理。加强土地增值税清算工作。加强国、地税局之间的协调配合，继续按照信息比对协调配合的思路，开展城建税的信息比对和委托代征工作。加强与保险监管机构的协调，强化对保险公司代收代缴车船税的政策辅导和监管，提高车船税信息化管理水平。推动部门联网，落实"先税后证"制度，加强契税征收管理。实施修订后的耕地占用税暂行条例，积极稳妥地推进耕地占用税和契税征管职能划转工作。加强资源税征管工作，建立健全资源税数据库，夯实管理基础。加强印花税和烟叶税征收管理。

（十六）搞好政务事务管理。完善各项管理制度，健全内部管理机制。加强公文处理，严格审核把关。严格控制会议数量，提高会议效率。实行督查考评及通报制度，促进工作落实。认真做好人大代表议案、建议和政协委员提案的答复工作。落实总局税收专题研究项目管理办法，实施税收科研精品战略。强化外事管理，严格执行外事规定，加强国际税收交流与合作。加强后勤管理工作，提高保障服务能力。强化车辆管理，抓好安全工作。加强资源节约宣传教育，建立机关资源消耗检查和通报制度，推进机关资源节约工作。

（十七）加强财务管理。深化财务管理制度改革，继续扩大定员定额试点范围，深化国库集中支付改革。加强财务监督，推行财务管理目标责任制考核，加强日常监督检查。加强预算管理，提高综合预算的准确性。严格落实基本支出经费最低保障线制度。加强国税系统车辆编制管理。做好税务服装换发工作。加强基本建设管理,严格基建项目审批,加强项目竣工决算审批,强化国税系统基建项目施工过程管理。

(十八)强化内部审计。研究制定国税系统审计工作发展规划,加强审计工作基础建设。积极开展财务收支、基本建设和政府采购审计。对行使财务管理权和执行财务制度情况以及重要财务事项进行专项审计和审计调查。完善经济责任审计制度,推行领导干部任中经济责任审计。加大后续审计力度,落实整改措施。加强审计成果的综合分析利用。强化审计质量控制。

(十九)规范政府采购。贯彻落实政府采购法,加大政府采购预算、政府采购实施计划和集中采购目录执行力度,强化风险防范,规范质疑处理,加强效益评估,提高政府采购效率和质量。强化监督,开展国税系统政府采购专项检查。加大系统协议供货软件的推广,积极推进政府采购电子化管理。

(二十)做好信访工作。完善信访制度,健全维护群众权益机制。落实信访责任制,坚持抓早抓小,及时发现和就地化解不稳定因素,把矛盾和问题解决在基层、解决在萌芽状态。重点解决初信初访问题,避免产生越级访、重复访以及集体访。坚持依法办事,与地方政府有关部门协调配合,促进群众的合理诉求及时得到妥善解决。

(二十一)全面推进税收管理信息化建设。完善现有应用系统,加强运行维护和信息安全保密工作。根据税收政策调整和业务变动情况,修改完善综合征管软件,优化业务操作规程。在省级局增配部分处理资源,有效支持现有各项应用,为各系统上线运行打下基础。完成南海灾备中心建设,为总局和部分地区提供数据备份服务。抓好安全体系、数字证书认证系统建设。推广应用综合办公系统、综合数据分析平台等。规范数据标准,强化数据采集,提高应用水平。完成金税三期初步设计和实施方案,加强系统上下的协调配合,共同做好金税三期建设的各项工作。以金税三期建设为契机,优化税收管理流程,推动税收管理体制和机制的完善,发挥信息化建设对整个税收工作的支撑和保障作用。

五、改进和优化纳税服务,积极构建和谐的税收征纳关系

(二十二)强化纳税服务理念。按照建设服务型政府的要求,牢固树立征纳双方法律地位平等的理念、公正、公开和文明执法是最佳服务的理念、纳税人正当需求应予合理满足的理念,做到依法、公平、文明服务,促进纳税人自觉主动依法纳税,不断提高税法遵从度。

(二十三)丰富纳税服务内容。落实纳税服务规范,统一办税服务厅标识,规范窗口设置和服务流程,落实纳税服务制度。加强纳税咨询辅导,无偿地为纳税人提供纳税咨询、办税指南等服务。积极开展纳税服务援助,有针对性地对不同群体提供个性化的纳税服务。加强纳税信用体系建设,完善纳税信用等级评定标准,建立纳税信用等级资料库,根据纳税人不同的信用等级开展纳税服务。大力开展文明办税服务,做到语言文明,举止庄重,热情周到,释疑解难。推进办税公开,充分保障纳税人的知情权、参与权、表达权、监督权。完善办税公开目录,及时公开涉税事项的决策、执行、结果等主要环节工作内容,定期公开纳税人咨询或反映的税收热点、难点问题。大力开展税收法律援助,维护纳税人合法权益。

(二十四)改进纳税服务手段和方式。全面加强办税服务厅、税务网站、12366纳税服务热线、税务手机短信等系统建设,进一步完善纳税服务手段。继续推行"一窗式""一站式"服务以及全程服务、提醒服务、预约服务、限时办理等多种服务方式。大力开展纳税服务志愿者行动。

(二十五)切实加强监管,促进注册税务师行业健康发展。加强行业制度体系建设,推进行业立法,建立健全执业准则体系,规范执业行为,提高执业质量,推动行业管理信息化建设,努力实现行业监管工作重心向基层转移、监管工作重点向执业质量转移,依法支持和促进注册税务师行业又好又快发展,更好地发挥税务中介服务的作用。

(二十六)进一步减轻纳税人办税负担。全面实行国税、地税共同办理税务登记证、开展纳税信用等级评定和税务检查,降低征纳成本。进一步优化办税流程,简化办税程序,精简并统一纳税人的报表资料。推行包括邮寄申报、电话申报、网络申报、银行网点申报、代理申报等多种申报缴款方式,积极稳妥地推进财税库银横向联网,方便纳税人缴税。

(二十七)完善纳税服务管理制度。健全纳税服务体制机制,充实服务人员,明确纳税服务的岗位职责。统一和规范纳税服务标准,建立和完善以纳税人满意度等为内容的纳税服务考核指标体系。建立纳税人对税务机关纳税服务质量的评议、评价和监督制度,及时受理纳税人投诉和举报。

六、切实加强干部队伍建设,努力打造一支政治素质高、业务技能强的专业化队伍(略)

七、完善惩治和预防腐败体系,进一步从源头上加强反腐倡廉建设(略)

八、大力弘扬求真务实精神,抓好全年各项工作的落实

(三十七)树立大局意识,坚决贯彻执行党中央、国务院的方针政策和对税收工作的各项重要指示。围绕实现全面建设小康社会奋斗目标的新要求,筹划和部署好税收工作。按照实施稳健财政政策的要求,坚持依法治税,依法征管,积极筹集财政收入,为各级政府履行职能提供可靠的财力保证。认真落实好中央出台的各项宏观调控、支持区域和行业发展以及扶持困难群体等政策措施,充分发挥税收调控经济和调节分配的职能作用,促进经济社会又好又快发展。

(三十八)提高行政效能,不断完善税务行政管理制度。进一步转变职能,增强决策的科学化、民主化,切实提高执行力。加强系统内部各级税务机关之间、国税局和地税局之间以及工作流程各环节之间的协调配合,形成工作合力;加强与各级地方政府和其他部门之间的协调配合。大力推行电子政务,充分运用现代信息技术改进管理方式和手段,优化工作流程,提高工作质量和效率。

(三十九)狠抓工作落实,提高工作实效。总局结合学习贯彻党的十七大精神,综合研究税收长期发展与改革的重大问题,并对做好当前和今后一个时期的重点工作加强组织指导;省级税务机关按照总局的统一部署,结合实际提出全年工作目标和落实措施;基层税务机关按照上级的要求和部署狠抓落实,创造性地开展工作。按照分级负责的原则,加强督促检查,及时通报工作开展情况。

(四十)重视作风建设,营造干事创业的良好环境。根据岗位工作需要,加强政治理论和专业知识学习,提高税务干部综合素质。各级领导干部要加强调查研究,深入一线,努力掌握第一手材料。进一步改进会风和文风,精简会议、文件、评比、表彰和检查。密切联系群众,进一步建立和完善领导干部工作联系点制度。继续贯彻经费分配向基层、征管和中西部倾斜的原则,严格落实基本支出经费最低保障线制度。倡导勤俭节约,反对奢侈浪费,大力弘扬艰苦奋斗、勤俭节约的好风尚。

例文是一篇对全国范围内的年度税收工作做出安排的专项工作计划,内容关涉全局,指导性很强,下级机关及有关机构、部门通常会以此为依据,制订更为具体的工作计划。此类对全局工作具有指导作用的工作计划,常以"……工作要点""……工作安排"等为文书名称,并以文件形式发布,例文就是作为《关于印发 2008 年全国税收工作要点的通知》的附件发至"各省、自治区、直辖市和计划单列市国家税务局、地方税务局"及国家税务总局局内各单位,并要求受文机关贯彻执行的。

例文的标题是由标明文书的适用期限、内容范围(工作项目名称)和文种特征的词语组成的,例文是就哪个阶段、何项工作做出的安排,在此已是一目了然。正文的第一个部分也即前言部分,提出总体工作要求,即指明中心工作任务,明确工作指导思想,可以说这是一个带有总述性质的前言。"主要工作如下:"是一个过渡性语句,此类语句常用于计划的前言和主体部分之间;主体部分对各个方面的工作做出安排与部署,其中既有工作目标和要求,也有工作措施和做法,每一项内容都很具体、明确。在主体部分,"目标与要求"和"措施和做法"基本上是放在一起写的,即提出一项工作任务,接着便说明完成该项任务的措施和做法,基本回答了"做什么"和"怎么做"的问题。另外,由于例文采用了序码加小标题及分项列条并有段中主句的写法,所以这一部分虽然内容较多,篇幅较大,但条理还是很清楚,要点还是很突出的。主体部分的最后一项已经涉及对落实文件内容的要求,而这些就是计划的结语部分常常会写的内容,因而例文就没有必要单设一个结语部分了。

另外,很多综合性工作计划在提出工作任务的同时,还会把每一项工作任务都落实到特定的部门或机构,以便于对照执行及对照检查工作。而专项工作往往已有固定的归口分工,所以在提出工作任务的同时,实际上也就等于落实了负责部门或机构,一般不需要再做标示。

城镇技能再就业计划

为落实国务院关于大力发展职业教育和做好就业再就业工作的要求,强化下岗失业人员技能培训,以培训促进再就业,决定在"十一五"期间,面向城镇下岗失业人员实施城镇技能再就业计划。

一、指导思想

(一)围绕下岗失业人员就业再就业和稳定就业需要,通过开展针对性、实用性强的职业技能培训,提高下岗失业人员转业转岗所需技能水平,并提供相应的技能鉴定和技能岗位对接服务,以增强劳动者技能来促进他们更多更好地实现再就业。

二、目标任务

(二)2006年至2010年5年内,对2000万(每年400万)下岗失业人员开展职业技能培训,培训合格率达到90%,培训后再就业率达到60%。同时,在全国300个城市普遍建立相应机制,实现再就业培训与技能鉴定的紧密衔接,提高技能岗位对接服务成效。

三、主要内容

(三)开展职业技能培训,提高职业技能水平。要结合劳动力市场需求,进一步密切与用人单位的沟通和联系,大力开展订单培训和定向培训,使培训与就业紧密结合。要根据国家职业标准和用人单位岗位规范要求,强化职业技能实训,突出操作训练,提高下岗失业人员的岗位适应能力和职业技能水平。要结合本地实际,开发和选定适合下岗失业人员自谋职业的技能培训项目。

要根据下岗失业人员特点和需求,采取日夜校、长短班、送教上门以及远程培训等多种灵活的方式和手段,方便其就地就近参加培训。

（四）实施职业技能鉴定,提供技能水平认证服务。对参加职业技能培训并有鉴定要求的下岗失业人员,各级职业技能鉴定机构要主动提供鉴定服务,对其职业能力进行客观评价;对鉴定合格的,按规定发放相应的职业资格证书。同时,要结合生产服务岗位需求和下岗失业人员特点,开展专项职业能力考核工作。

对持《再就业优惠证》人员通过初次技能鉴定、生活确有困难的,要落实职业技能鉴定补贴政策。

（五）做好就业服务,促进技能岗位对接。公共职业介绍机构要积极帮助前来求职的下岗失业人员参加培训提高技能,通过多种方式,公告定点培训机构和培训项目信息。要广泛开展职业指导,帮助下岗失业人员根据市场需求和自身特点,选择合适的培训项目参加培训。继续实施"技能岗位对接行动",面向下岗失业人员开展专项就业服务活动,加强就业信息、职业介绍、劳动保障事务代理、社会保险服务等工作,改进服务方式,切实帮助下岗失业人员尽快实现再就业。

四、保障措施

（六）加大工作力度,明确目标任务。各地要进一步提高对再就业培训工作的重视程度,制定专项工作计划,落实目标任务,逐步建立培训、鉴定和就业服务有机结合,促进下岗失业人员技能再就业的长效机制。要将再就业培训工作纳入目标管理,实行业绩考核,定期进行督促检查。要加强与政府有关部门的沟通与合作,共同推动工作。

（七）广泛发动社会,建立健全社会化的再就业培训网络。动员社会各方面,包括工会、共青团、妇联以及其他社会组织举办的教育培训机构积极承担再就业培训任务。按照"条件公开、平等竞争、合理布局、择优认定、社会公示和公布"原则,确定一批社会信誉佳、专业特色强、培训质量高、就业效果好的教育培训机构作为实施再就业培训的定点机构。引导定点机构根据市场需求调整专业设置和课程内容,实现技能培训与市场需求的有效衔接。有条件的地区可建设公共实训基地,面向社会开展技能操作训练和技能鉴定服务。

（八）完善补贴办法,健全培训效果评价机制。要按照国家有关规定,从各级财政促进再就业资金中落实培训和鉴定补贴经费,根据培训和鉴定的实际成本,合理确定补贴标准,对符合条件的人员给予相应的培训和鉴定补贴。进一步完善经费补贴与培训质量和促进就业效果挂钩的机制和办法。要根据培训合格率、职业资格证书取得率、就业率以及培训计划落实情况等对定点机构定期进行监督检查和业绩考核。

（九）加大宣传力度,营造良好氛围。要充分利用广播电视、报刊杂志、图书图画等多种新闻媒体和介质,广泛宣传各级政府制定的培训就业政策,宣传提高职业技能对促进就业的重要性,宣传培训工作成效显著的教育培训机构的经验做法,宣传下岗失业人员参加培训后成功实现再就业的典型事例,引导更多劳动者参加培训,提高技能,实现技能再就业。

劳动和社会保障部
二〇〇五年十二月九日

例文是一篇以文件的形式制发的对一项全局性工作做出部署和安排的专题性工作计划,涉及时间较长,涉及范围很广。标题标明计划事项和文种名称,据此可以看出计划的主要内容是什么,这是专题性工作计划最为常见的标题写法。正文的前言也即开头部分(第一自然段)主要说明制订计划的目的,以文件的形式制发的计划常常采用这种开头方式;主体部分依次写明"指导思想""目标任务""具体作法"和"保证措施"等几项内容,比较全面地回答了"做什么"和"怎么做"的问题。目标明确,任务具体,做法实际,措施得当,逻辑性和条理很强,便于遵照施行。另外,序码加小标题和分条列项的表达形式,使得这一部分层次清楚,要点突出。落款包括制订计划的单位名称和制订日期两项内容。

（三）工作总结

2001年上半年德化县乡镇企业局工作总结

上半年来,我们乡镇企业局在县委、县政府的正确领导和上级主管部门的关心指导下,按照"三个代表"学习教育活动的要求,以开展"企业发展年"活动为契机,紧紧围绕"抓住机遇促发展,壮大总量求质量"的工作方针和全年计划任务,"调结构、拓市场、创名牌,练内功、优环境、育人才",重点扶持壮大陶瓷、矿产、木加工、旅游、小水电等产业,转变机关职能,强化为企业服务的意识,抓好各项工作的落实,确保我县乡镇企业持续、快速、健康发展。1—5月份,全县完成乡镇企业总产值32.77亿元,比去年同期增长26.61%,完成计划39.96%,其中工业产值21.39亿元,比增22.60%,完成年计划40.35%,全县陶瓷产值13.31亿元,比增15.20%,完成年计划31.20%,出口交货值10.30亿元,比增16.24%,完成年计划39.61%。现将主要工作汇报如下:

一、抓好结构调整,优化发展格局

调整优化结构,推进产业优化升级,提高企业竞争实力和发展后劲,是我们工作的着力点。结合我县企业实际,以市场为导向,以科技进步为核心,以改革开放为动力,在发展中调整,在调整中发展,促进区域经济增特色,产业发展上档次,企业经营壮实力,从根本上提高经济运行的质量和效益,是我们工作的主要目标。今年以来,陶瓷业在产业结构中的支柱地位得到进一步的巩固和提高。规模企业的支撑带动作用更加明显,这体现在产品结构的不断调整上。在保持陶瓷工艺品的生产规模的同时,根据市场需求,不断发展壮大树脂工艺品以及蜡烛、竹藤、水泥、铁件等工艺品生产,产品档次不断提高。今年广州春交会上,我县参展产品又较往年上了一个档次,令人耳目一新,提高了市场竞争力。

四月份以后,陶瓷企业进入生产旺季,企业产销两旺,许多陶瓷企业不断投资技改扩厂,由于我县企业用地有限,许多企业找不到地皮发展。今年,龙浔镇新办、扩建企业20家,新建、扩建厂房9.8万平方米,目前,该镇东环、南环、凤曙科技园、湖前、小溪五个工业小区占地面积2130亩,已驻进企业153家,投产143家,产值超8亿元。浔中镇今年新办企业3家、扩建4家,有20家企业进行了技改。龙鹏、创意等6家企业进行了窑炉改造,增加窑炉生产线,冠福集团开发了"骨锂瓷"、创意集团开发了沙锅上陶瓷,龙鹏、鸿意达、圣光、凯盛等企业从陶瓷工艺向树脂工艺、红壤陶、纳米陶瓷、塑绒陶瓷等品种发展,优化产品结构,力求配套发展,提高了占领市场、驾驭市场的能力。

我县矿产业继续保持良好的发展势头,各乡镇利用资源优势,招商引资、发动群众、加大勘探投入,矿产企业不断涌现,鑫阳公司已完成前期征地等工作,雷峰镇、上涌钚、龙门滩镇等都有新办矿产企业。竹木加工业也取得一定的突破,改变了我县竹林加工滞后现象,近期竹木加工业招商引资工作取得很大进展,雷峰、南埕、水口、春美等乡镇已引进近10家竹木加工企业,其中,雷峰广兴、水口欣乐、南埕兴华等企业初具规模。今后的工作重点应是"扶上马、送一程",促使这些企业良性循环,发展壮大,形成规模。小水电继续蓬勃发展,今年已投入或即将投入建设的电站有国宝兰坂,水口顺天,秀山,雷峰云溪,春美洪崎坂、上春,上涌、桂阳的龙船潭,龙门滩的黄洋、上坪正在进行技改扩建。大铭东坛、龙潭、产洋长圳、杨梅大传、陈坑坂、汤头等电站的建成投产,将成为各乡镇新的经济增长点。另外,旅游业可谓是"好戏连台"。发展旅游业已得到有关乡镇的重视,全县上下形成共识,加大旅游投入,旅游环境不断改善。以丰富的陶瓷文化和"二水三山"为基点,举办了各种旅游活动,如"收藏大展""橡皮艇漂流"等,水口镇精心筹备"五一黄金周"旅游活动,今年旅游人数达5万多人次,取得了一定的社会和经济效益。

二、大力开拓新市场,提高市场占有率

今年以来,我县乡镇企业大力开发新产品,立足国内、国外两大市场,注意产品种类、款式的创新。外销工艺品造型美观大方、玲珑精巧,质量上乘。适应国外客商的需求;内销陶瓷(包括日用陶瓷、瓷雕)市场不断扩大,产销活跃。我们重视春、秋两届广交会,精心组织,做好宣传,加强服务,办好红顶展区德化展馆,吸引更多的客商前来洽谈订货。积极组织外销企业参加美国、德国、意大利、南非、香港等国内外展览,顺美集团在德国哈根设立分公司,取得了良好的经济效益。内销陶瓷企业不断开发新瓷种、新产品,冠福集团开发"骨锂瓷",产品批量投入市场,受到广大客商用户的青睐。瓷雕不断求新求变,市场销售看好。6月中国少年儿童基金会接受我县陶瓷工艺大师捐赠达1000万元的58件瓷雕,中央电视台等新闻机构均予报道,是继"泰兴号"沉船之后德化瓷坛又一重大事件,取得良好效果。本月的"收藏大展",德化产陶瓷毛主席像章蜚声中外。今年来国内展销力度不减,展销方式由"政府搭台(出钱),企业唱戏(展销)"逐步向"企业搭台,企业唱戏"转化,除县里组织大型展销——深圳·德化名瓷展览会之外,共组织企业参加各种展销9场250人次,并在包括合肥、漳州、淄博、厦门、福州、湖州、上海、大连、石狮等国内大中城市建立销售网点,收集商业信息,了解市场动态,扩大产品销售范围。此外,还积极引导并帮助企业发展电子商务,开拓网上市场,开展网上交易,抢占网络营销先机。以网络的普及和电子商务的运用为手段,把握与世界同步发展的机遇,组织230家企业加入互联网,86家企业参加"网上博览会",大多数企业参加"万家企业上网工程"。

三、着力练好内功,提高竞争力

大力发展乡镇企业,鼓励、支持和引导企业走规模化、集团化道路,也是我们的工作重点之一。我县已组建乡镇企业集团21家,今年拟再组建1家。我们还引导和帮助企业申报自营进出口经营权,现已有26家拥有自营权,还有1家正在申报。下半年还要抓好自营权培训,使企业懂得运用自营权。

加大扶优扶壮力度,对陶瓷明星企业实行全力扶持。冠福集团"福康牌"耐热煲获得福建省名牌产品称号;真泰尔陶瓷有限公司的"真泰尔牌高档日用瓷"获得省乡镇企业名牌产品称号;铭丰金花纸有限公司、真泰尔陶瓷有限公司通过农业部TQC认证。在去年已有3家企业获得ISO9000认证基础上,今年争取再有3家通过。ISO认证通过企业数将达20家,完成农业部全面质量管理达标企业2家,建成乡镇企业示范工业园区1个。

加大WTO宣传培训力度,使企业尽快熟悉世贸组织的规则和我国的承诺。我局与科技局、工商局联手,举办"知识产权"培训班,参加人数达100多人,重点学习了专利法、商标法、著作权法、反不正当竞争法等法律法规,取得了良好的效果。

四、加强安全生产管理,落实安全生产责任制

强化安全生产管理,落实安全生产责任制,提高企业安全生产和消防防患意识,认真开展"安全大整治"活动,继续对"三合"、"二合"厂房进行清理整顿。对查出的安全隐患坚决整改,督促落实。我们与市局一道对德化境内的2个烟花爆竹生产厂进行全员培训,共培训102人。各乡镇吸取去年"11·11"矿山事故的深刻教训,加大安全检查、培训的力度,上半年共组织安全检查106人次,印发各类宣传材料1000份。龙浔、浔中、三班、美湖、水口、龙门滩

认真贯彻执行"安全第一、预防为主"的方针,本着为广大人民群众的生命和财产高度负责的态度,组织力量,深入、持久地加强对企业和员工的法制和安全教育,特别是把对特种行业职工和新工人及农民工、外来民工等人员的安全意识教育放在首位,制定周密的培训、整治方案,层层负责,从严从实抓整改。

五、培养人才,促进发展

我们注重培养乡镇企业人才,为人才的成长提供条件。经过努力,上半年又有25人通过职称评定,其中,经济师2人,助理经济师2人,会计师2人,工艺美术师19人。已通过评审,经培训后方可确认的有44人,其中:建筑施工工程师39人,陶瓷工程师1人,工艺美术师4人,已申报材料待评者68人。

六、优化环境,强化服务

我局充分发挥"企业服务中心"的作用,为企业提供信息服务,拓宽服务范围,简化办事程序,转变工作作风,提高办事效率,切实为企业提供优质高效的服务。

上半年,已为企业办理各种手续22件,申报18件。我们还主动深入企业,发动企业家参加省工艺美术协会主办的"福建省首届民间艺术家评选评奖活动"(有8家企业参加)。积极组织企业参加中国工艺美术协会在北京举办的"中国玩具工艺礼品新品展示贸易洽谈会",现有近10家企业报名参展。为外销陶瓷企业提供国外展销(览)信息,帮助他们拓展国际市场,计划赴美国拉斯维加斯、韩国以及德国法兰克福、英国伦敦、日本东京、中国香港等国家或地区参展。积极为无苯天那水系列产品牵线搭桥,联系试点单位,减少"苯毒",保护环境。积极牵头引进湖北武汉大学科技新成果——白云土用釉,该釉料效果与台湾进口产品相比,质优价廉,可以大幅度降低企业生产成本。

县委、县政府将今年定为"企业发展年",并为此制定34项任务,分解至不同部门。通过"企业发展年"活动,要达到基础设施更加完善,工业小区基本配套,机关作风转变,办事效率明显提高,投资政策更加优惠,亲商、安商、富商意识普遍形成,企业发展环境更加优化,引资引智成效明显,企业发展步伐加快的目标,我们正在为此而努力。

七、存在的问题

1. 由于今年春节提前,年初开工率较低,中小企业订单不足,至三月份企业运行尚不够正常。

2. 由于运输实行限载,运输成本大幅提高,削弱了部分企业的生存和竞争能力。

3. 资金困难,中小企业的发展步履维艰。

4. 企业经济效益下降,大部分企业反映税负偏重。

5. 国家实行职工养老保险费征收制度,是一件长期的利国、利民的好事,但从现时来看,引起企业极大关注。由于目前国际国内市场竞争加剧,税率上调,企业实际负担加重,利润下滑,在此困难之际,又开征社保费,有些企业难以承受,企业普遍反映:在乡镇企业中强制征收社保费,有违农业部《关于乡镇企业社会保险费征缴问题的通知》(农企发〔1999〕8号)等文件的精神;脱离乡镇企业就业队伍极不稳定,人员流动性强、退保难的实际情况;征缴额度较大,挤占企业流动资金。改革开放以来,乡镇企业从未涉及社保问题,要在短时期内迅速建立社保体系,无论从思想准备上、宣传发动上、征收方式上、投保对象上均有步伐过快之忧。

6. 经济增长点(源)少,产业结构单一。特别是与邻县(市)相比,我县招商引资、项目储备、工作措施力度和效果均有差距。

今年下半年,我们将在认真总结经验的基础上,发扬成绩,克服不足,着力解决上半年工作中留下的问题和隐患,把"企业发年"活动推向新的阶段,为完成全年工作任务作出更大的努力,为发展我县经济作出更大的贡献。

德化县乡镇企业局
二〇〇一年六月二十六日

  这是一篇基层单位的工作总结。标题是由单位名称、时间和文种类别几个要素构成的,文种的前面只有"工作"二字,而不是"……工作",表明这是对整个单位在一定时期内的工作情况作出全面反映的综合性总结,而不是对某项工作或某个方面的情况作出专门反映的专题性总结。不过,虽然从总体上看,例文应当算是一篇综合性工作总结,但其内容还是以生产经营管理方面的情况为主,这同单位的性质和特点有关。正文是由前言、主体和结语三个部分组成的,前言部分(第一自然段)概述情况,写明工作的指导方针及工作完成的基本情况,其中使用了几个较为关键的数据,起到了一种提纲挈领的作用。主体部分首先从六个方面谈及在工作中取得的成绩及采取的措施,其中有归纳,也有实例,内容比较具体。写完成绩之后,指明工作中存在的问题和面临的困难,写得客观、实际。每个部分之前都以序码加小标题的形式点明要点,便于阅读和理解。结语部分(最后一个自然段)明确下一步工作的目标和努力的方向。

××县纪委宣教室2012年工作总结

本年度县纪委宣教室在市纪委宣教室的指导下,在县纪委领导的大力支持下,在兄弟科室的帮助下,按照市、县委的工作部署,围绕党风廉政建设和反腐败中心工作,立足科室职责,克服困难,开拓创新,狠抓落实,扎扎实实地开展了一系列富有成效的宣传教育活动。为营造"以廉为荣、以贪为耻"的社会舆论氛围,做了大量的工作。现将一年来的宣传教育工作情况总结如下:

一、落实"大宣教"工作格局,抓好责任分工

根据《实施纲要》的要求和市纪委2012年宣教工作要点,年初宣教室及时召开宣教联席会议,抓好组织协调和任务分解工作。要求各乡镇、各机关单位按照任务分解方案和工作要求,进一步改完善本部门的工作计划,进一步加强领导,明确责任分工,抓好计划的分解落实,牵头单位主动承担和落实工作责任,配合单位主动配合,抓好落实,努力形成齐抓共管的整体合力。

二、切实加强党风廉政宣传教育工作

1. 开展"加强作风建设、促进社会和谐"主题教育活动

为教育全县广大党员领导干部牢固树立科学发展观和正确的权力观、政绩观、利益观,坚定理想信念,强化宗旨意识,转变干部作风,遵守党的纪律,永葆党的先进性,根据上级纪委的要求和部署,在全县党员干部中广泛开展了"加强作风建设、促进社会和谐"教育活动,制发了活动实施意见,对教育活动的指导思想、目标要求及活动内容、总体安排、组织领导等提出了明确的要求,同时要求各党政机关事业单位根据各自的行业特点,开展丰富多彩的主题实践活动。

为确保活动效果,做到有章可循,我们将省纪委编印的《领导干部加强作风建设、促进社会和谐教育读本》《廉政短信》等书籍分发给各单位。要求党员干部特别是广大党员领导干部深入学习,不断增强党的意识、执政意识和先进性意识,并结合我县实际撰写学习体会文章。为防止活动走过场,县纪委组织专门检查组,到各单位进行集中检查,对单位学习时间、学习内容、单位负责人上党课情况进行重点检查,同时注重发现典型,宣传典型,推广典型,起到以点带面的教育效果。

2. 进行"算好清廉八笔账,树立正确权力观"专题教育活动

为教育引导党员干部特别是各级领导干部,使他们深刻认识到腐败所带来的严重危害,做到自重、自省、自警、自励,时刻保持清醒头脑,自觉抵制各种诱惑,增强遵纪守法和廉洁自律意识,我们集中利用两个月的时间,在全县开展了"算好清廉八笔账,树立正确权力观"专题教育活动,要求党员干部特别是领导干部要算好政治账、经济账、名誉账、家庭账、亲情账、自由账、健康账、成本账等八笔账,逐项对比分析,明辨利弊得失,坚定正确的理想信念,保持高尚的道德情操。这项活动有力地促进了干部作风的转变,增强了干部工作的自觉性和积极性。

3. 继续在全县纪检监察系统开展"做党的忠诚卫士,当群众的贴心人"实践活动

为培养纪检监察战线上的党员干部具有六种意识,教育广大纪检监察干部牢固树立"立党为公,执政为民"的信念,自觉做到情为民所系、权为民所用、利为民所谋,在全县纪检监察战线继续开展了"做党的忠诚卫士,当群众的贴心人"活动。

4. 大力推进廉政文化建设

在去年工作的基础上,进一步选择了一批廉政文化示范点,高标准、高质量地打造了示范点文化建设。构筑了廉政文化进社区精品工程,在县世纪新春居民小区设立廉政宣传栏 4 个、广告牌

14个,重新更换了高标准的廉政文化一条街广告牌。为了进一步推广廉政文化建设,县纪委经常组织督导检查组对全县各乡镇、县直有关单位的廉政文化建设情况进行督查巡视,有效促进了活动的扎实、有效地开展。8月份,县纪委在人民广场举办了廉政电影露天展演活动,累计4000多名党员干部观看了电影,起到了很好的宣传教育效果。9月份,县纪委创办了一台大型广场廉政文艺汇演,5000余名干部群众现场观看了演出,引起了很大的反响。

三、大力加强宣传报道工作

1. 充分发挥媒体作用,强化宣传报道工作

每开展一项专题教育活动,在县电视台都开辟专栏,扩大宣传教育的覆盖面。在开展"加强作风建设,促进社会和谐"教育活动中,在县电视台开辟了《榜样的力量》等栏目,对活动中涌现出的典型大张旗鼓地进行表彰宣传;开展廉政文化建设期间,在县电视台播放以廉政教育为题材的电视节目,努力营造一个为民务实清廉、人人崇廉尚廉、知荣明耻的良好社会舆论环境。继续在全县各单位党政"一把手"当中开展"读百篇文章,做廉政楷模"读书思廉活动,准时把廉政文章和简报送到他们手中。

2. 认真做好信息和网评文章上报工作

截至目前,共上报稿件和工作信息60多篇(条),被市纪委采用信息6条,被《××日报》采用稿件3篇,被《中国纪检监察报》采用稿件2篇,共上报网络评论文章5篇。

3. 超额完成2012年度《中国纪检监察报》的征订工作。

四、认真落实本单位人员学习计划和上级的培训计划

1. 采取多种形式组织纪委机关干部进行集体学习。

县纪委监察局建立了专题学习辅导制度,一方面从外单位邀请有关领导和专家进行专题辅导。截至目前,已从县金融、审计、

税务、工商、外经贸等16个部门邀请业务领导给委局机关干部作报告,拓宽了机关工作人员的知识面,对以后更好地完成纪检工作提供了有力的只是保障。另一方面让本单位的领导给全体人员作报告。今年累计有12位委局机关领导做了业务知识报告,这样不仅使大家学到了知识,增长了见识,还为大家相互学习交流提供了平台。另外,委局机关经常性地组织全体人员集体观看警示教育片和正面典型片,共同学习一些业务书籍和上级文件。

2. 圆满完成上级培训计划

根据安排,两位领导参加了中纪委举办的纪检监察综合业务培训班,一位领导参加了省纪委举办的综合业务调训班。组织全县乡镇纪委书记参加了市纪委组织的纪检监察综合业务培训班。

总之,2012年宣教工作是紧张、忙碌而充实的,宣教手段和措施较往年也有了创新、提升和突破。不过,我们的工作与我县党风廉政建设和反腐败工作的要求及领导的期望还有不小的差距,还存在一些不足之处,例如:平时忙于工作事务,深入基层少,调查研究不够;有些工作制度建立了,但平时执行力度还不够。在今后的工作中,我们将努力改进和克服以往工作中的不足,扬长避短,抢抓机遇,开拓创新,乘势而上,努力推动反腐倡廉宣教工作再上新台阶,再创新局面。

××县纪委宣教室
二〇一三年一月十二日

这篇年度工作总结的标题是由单位名称、时间和文种名称几个要素构成的,"2012年工作"同时也就是总结对象。正文包括前言、主体和结语几个部分,前言部分(第一自然段)概述情况,既对年度基本工作情况做一个简要介绍;主体部分以分条列项并加小标题的形式,分别写明各项工作的进行和完成情况,工作内容特别是做法、措施和成果写得比较具体、明确,经验和体会也有所反映;结语部分(最后一个自然段)总括情况,指明工作中所存在的主要问题,也即在今后工作中需要改进的不足之处。在此基础上,表明做好今后工作的决心。正文之后是落款,落款包括单位名称和日期两项内容。

（四）讲　话　稿

在全国政协新年茶话会上的讲话

习近平

（2013年12月31日）

同志们，朋友们：

明天就是2014年元旦。在这辞旧迎新的美好时刻，我们欢聚一堂，回顾共同经历的难忘岁月，畅想共同期待的美好未来，感到十分高兴。

首先，我代表中共中央、国务院和中央军委，向各民主党派、工商联和无党派人士、各人民团体，向全国广大工人、农民、知识分子、干部和各界人士，向人民解放军指战员、武警官兵和公安民警，向香港特别行政区同胞、澳门特别行政区同胞、台湾同胞和海外侨胞，向关心和支持中国现代化建设的国际友人，致以诚挚的祝福！祝大家新年好！

今年是全面贯彻落实中共十八大精神的开局之年。面对错综复杂的国际形势和艰巨繁重的国内改革发展稳定任务，中共中央团结带领全国各族人民，坚持稳中求进工作总基调，沉着应对各种风险和挑战，全面推进社会主义经济建设、政治建设、文化建设、社会建设、生态文明建设，对全面深化改革作出总体部署。我们提出并落实党在新形势下的强军目标，推动国防和军队建设迈出新步伐；高举和平、发展、合作、共赢的旗帜，推动全方位外交打开新局面；全面推进党的建设新的伟大工程，群众路线教育实践活动取得重要阶段性成果。在全党全国各族人民共同努力下，各项工作取得新进展，实现了良好开局。

2014年,将是我国发展进程中十分重要的一年。新的一年,应该有新的奋斗、新的收获。我们要全面贯彻落实中共十八大和十八届二中、三中全会精神,以邓小平理论、"三个代表"重要思想、科学发展观为指导,坚持改革创新,坚持稳中求进,全面做好各项工作。我们要坚持"一国两制"、"港人治港"、"澳人治澳"、高度自治的方针,保持香港、澳门长期繁荣稳定。我们要坚持"和平统一、一国两制"方针,为两岸同胞谋福祉。我们要高举和平、发展、合作、共赢的旗帜,同各国人民一道为人类和平与发展的崇高事业而不懈努力。

2014年,我们将推进全面深化改革。35年前的这个月,中共十一届三中全会胜利闭幕,开启了波澜壮阔的伟大改革。中共十八届三中全会吹响了全面深化改革新的号角。开弓没有回头箭,我们要坚定不移实现改革目标。

当今世界,机遇和挑战并存。风云变幻,最需要的是战略定力;竞争激烈,最重要的是急流勇进;迎接挑战,最根本的是改革创新。改革,最本质的要求就是创新。中华民族是具有伟大创新精神的民族,以伟大创造能力著称于世。"苟日新,日日新,又日新",是对中华民族创新精神的最好写照。

我们要大力弘扬与时俱进、锐意进取、勤于探索、勇于实践的改革创新精神,争当改革的坚定拥护者和积极实践者,用自己勤劳的双手在改革实践中创造更加幸福的生活。

我们的事业是一点一滴干出来的,我们的道路是一步一个脚印走出来的。我们要坚持一切从实际出发,凝聚广大人民群众智慧和力量,善作善成,努力把全面深化改革的蓝图变为现实,让全社会感受到市场环境和创业条件在不断改善,让全体人民共同分享改革发展成果。

同志们、朋友们:

在即将过去的一年里,人民政协高举爱国主义、社会主义旗帜,推进政治协商、民主监督、参政议政制度建设,围绕中共中央关注的重大问题开展调研,发挥决策咨询作用,推进人民政协工作创新,为推动经济社会发展、深化改革开放、健全社会主义协商民主制度等各项事业作出了重要贡献。

明年将迎来人民政协成立65周年。在新的一年里,我们要巩固和发展最广泛的爱国统一战线,坚持和完善中国共产党领导的多党合作和政治协商制度,寻求最大公约数,凝聚改革共识,汇聚改革正能量。参加人民政协的各党派团体和各族各界人士要引导所联系成员和群众理解改革、支持改革、参与改革。人民政协要充分发挥作为协商民主重要渠道作用,围绕经济社会发展重大问题和涉及群众切身利益的实际问题广泛协商,为实现"两个一百年"奋斗目标作出新的更大的贡献。

同志们、朋友们:

让我们更加紧密地团结起来,万众一心,不懈奋斗,在改革开放新的长征路上,共同谱写实现中华民族伟大复兴中国梦的新篇章!

在中法建交50周年纪念大会上的讲话

中华人民共和国主席 习近平

(2014年3月27日 巴黎)

尊敬的奥朗德总统,

女士们,先生们,朋友们:

在这春光明媚的日子,同大家在美丽的巴黎欢聚一堂,纪念中法建交50周年,感到十分高兴。首先,我谨代表中国政府和人民,并以我个人的名义,向在座各位,并通过各位,向长期致力于中法友好事业的各界人士,向友好的法国人民,致以诚挚的问候和良好的祝愿!

中法关系正处在承前启后的重要时刻。我来到法国,带来的是中国政府和人民对中法两国人民友谊的美好回忆和深化中法全面战略伙伴关系的真诚愿望。

"吃水不忘挖井人。"此时此刻,我们都会想起两位伟人。50年前,在东西方冷战正酣的大背景下,毛泽东主席和戴高乐将军以超凡的战略眼光,毅然作出中法全面建交的历史性决策,在中法之间同时也在中国同西方世界之间打开了相互认知和交往的大门。从此,中法关系成为世界大国关系中的一对特殊关系,始终走在中国同西方主要发达国家关系前列。

总结过去的50年,中法两国和两国人民在发展两国关系中,共同培育了独立自主、相互理解、高瞻远瞩、合作共赢的精神。这一精神,对我们开创中法关系更加美好的未来具有重要指导意义。

——独立自主,是中华民族和法兰西民族的共有禀赋。中国和法国都是有着独特文明的古老国度。以黄河长江和卢瓦尔—罗讷水系为母亲河的两个伟大民族,都曾经长期引领各自所在地区的文明发展进程。老子、孔子、墨子、孟子、庄子等中国诸子百家学说至今仍然具有世界性的文化意义,声名远扬的法国思想家们为全人类提供了宝贵精神财富。进入近现代,两国都经历了民族苦难、战火洗礼和对发展模式的艰辛探索,走出了符合本国国情的发展道路。中法都坚持独立自主的外交政策,不随波逐流,不随风起舞,积极倡导和致力于多边主义、世界多极化、国际关系民主化。

——相互理解,是中法关系发展的重要基石。50年前,戴高乐将军说:"中法两大民族都对对方怀有深厚的仰慕和尊敬,两国间存在的明显默契总有一天会发展成一种越来越深厚的合作。"两国特色鲜明的文化深深吸引着对方人民。历史上,中华文化曾经成为法国社会的时尚,在法国启蒙思想家的著作和凡尔赛宫的装饰中都能找到中华文化元素。同样,法国作家和艺术家的传世之作也深受广大中国读者喜爱。50年来,中法两国和两国人民相互尊重、平等相待、彼此信任,为两国关系走稳走远打下了重要基础。

我们都知道,中国共产党老一代领导人中很多是在法国负笈求学的,周恩来、邓小平、蔡和森、陈毅、聂荣臻等人就是他们中的佼佼者。由于这个原因,我青年时代就对法国文化抱有浓厚兴趣,法国的历史、哲学、文学、艺术深深吸引着我。读法国近现代史特别是法国大革命史的书籍,让我丰富了对人类社会政治演进规律的思考。读孟德斯鸠、伏尔泰、卢梭、狄德罗、圣西门、傅立叶、萨特等人的著作,让我加深了对思想进步对人类社会进步作用的认识。读蒙田、拉封丹、莫里哀、司汤达、巴尔扎克、雨果、大仲马、乔治·桑、福楼拜、小仲马、莫泊桑、罗曼·罗兰等人的著作,让我增加了对人类生活中悲欢离合的感触。冉阿让、卡西莫多、羊脂球等艺术形象至今仍栩栩如生地存在于我的脑海之中。欣赏米勒、马奈、德加、塞尚、莫奈、罗丹等人的艺术作品,以及赵无极中西合璧的画作,让我提升了自己的艺术鉴赏能力。还有,读凡尔纳的科幻小说,让我的头脑充满了无尽的想象。当然,法国的歌剧、芭蕾舞、建筑、体育、美食、时尚、电影等在中国也有广泛的吸引力。了解法兰西文化,使我能够更好认识中华文化,更好领略人类文明的博大精深、丰富多彩。

——高瞻远瞩,是中法关系发展的根本保证。50年来,中法历代领导人以登高望远的战略眼光,"不畏浮云遮望眼",坚持不懈进行着超越集团对抗、求同存异、和平共处、互利共赢的探索和实践。法国是第一个同中国建立全面伙伴关系、全面战略伙伴关系,开展战略对话的西方大国。中法两国开展了许多具有开创性的战略合作。两国在国际事务中保持密切沟通,积极推动国际秩序朝着更加公正合理的方向发展。

——互利共赢,是中法关系持续发展的强大动力。中法合作是双赢的事业,两国人民是这一事业的最大受益者。50年来,双边贸易额比建交之初增加500多倍;人员往来从无到有,已经接近每年200万人次;有5万法国人正在学习汉语,学习法语的中国人数达到10万。不久前,苏菲·玛索走上了中国收视率极高的马年春节联欢晚会舞台。中法合作潜移默化影响着两国人民生活,必将为中华民族和法兰西民族创造出越来越多的福祉。

女士们、先生们、朋友们!

孔子说:"五十而知天命。"在中法关系进入"知天命"之年,我们要抓住当下、面向明天,更好规划中法关系未来发展,让中法关系更加紧密、更加持久、更加特殊。

第一,坚持互尊互信,巩固中法关系政治基础。双方要牢牢把握两国关系发展的正确方向,同舟共济、荣辱与共,坦诚沟通、求同存异,坚定支持对方维护本国主权、安全、发展等核心利益的努力,加强战略对话,深化战略合作,妥善处理分歧,增强中法关系的战略性、稳定性、可预见性,更好维护共同利益。

第二,坚持互利共赢,夯实中法关系经济基础。只有敢为人先,经济合作之路才能越走越宽,中法高水平的政治关系才能转化为两国人民的福祉。刚刚发表的中法关系中长期规划是未来一段时期两国务实合作指南。中方愿意同法方一道,牢固树立利益共同体意识,寻找更多利益契合点,深化经济合作。

第三,坚持世代友好,筑牢中法关系社会基础。双方要以建交50周年庆祝活动为契机,以刚刚建立的中法高级别人文交流机制为平台,积极推动两国社会各界广泛开展交流合作,使两国人民成为中法友好合作的坚定支持者、积极建设者、真正受益者,尤其要引导两国广大青年投身到中法友好事业中来。

第四,坚持开放进取,共同促进世界经济增长。要提高经济合作水平,推动贸易和投资自由化便利化,反对保护主义,符合世界各国共同利益。要加强宏观经济政策协调,推动国际经济、金融、货币体系改革,推动建设开放公平的多边贸易体系,加强国际援助交流合作,推动经济全球化朝着普惠共赢的方向发展。

第五,坚持紧密协作,携手应对全球性挑战。双方要加强在国际和地区事务中的磋商、协调、配合,继续推动世界多极化、国际关系民主化,推动平等协商集体制定国际规则,使中法关系成为维护世界和平、促进人类进步的重要力量。

女士们、先生们、朋友们!

有梦想,有机会,有奋斗,一切美好的东西都能创造出来。当前,中国人民正在为实现中华民族伟大复兴的中国梦而奋斗。奥朗德总统也提出了法国梦。去年奥朗德总统访华时还向我建议,在两国人民实现各自梦想的基础上,努力实现"中法梦"。

近代以来,中华民族最大的梦想就是实现中华民族伟大复兴。中国的历史文化、历史命运、历史条件决定了中国人民必须在自己选择的道路上实现自己的梦想。

——中国梦是追求和平的梦。中国梦需要和平,只有和平才能实现梦想。天下太平、共享大同是中华民族绵延数千年的理想。历经苦难,中国人民珍惜和平,希望同世界各国一道共谋和平、共护和平、共享和平。历史将证明,实现中国梦给世界带来的是机遇不是威胁,是和平不是动荡,是进步不是倒退。拿破仑说过,中国是一头沉睡的狮子,当这头睡狮醒来时,世界都会为之发抖。中国这头狮子已经醒了,但这是一只和平的、可亲的、文明的狮子。

——中国梦是追求幸福的梦。中国梦是中华民族的梦,也是每个中国人的梦。我们的方向就是让每个人获得发展自我和奉献社会的机会,共同享有人生出彩的机会,共同享有梦想成真的机会,保证人民平等参与、平等发展权利,维护社会公平正义,使发展成果更多更公平惠及全体人民,朝着共同富裕方向稳步前进。

——中国梦是奉献世界的梦。"穷则独善其身,达则兼善天下。"这是中华民族始终崇尚的品德和胸怀。中国一心一意办好自己的事情,既是对自己负责,也是为世界作贡献。随着中国不断发展,中国已经并将继续尽己所能,为世界和平与发展作出自己的贡献。

为了实现中国梦,我们确立了"两个一百年"奋斗目标,就是到2020年实现国内生产总值和城乡居民人均收入比2010年翻一番,全面建成小康社会;到本世纪中叶建成富强民主文明和谐的社会主义现代化国家,实现中华民族伟大复兴。

我们认识到,为了实现中国梦,必须全面深化改革,进一步解放思想、解放和发展社会生产力、解放和增强社会活力。去年11月,中国共产党召开了十八届三中全会,对全面深化改革作出总体部署,吹响了新一轮全面改革的集合号。我们将通过经济、政治、文化、社会、生态文明等各领域改革,完善和发展中国特色社会主义制度、推进国家治理体系和治理能力现代化,使市场在资源配置中起决定性作用,更好发挥政府作用。目前,这些改革举措都建立了总台账、明确了责任制,正在逐项抓落实。展望未来,中国发展潜力巨大、前景广阔,中国发展必将为世界各国提供更大合作空间。

"万物并育而不相害,道并行而不相悖。"中国梦是法国的机遇,法国梦也是中国的机遇。开创紧密持久的中法全面战略伙伴关系新时代,是我们唯一正确的选择,也是我这次访法期间,同奥朗德总统达成的最重要战略共识。我真诚希望,中法两国和两国人民在实现中国梦和法国梦的过程中相互理解、相互帮助,共同实现"中法梦"。

女士们、先生们、朋友们!

国之交在于民相亲。中法关系能有今天这样的好局面,要归功于两国人民心灵相通、感情相亲、守望相助。

我们不会忘记,无数法国友人为中国各项事业发展作出了重要贡献。他们中有冒着生命危险开辟一条自行车"驼峰航线"、把宝贵的药品运往中国抗日根据地的法国医生贝熙叶,有在四川汶川特大地震期间临危不惧、在强烈余震中舍身守护被困电梯的中国小女孩的法国军医乌埃尔,有倾力支持中国失学儿童上学的法国公益人士方芳,有培养出多位中国佩剑世界冠军的鲍埃尔教练,还有刚刚担任中国国家男子足球队主教练的阿兰·佩兰先生。中国广大球迷对他寄予了热切期待,我祝他好运。

法国有一句谚语:"一点又一点,小鸟筑成巢。"中国也有一句古语:"合抱之木,生于毫末;九层之台,起于累土。"中法友谊是两国人民辛勤耕耘的结果。借此机会,我要向这些为中法友好事业默默奉献的人们致以崇高的敬意!

女士们、先生们、朋友们!

抚今追昔,我对在新的历史起点上继续推进中法友好事业充满信心。让我们携手努力,共创中法关系美好前景!

谢谢大家。

上面两篇讲话稿是国家领导人在不同的场合、向不同的对象发表讲话时使用的文稿,从内容特征到表述方式,均有很大的区别,可以说是总体风格相异的不同类型的讲话稿。同时,作为发表口头讲话时使用的书面文稿,例文从结构到语言又有一些共同的特点。简单地说,层次清楚,线索明晰,构段轻巧,是例文在谋篇布局方面的突出特点;既具备公务语体的庄重感和政论语体的感染力,又具备文艺语体的生动性和通俗性,既凝练、典雅,又平实、自然,并且极富文采、饱含激情,则是例文在语言表达方面所具备的重要特点。就其总体风格而言,前后两篇例文的差异还是较为明显的,前者公务语体的色彩要更强一些,后者礼仪色彩则要明显一些,这种差异是由讲话场合和对象的不同所决定的。同为讲话稿,究竟采用哪种表述方式,必须考虑场合和对象的特点,这样才能把"话"讲得得体、精彩,才会达到吸引听众、易于理解的效果。

（五）述职报告

××镇党委班子2007年度述职报告

××镇党委书记　×××

一年来，在区委、区政府的正确领导下，××镇党委认真履行职责，团结党政一班人，以饱满的激情，昂扬的斗志，务实的作风，创新的精神，带领三万六千余××人民圆满完成了各项任务。现在，我就镇党委一年来的工作情况简要汇报如下：

一、班子基本情况

本届党委班子于2007年1月选举产生，班子共有成员9名，设书记1名，副书记1名（兼镇长），党委委员7名（一名兼人大主席、一名兼副镇长、一名兼纪委书记、一名兼武装部长）。班子成员平均年龄38.2岁，研究生学历2名，其余为大学学历。换届后，班子成员精神面貌好，事业心强，班子团结协调，工作作风踏实，有较强的改革精神和创新意识，干群关系融洽，廉洁自律较好。

二、主要工作情况

镇党委班子以打造"绿色边镇，生态××"，建设××东北部沿边生态经济强镇为本届任期的奋斗目标，创新发展观念、坚持城乡统筹，大力发扬"知难而进、无私奉献、奋勇争先"的××精神，带领全镇人民解放思想，开拓创新，扎实工作。一年来，全镇经济和各项社会事业得到健康发展，综合实力明显增强。2007年全镇实现GDP 2.3亿元，农村经济总收入3.6亿元，工业生产总值2亿元；

农村人均纯收入达4030元,实现财政收入478万元,完成煤炭企业非税收入470万元,较上年均有较大幅度的增长。

(一)加强班子建设

1. 完善学习机制,注重素质提高

干部政治理论素质和驾驭全局能力事关创业成败。一年来,镇党委特别重视班子思想政治建设,健全了党委中心组学习制度,创新学习方法。在学习时间上,坚持"一日一读"、"一周一学"、"一月一讲";在学习内容上,注重新时期党的路线、方针、政策和国家法律、法规的学习,特别加强了树立和落实科学发展观的学习;在学习方式上,班子成员注重"集体学习"和"个人钻研"相结合,"走出去"学和"沉下去"学相结合的办法,提高学习效果。在学习过程中,镇党委班子坚持扎实钻研理论著作、共同讨论××发展、主动撰写读书笔记、认真交流学习心得,并结合××镇的实际,进行了实地调研、深入思考,每个成员均做到了每年完成1—2篇高质量调研报告,坚持学以致用。

2. 坚持民主集中制度,加强班子作风建设

坚持民主集中制,努力提高决策水平,增强领导班子的凝聚力、战斗力和号召力。一是坚持民主集中制度,强化班子决策能力。镇党委班子在决策过程中,坚决杜绝"一言堂",做到不定调,畅所欲言,广泛听取各方意见。对凡涉及项目发包、大额资金安排、人事任免等重大事项均实行"票决制",杜绝"暗箱"操作。二是发扬团结协作精神,凝聚班子集体力量。按照集体领导和个人分工相结合的原则,班子成员合理分工,各负其责,各尽其力,增强了班子的凝聚力和战斗力。一年来,班子成员既敢于自我加压、努力工作,又能群策群力、互帮互助,心往一处想,力往一处使,集体智慧和力量得以充分体现。

3. 建立完善规章制度,强化党风廉政建设

按照"党要管党,从严治党"的方针,全面落实党风廉政建设责

任制。一是建章立制,确保党风廉政建设落到实处。加强制度建设是建立长效机制,堵住腐败源头的重要举措。为此,镇党委于年初就召开了专题会,针对新形势下的党风廉政建设进行深入调研,进一步完善了工程招标、大宗物品采购等相关廉政制度并付诸实施。并把党风廉政纳入领导班子和干部考核、工作目标考核、综合考核之中,制定了党风廉政建设和反腐败斗争责任制,诫勉谈话制,二级班子廉政档案制,责任追究制等制度,从制度上保证我镇党风廉政建设能够落到实处。二是求真务实,树立勤政廉洁干部形象。一年来,镇党委一班人经常深入基层,深入群众,了解干部、群众的思想动态,急群众之所急、想群众之所想,从群众最关心、反映最强烈的问题入手,思考、解决××经济社会发展中出现的各种问题,提高了班子的亲和力,树立起勤政廉洁班子形象。三是党务公开,勇于接受群众监督评议。一年来,我们强化党务公开,规范公开内容。开展了半年一次人民代表评议工作,邀请老干部、群众代表对班子进行评议,主动征求、乐于接受意见,勇于批评和自我批评,真诚接受监督,闻过则纠、有错即改,用组织和群众的监督筑起一道拒腐防变的坚固屏障。

(二)落实科学发展观,理清发展思路

科学发展是我们党建设中国特色社会主义的基本要求,清晰的发展思路是搞好我们各项工作的重要前提。镇党委在广泛调查研究和征求各方意见的基础上,确定了××发展的总体思路,即:抓住三大历史机遇,瞄准一个发展目标,推进四项重点工作。即抓住××市成为全国城乡统筹综合配套改革试验区、××建设"承载区、开放城"以及"永一壁一沙"高等级公路规划的重大历史机遇;瞄准打造"绿色边镇,生态××"这个大目标;着力推进镇域基础设施升级、经济产业发展、干部队伍建设、社会事业进步四项重要工作。实践证明,这一思路是清晰的,重点是明确的,为全镇上下统一思想认识,明确目标任务,增添工作措施,激发工作热情起到了良好的作用。

(三)全力推进重点工作,打造××特色和亮点

1. 基础设施上档升级

基础设施建设是新农村建设的重要内容。一年来,我们坚持规划先行,重点推进的原则,大力促使基础设施建设上档升级。一是努力完善"一环四射"交通网络。多方筹资,启动了10公里泥结石路建设,全额引资启动了14公里油路建设;改建了的公路桥梁两座。二是加强了农田水利建设力度。一年来全镇投入资金400余万元,累计投入劳动积累工39万工日。三是完成汽车站、文化服务中心的建设立项。

2. 产业发展特色彰显

结合本镇特点,我们确定了以打造蚕桑、生猪两大特色产业区、打造现代农业示范小区、做大做强优势资源企业为突破口,发展特色产业,打造镇域产业亮点的经济发展思路。一是全力打造"桑—草—兔"产业。2007年全镇完成桑改良2500亩,发蚕种5100张,产茧15万公斤;在桑园中间种牧草1600亩,养兔大户达到50户,出栏肉兔9.6万只。二是着力打造柏岩嘴优质生猪生产基地、食品加工基地。小区面积已达到8000平方米,生猪规模养殖户扩大到25户,新引进良种母猪500余头,出栏生猪3.37万余头,存栏生猪1.7万头。三是规划建设现代农业园区。规划了"万亩现代农业园区"、"现代立体生态养殖小区"。成功引进××腾龙农业发展有限责任公司,流转土地500亩,发展花卉、苗木现代园林园艺种植产业及名优品种中药材种植、加工业;成功引进××品田现代农业公司,利用冬季闲置水田,发展优质菌类种植示范园。四是稳步发展工业经济。充分发挥煤资源优势,进一步整合资源,新建洗选厂1个,投资1480余万元实施企业技改项目5个,做大做强了××实业公司。

3. 加强干部队伍建设,深入为群众服务

结合"干部作风建设年"活动,认真贯彻落实科学发展观,增强服务意识。进一步深化"万张服务热线卡"、"事务代办制"、"四支服务队"三大为民服务新机制,时刻牢记党的宗旨,全心全意为人民服务,将服务作为了党委工作的第一要务。

4. 全力推进社会事业,努力构建和谐××

"着力保障和改善民生"、"推动建设和谐社会"是十七大的重要精神,一年来,镇党委坚持以民为本的理念,全力推进社会事业,努力构建和谐××。一是建立了完善的灾害救助保障体系。制定完善了灾害应急救助预案,在百年不遇的特大洪灾面前,镇党委、政府科学决策,从容应对,未造成一起因灾伤亡事故,努力将灾害降低到了最低限度。二是切实加大了民政救济力度。严格审批、规范管理,实现了低保动态管理,确保了城乡低保公开透明,切实做到了应保尽保;完善了城乡医疗救助保障,以大病医疗救助为主,与农村合作医疗有效衔接,基本实现多种救助形式并存的医疗救助体系。完善了五保供养保障,加强对敬老院和五保家园的建设与管理。三是大力发展教育卫生事业。改扩建了××中学教学楼、宿舍楼、厕所,真正拆并了原××中学;全镇教育质量稳步提高,顺利通过国家普九复查验收。加大对食品安全、医疗市场的整顿;卫生院医疗设备、病房数量质量得到加强;完成了全年儿童顶防免疫接种各项指标任务。

(四)固本强基,基层组织建设切实加强

组织建设是建设社会主义新农村的重要保证。一年来,镇党委积极探索新形势下的新思路、新方法,整体推进基层组织建设。一是强化组织领导。成立了党建工作领导小组,制定并完善党建工作计划,坚持党建带群建,增强党建效果。二是完善目标考核。坚持把党建工作纳入年度工作目标,层层签订责任书,责任到人,加大了工作力度。三是健全工作网络。严格按照法律程序,完成基层党组织换届工作,指导各村(居)换届选举工作,选好配强村(居)两委班子,选出了群众满意的当家人。完善"两新"组织党建工作,规范生猪小区支部工作。班子成员经常深入基层帮助解决实际问题,营造了齐抓共管、共同参与的舆论环境和良好氛围。四是发展壮大队伍。按照"坚持标准,保证质量,改善结构,慎重发展"十六字方针,做好党员发展工作,全年共发展新党员30名,按期转正19名,发展壮大了党员队伍。按民主推荐、公开竞争、组织考查相结合的方法,选拔出德才兼备作风优良的2名正处级、3名副处级后备干部,充实了党的干部队伍。五是加强阵地建设。公共服务中心建设进展顺利,解放村验收合格,福岭村已进入扫尾阶段;党员干部现代远程教育网络在解放村启动。××村、××村、××村、×××村顺利通过"五好村"党支部复查验收;村级管理、党务公开进一步规范。阵地建设成效突出。六是公平任用干部。在镇二级班子选拔任用中,混编选拔、机会公平,竞争上岗,过程公开,择优委任,结果公正,坚持用制度选人,真正使一批思想过硬、素质优秀的人才走上了领导岗位。

三、工作中的不足和新的一年的工作打算

我们虽然在工作中取得了一定的成绩,但是,在前进和发展中仍面临许多困难和问题,主要表现在:在学习的广度和深度上还有待加强,干部业务思想素质有待进一步提高;班子思想上仍需进一步解放,创新力度不够大;工作推进上不够大胆,工作手段上有待突破。

2008年,我镇将认真贯彻党的十七大以及十六届一中全会精神,按照我区建设"承载区、开放城"的奋斗目标,紧扣全区"一三五"战略和"三四五"发展思路,大力弘扬"开拓创新、知难而进、无私奉献、奋勇争先"的××精神,进一步解放思想,开拓进取,加快实施城乡统筹发展战略,全力打造"绿色边镇,生态××",为把我

镇建设成为富裕、文明、和谐的沿边生态产业经济强镇而努力奋斗。

(来源:公文易文秘资源网)

例文是一篇年度集体述职报告,述职代表人为该集体领导。标题写明述职者、述职期限和文种名称,标题之下是述职代表人职务及姓名。正文的开头部分从总体上概述、评价年度工作情况,并以述职报告的开头和主体部分之间常用的过渡性语句"就……工作情况简要汇报如下:"引出下文。主体部分写了三项内容:一是"基本情况"的介绍,这是述职的基础;二是"主要工作情况"的说明,这是整篇报告的核心部分,因而写得比较详细,其中有归纳、有总结,也有实例、有数据;三是指明"工作中的不足",在此基础上明确"新的一年的工作打算"。"工作打算"也即表明做好今后工作的信心和决心之类的内容,通常会为述职报告结尾部分的内容。

述 职 报 告

××大学政治与公共管理学院院长　×××

尊敬的各位领导、各位老师：

我从2002年担任政治与公共管理学院院长至今已近6年，值此学院行政领导班子换届之际，谨向全院教师进行述职。

我理解党政工作的一个重要区别在于：党的工作是着重于管"心"的，而行政工作是着重于管"事"的。因此，我把述职报告的内容重点放在汇报我作为院长在过去6年的行政工作中为本院做了哪些较大而有益的事，又还存在着哪些不足和缺点；同时，因为我是属于所谓"双肩挑"的兼职院长，所以还有必要附带报告一下我作为一名教师在这6年中尽了哪些教师职责。

一、院长工作主要业绩

首先报告院长工作情况。我的院长工作是围绕本学院学科建设来开展的，主要有如下几个方面：

（一）学位点建设

6年中成功申报到了中国哲学、马克思主义基本理论和思想政治教育3个博士点（使本院博士点数量增加到5个），1个哲学博士后流动站，哲学、政治学、公共管理学、管理科学与工程3.5个一级学科硕士学位点，1个MPA专业硕士学位点，以及马克思主义哲学、中国哲学、政治学3个教师专业硕士学位点。

（二）研究生管理

在×副院长未调离我校时，我院的研究生管理工作是由××分管和具体负责的。在××离开本院以来，我是在研究生秘书××老师的得力配合下开展这项工作的。

由于这些年来学位点逐年增多,招生模范也逐年上升,相应地不仅研究生数量激增,而且层次上既有博士生又有硕士生,硕士生的类别既有普通生又有特殊生,专业特殊生类别既有普通专业学位研究生,又有教师专业学位研究生,所有这些,既增加了相关管理工作量,也给这方面的工作增添了一定难度,同时,这项工作本该由一位副院长单独分管负责,我在本职工作之外兼管这项工作,使我的院长工作负荷与难度都大大增加了,因此,老实说,近年来在研究生管理工作方面我无所建树,只是在×老师的有力配合下认真而努力地做好日常工作,而且主要是×老师在辛苦出力,为此,非常感谢×老师辛勤而高效的研究生秘书工作。

(三)科研和学术管理

6年中,我院科研成果在全校文科中年年名列前茅,特别是2006年科研总积分达到37196分,较上年增长7964分,位居全校文科学院之首。争取到的国家级科研项目在全校文科中年年名列前茅,2007年争取到五项,名列全校文科学院之首。2008年争取到三项,位居全校文科学院之亚。在权威核心期刊发表的论文在全校文科类学院中也是年年名列前茅。

2006年,马克思主义哲学再次成为省级重点学科并升格为国家重点学科培育点,政治学理论再次成为省级重点学科,中国哲学首次成为省级重点学科。

6年中,我院承办了多次重要学术会议,特别是2006年江苏省"社会和谐的制度与文化建设"学术研讨会和"首届长三角中国哲学论坛"。

(四)人事管理工作

我所主管的学院人事管理工作,主要是围绕学科建议而开展师资队伍建设,特别是引进新的师资力量,在这方面我做了很多努力,使这些年来的师资新生力量大有增长,仅2006年,就从北京大学、复旦大学、武汉大学、南京大学等国内著名重点大学顺利引进了12位青年博士(均在35岁左右)和2名具有相当学术知名度的年轻教授。由于大家所知道和能理解的原因,近年来放慢了师资引进速度。

二、教师工作主要业绩

(一)教学工作情况

6年中,前4年里仍一直承担1门本科生课程《马克思主义哲学原理》,后因考虑到要集中精力做好教育部对本校的本科教学水平评估工作而中断至今。

6年中,承担了先秦汉魏哲学、明清哲学、西方文化概论3门硕士研究生课程,并与其他有关老师合作承担了中国哲学、道家与道教、哲学前沿3门博士研究生课程。

6年中,每年招收硕士研究生2—5名,2004年担任博士研究生导师以来,每年招收博士生1—2名。

(二)科研工作情况

6年中,平均每年发表学术论文三篇左右,其中分别在《哲学研究》和《中国哲学史》发表各一篇,其他论文中分别被《中国社会科学文摘》《新华文摘》转载共四篇(次)。

承担并完成国家社科基金项目一项:"顾炎武思想研究"。

出版学术著作二部:《×××××××》(江苏人民出版社,2005)和《××××××》(中国大百科全书出版社,2006)。

获学术奖三项:专著《×××××××》获2002年××省高校人文社会科学优秀成果二等奖;论文《×××××××》获2006年××省哲学社会科学界学术大会优秀论文奖(最高奖);专著《××××××》获2007年××省哲学社会科学优秀成果三等奖。

三、自我反思

大凡做事,总要用心。我反思自己的院长工作,自认为主要有两个方面的指导思想：

一是努力为全体教师服务，因为我是一名共产党员，为人民服务是共产党员的本分。

二是"天下兴亡，匹夫有责"，因为我从1989年以来一直主要从事顾炎武研究，深受其思想的影响。我对顾炎武这句话的理解是：身为儒家君子，既要有"匹夫之贱"的自知之明，又不忘记自己虽不过为贱夫一个，却也有责于天下兴亡。

在领导工作方法上，我自认为自己的工作方法理念可以概括为"厚德载物"。我认为，领导干部无论级别高低，他所应当具备的最基本的素质，就是能够包容并且一视同仁地尊重和对待在他领导之下的一切人，包括与自己的性情、观点、利益等方面存着很大差异的人。自担任院长以来，我一直在努力地实践着"厚德载物"的精神，尽管在实际上做得不尽如人意。

另外，我所努力坚持的领导工作的基本原则：一是不在其位，不谋其政；在其位，必谋其政；二是公道行事，让上级领导放心，特别是让本单位的教职员工放心，至少不能让群众因我当院长而感到有一种工作上的或利益上的不安全感。自从担任院长以来，我始终信奉这两个领导原则，并且可以负责任地说，我从未做过争名夺利或争权夺利的事，也从未做过结党营私的勾当，只是尽自己的力量做让广大老师放心和高兴的事，虽然实际效果不一定如我所愿和令大家满意。

我反省自己工作中的缺点和不足，主要在于，有时讲话过于率直、率性，工作方法也比较简单，由此可能会引起一些老师的误解或误会，更可能伤了有关当事老师的心，为此我深表歉意。我深感自己行政领导工作的实际能力与水平非常有限，真诚期待上级领导和各位老师对我当院长以来的工作予以严格审查和严肃批评。

四、致谢

最后,借此机会,我要表达我的衷心谢意。

我六年来的院长工作所取得的一些积极成果,是在上级领导的关心、领导和支持下,在与院领导班子其他成员和谐愉快的合作中,以及在各系领导和教师积极热情和强有力的支持与配合下才达成的,为此,我由衷感谢上级领导和全院教职员工,特别感谢院领导班子其他成员尤其是前任院党委书记×××同志和现任党委书记×××同志对我院长工作的指导和大力支持,还特别感谢直接配合我工作的研究生秘书×××老师、科研秘书××老师、人事秘书×××老师和 MPA 秘书××老师,如果没有他们认真负责的工作态度和卓有成效的秘书工作,我作为院长所主持和分管的领导工作是根本无法顺利开展的;另外,要特别感谢在其本职工作之外或之余曾经对我的工作予以大力支持与配合的各位老师。

例文是某大学下属学院院长在任职期满时发表的述职报告。标题比较简单,只标明文种。正文的开头部分主要说明情况,综述根据自己对工作职责的理解及特定的身份所确定的述职内容,言简意明;主体部分共有四个项目,归结起来写了三个方面的内容:首先是任期内工作业绩的如实反映,其中包括院长工作业绩和教师工作业绩两项内容,前者又细化为职责内的各项工作情况,后者则细化为教学和科研两个方面,可谓条分缕细,全面具体。其次是对工作的指导思想、基本原则以及不足之处的剖析,写得比较实际、中肯。最后是谢意的表达,这应当算是整篇报告的一个结尾。例文是述职人在任职期满时发表的报告,所以是以致谢为结语的。表明改进工作的决心,明确今后努力的方向,则是任期内发表的阶段性个人述职报告的结尾部分常写的内容。

(六) 法规与规章

1. 章　　程

上海证券交易所章程

第一章　总　　则

第一条　为了完善证券交易制度,加强证券市场的管理,促进我国证券事业的发展,维护国家、企业和社会公众的合法权益,特设立本所。

第二条　本所为会员制、非盈利性的事业法人。

第三条　本所接受国家证券主管机关中国人民银行的领导、管理和有关部门的监督。

第四条　本所及交易市场设在上海市。

第五条　本所公告登载于公开发行的报章。

第二章　注册资金

第六条　本所注册资金为一千万元人民币。

第三章　业　　务

第七条　本所办理下列业务：
一、提供证券集中交易的场所；
二、管理上市证券的买卖；
三、办理上市证券交易的清算交割；
四、提供上市证券的过户和集中保管服务；

五、提供证券市场的信息服务；

六、中国人民银行许可或委托的其他业务。

第四章　会　　员

第八条　同时具备下列条件的法人，向本所提出申请，经本所批准并报中国人民银行上海市分行核准后，可成为本所的会员。

一、经中国人民银行及其一级分行批准设立，可经营证券业务的上海市的金融机构；非上海市的金融机构要申请成为会员，最终要报中国人民银行总行批准。

二、资本金在一百万元人民币以上；

三、证券经营连续盈利二年以上；

四、组织机构和业务人员符合中国人民银行规定的条件；

五、承认本所章程，交纳不低于十五万元人民币的会员席位费。

第九条　本所会员具有下列权利：

一、有权参加会员大会；

二、有对本所理事会和监事会的选举权和被选举权；

三、有对本所事务的提议权和表决权；

四、有权参加本所的场内交易，享受本所提供的服务；

五、有权对本所事务和其他会员的活动进行监督；

六、有权退让会员席位。

第十条　本所会员具有下列义务：

一、保证严格执行国家的有关法律制度，确保不进行任何违法经营活动。

二、遵守本所章程，自觉执行本所的决议和各项规章制度；

三、派遣合格的代表入场从事证券交易活动；

四、以维护投资者合法利益为根本宗旨，与投资者一道共同促进交易市场的稳定与繁荣；

五、按规定交纳各项经费和提供有关信息资料；

六、接受本所的日常管理和监督。

第十一条　对不履行义务的会员,本所有权根据情节的轻重给予下列处分：

一、口头警告；

二、罚款；

三、书面通报；

四、暂停参加场内交易；

五、开除会籍。

第五章　会员大会

第十二条　会员大会是本所的最高权力机构。

第十三条　会员大会每年召开一次,须由三分之二以上的会员出席。在会员大会闭会期间,经理事会或三分之二以上的会员提议,可召开会员大会的特别会议。

第十四条　会员大会行使下列职权：

一、制定、修改或废除本所章程；

二、选举和罢免理事会、监事会成员；

三、审查理事会、监事会和总经理的工作报告；

四、审查财务预、决算报告；

五、审查对会员开除会籍的处分；

六、其他必须由会员大会审查的重大事项。

第十五条　会员大会由理事会召集,主席由理事长担任,理事长缺席时,由副理事长担任。

第十六条　会员向会员大会提交议案,至少需由五名会员联名提出,方可付诸审议。

第十七条　会员大会的决定事项以出席会员三分之二以上表决同意后,始得通过。表决采取无记名方式,每一会员一票。

第六章 理 事 会

第十八条 本所设理事会,为会员大会日常事务决策机构,向会员大会负责。

第十九条 理事会的职责如下:

一、执行会员大会决议;

二、根据总经理提名,批准新会员加入本所的申请;

三、聘任总经理和根据总经理提名聘任副总经理等高级职员,并报经中国人民银行核准;

四、审定和监督总经理制订的业务规章和工作计划;

五、审定总经理提出的财务预算、决算方案;

六、审定对会员开除会籍以下的处分;

七、会员大会授予的其他职权。

第二十条 本所理事会由理事九人组成,其中会员理事六人,由会员大会从会员的法定代表人或出席会员大会的代表中选举产生,每年轮换二人;非会员理事三人,由中国人民银行上海市分行提名,经会员大会选举后产生,任期三年。会员理事、非会员理事均可连选连任。

第二十一条 本所理事会设理事长一人,副理事长一人。理事长由非会员理事担任,任期三年,由中国人民银行上海市分行提名,理事会选举并报中国人民银行总行核准。副理事长由会员理事担任,任期一年,由理事会选举产生。

第二十二条 本所理事会设常务理事三人,由理事长、副理事长、总经理担任,在理事会休会期间,代表理事会行使职权。

第二十三条 理事会的工作由理事长主持,理事长因故不能执行职务时,由常务理事代行其职责。

第二十四条 理事会每季召开一次例会。遇特殊情况,可由理事长决定召开特别会议。

第七章 总 经 理

第二十五条 本所设总经理一人,为本所的法定代表人和当然常务理事;设副总经理若干人,协助总经理工作。总经理、副总经理由中国人民银行上海市分行提名,总行核准,理事会聘任,任期三年,可以连任。

第二十六条 总经理的职责如下:
一、组织实施会员大会和理事会决议,并向其报告工作;
二、主持本所的日常业务和行政工作;
三、提名副总经理和聘任本所部门负责人;
四、代表本所对外处理有关事务。

第二十七条 本所根据业务需要,设立若干职能部门,在总经理领导下进行工作。

第八章 监 事 会

第二十八条 本所设监事会,监督本所的财务、业务工作,向会员大会负责。

第二十九条 监事会由监事四人组成,其中会员监事二人,非会员监事二人,任期三年,可以连选连任。会员监事由会员大会从会员的法定代表人或出席会员大会的代表中选举产生;非会员监事二人,分别由中国人民银行上海市分行和上海市财政局提名,经会员大会选举后产生。

第三十条 本所监事会设监事长一人,副监事长一人,由中国人民银行上海市分行指定非会员监事担任。

第三十一条 监事会的职权如下:
一、列席理事会会议,对理事会决定可提出异议,要求复议;
二、审查年度决算报告,检查本所财务状况;
三、监察本所业务。

第九章　财务与会计

第三十二条　本所根据国家有关法律和财务会计制度的规定,制定本所财务与会计制度,由上海市财政局审核后,报财政部批准。

第三十三条　本所按国家有关规定,向证券主管机关和有关部门报送经会计师事务所注册会计师查核鉴证的年度财务报告书。

第三十四条　本所按照国家有关法律、法规进行财务年度决算。

第十章　解　　散

第三十五条　本所如遇下列情况予以解散：
一、因变不符国家所规定的设立条件；
二、会员大会决议自行解散；
三、遇有不可抗拒之事故发生,致使无法正常运转。

第十一章　附　　则

第三十六条　有关本所业务、行政、经费等方面的事宜,另行制定规则。

第三十七条　本章程如有未尽事宜,依照国家有关法律、法规办理。

第三十八条　本章程的解释权属于本所理事会。

第三十九条　本章程经会员大会通过,报请中国人民银行批准后实施,修改时亦同。

一九九〇年八月

这是一篇在机构的申办和经营的各个环节中都起着重要作用的机构章程。标题是由机构名称和文种名称两个要素构成的,这是章程标题的常见写法。正文采用章程惯用的"章断条连"式写法,逐章逐条地写明各有关事项。具体地说,第一章"总则"相当于开头部分,主要用以明确设立机构的宗旨、目的及该机构的性质、住所等有关事宜;第二章至第十章为"分则",是整个章程的主体部分,主要写明注册资金数额、业务范围、会员资格及其权利和义务、各种机构和职务设置、议事规则、财务与会计制度、解散事由等具体事项;第十一章"附则"相当于结尾部分,主要用以明确其他相关事宜的处理办法及本章程的解释权属和实施程序。

严格地说,这篇章程应当算是财经文书,所载明的事项同纯粹属于事务文书的章程还是有一些区别的,不过,二者的结构和写法是基本相同的。

北京大学招生章程

第一章 总 则

第一条 为了保证北京大学普通本科招生工作的顺利进行,规范招生行为,维护考生合法权益,依照教育部普通高等学校招生工作规定,特制定本章程。

第二条 北京大学招生工作遵循"公平竞争、公正选拔、公开程序,德智体全面考核、综合评价、择优录取"的原则。

第三条 北京大学招生工作接受纪检监察部门、新闻媒体、考生及其家长以及社会各界的监督。

第二章 组织机构和人员

第四条 北京大学设立招生委员会,负责制定招生章程、招生战略、招生政策,确定招生规模和调整学科招生计划,讨论决定招生重大事宜。招生委员会由主管校领导、学科专家及相关部门负责人组成。主任由主管校长担任。

第五条 北京大学招生办公室是北京大学组织和实施招生工作的常设机构,具体负责普通本科招生的日常工作。授权北京大学医学部招生办公室具体负责医学部招生的有关事务。

第六条 北京大学招生办公室根据需要组建赴各省(自治区、直辖市)招生工作组,负责该地区招生宣传和咨询,并协助招生办公室进行招生录取。招生工作组组长由北京大学聘任。

第七条 北京大学设立招生工作监督领导小组,监督办公室设在纪委监察室,对招生工作实施监督。

第三章 录 取

第八条 北京大学执行教育部规定的"学校负责,招办监督"的录取体制,在教育部领导下,由各省(自治区、直辖市)招生委员会统一组织录取。

第九条 北京大学按照理工类、文史类和医学类分代码(分类)录取。

第十条 北京大学根据各省(自治区、直辖市)生源情况确定提档比例,提档比例一般控制在招生计划的120%以内。

第十一条 在思想政治品德考核和身体健康状况检查合格、统考成绩达到同批录取控制分数线,符合北京大学提档要求的情况下,北京大学依据考生志愿,从高分到低分的顺序录取,单科成绩原则上应达到及格水平。

第十二条 北京大学在各省(自治区、直辖市)专业录取时设定专业志愿级差,专业志愿级差原则上在5分以内,同时参考相关科目成绩。

第十三条 北京大学在提档时原则上认可教育部和各省(自治区、直辖市)教育主管部门规定的政策性加分。但同一考生如符合多项加分条件,只取其中最高一项分值,且加分不得超过20分。经北京大学认定且各级公示合格的各类招生候选人,其降分标准以认定协议为准。

第十四条 属提前批录取的非通用语种考生,按投档分提档,按实考分录取专业,专业志愿间不设级差,不调剂,录满为止,实考分未达到所报专业录取分数的考生予以退档。

第十五条 在第一志愿生源不足的情况下,北京大学接收非第一志愿考生,其分数应不低于已投档的第一志愿考生的平均分。

第十六条　若在北京大学本科第一批次同科类投档分数线上不能完成定向专业招生计划,则可在北京大学本科第一批次同科类投档分数线下20分以内调档,择优录取;若仍无法满足计划要求,则调剂到其他地区招收定向生,或就地转为非定向计划执行。

第十七条　北京大学在部分地区对部分专业实行只录取有专业志愿考生的政策,若录取线上有专业志愿生源不足,则可在录取线下20分以内顺次录取有专业志愿的考生,录满为止。该类专业以当年招生政策公布为准。

第十八条　北京大学对肢体残障的考生,若其生活能够自理、符合所报专业要求,且高考成绩达到取标准,则予正常录取。

第四章　附　　则

第十九条　北京大学根据本校办学条件等实际情况,统筹考虑各省高考人数、生源质量、区域协调发展等因素,结合近年来本校来源计划编制情况,综合分析,确定本校来源计划编制原则和办法。

第二十条　北京大学对保送生、自主招生、非通用语种、特长生、国防生(含飞行国防生)、定向生、"国家扶贫定向招生专项计划"等招生事宜,依据教育部有关规定和本校的招生简章执行。

第二十一条　北京大学外语类专业只招收英语语种考生。

第二十二条　北京大学招生计划、收费标准、专业报考要求等信息通过各省级招生主管部门公布。

第二十三条　北京大学医学部根据本章程及医学专业的特点制定医学类专业的招生实施细则。

第二十四条　本章程公布后,如遇部分省份高考招生政策调整,则北京大学将根据当地相关政策制定相应的录取政策,并另行公布。

第二十五条　本章程于2002年4月23日由北京大学第454次校长办公会讨论通过,自通过之日起执行,后逐年修订,由北京大学招生办公室负责解释。

附:北京大学是中国第一所国立综合性大学,国家最高学府,办学类型为国家公办全日制普通高等学校,颁发北京大学普通本科学历证书和学士学位证书。

学校地址:北京市海淀区颐和园路5号(邮编100871)

招生咨询电话(略)

招生传真(略)

电子信箱(略)

北大招生网(略)

北京大学招生办公室

例文是对一项重要工作的基本原则、组织机构和主要规程等做出规定的章程,这种工作章程过去用得不多,但现在常能看到,由此可见,各类文书的用途和使用范围也会在应用中发生变化。以规章的形式对工作事项做出规定,应当说,是非常有利于加强工作的规范性的。

例文的标题是由单位、内容(或称事由)加文种构成的,这同前面一篇例文标题的写法有些不同。正文则同样采用"章断条连"式写法,逐条对规定事项进行说明。第一章"总则"主要申明制定该章程的目的、基本工作原则、监督办法等关联事项,这是开头部分;第二章和第三章是章程的主体部分,需要人们了解并在工作中予以施行的事项均在此写明,有关程序、条件和办法都规定得非常明确;第四章"附则"对相关未尽事宜及该章程的通过、实施时间和修订、解释办法等加以阐释,这是结尾部分。为便于开展工作,正文的后面还附有学校性质和联系方式等内容。

2. 条 例

乳品质量安全监督管理条例

(2008年10月9日公布、施行)

第一章 总 则

第一条 为了加强乳品质量安全监督管理,保证乳品质量安全,保障公众身体健康和生命安全,促进奶业健康发展,制定本条例。

第二条 本条例所称乳品,是指生鲜乳和乳制品。

乳品质量安全监督管理适用本条例;法律对乳品质量安全监督管理另有规定的,从其规定。

第三条 奶畜养殖者、生鲜乳收购者、乳制品生产企业和销售者对其生产、收购、运输、销售的乳品质量安全负责,是乳品质量安全的第一责任者。

第四条 县级以上地方人民政府对本行政区域内的乳品质量安全监督管理负总责。

县级以上人民政府畜牧兽医主管部门负责奶畜饲养以及生鲜乳生产环节、收购环节的监督管理。县级以上质量监督检验检疫部门负责乳制品生产环节和乳品进出口环节的监督管理。县级以上工商行政管理部门负责乳制品销售环节的监督管理。县级以上食品药品监督部门负责乳制品餐饮服务环节的监督管理。县级以上人民政府卫生主管部门依照职权负责乳品质量安全监督管理的综合协调、组织查处食品安全重大事故。县级以上人民政府其他有关部门在各自职责范围内负责乳品质量安全监督管理的其他工作。

第五条　发生乳品质量安全事故,应当依照有关法律、行政法规的规定及时报告、处理;造成严重后果或者恶劣影响的,对有关人民政府、有关部门负有领导责任的负责人依法追究责任。

第六条　生鲜乳和乳制品应当符合乳品质量安全国家标准。乳品质量安全国家标准由国务院卫生主管部门组织制定,并根据风险监测和风险评估的结果及时组织修订。

乳品质量安全国家标准应当包括乳品中的致病性微生物、农药残留、兽药残留、重金属以及其他危害人体健康物质的限量规定,乳品生产经营过程的卫生要求,通用的乳品检验方法与规程,与乳品安全有关的质量要求,以及其他需要制定为乳品质量安全国家标准的内容。

制定婴幼儿奶粉的质量安全国家标准应当充分考虑婴幼儿身体特点和生长发育需要,保证婴幼儿生长发育所需的营养成分。

国务院卫生主管部门应当根据疾病信息和监督管理部门的监督管理信息等,对发现添加或者可能添加到乳品中的非食品用化学物质和其他可能危害人体健康的物质,立即组织进行风险评估,采取相应的监测、检测和监督措施。

第七条　禁止在生鲜乳生产、收购、贮存、运输、销售过程中添加任何物质。

禁止在乳制品生产过程中添加非食品用化学物质或者其他可能危害人体健康的物质。

第八条　国务院畜牧兽医主管部门会同国务院发展改革部门、工业和信息化部门、商务部门,制定全国奶业发展规划,加强奶源基地建设,完善服务体系,促进奶业健康发展。

县级以上地方人民政府应当根据全国奶业发展规划,合理确定本行政区域内奶畜养殖规模,科学安排生鲜乳的生产、收购布局。

第九条 有关行业协会应当加强行业自律,推动行业诚信建设,引导、规范奶畜养殖者、生鲜乳收购者、乳制品生产企业和销售者依法生产经营。

第二章 奶畜养殖

第十条 国家采取有效措施,鼓励、引导、扶持奶畜养殖者提高生鲜乳质量安全水平。省级以上人民政府应当在本级财政预算内安排支持奶业发展资金,并鼓励对奶畜养殖者、奶农专业生产合作社等给予信贷支持。

国家建立奶畜政策性保险制度,对参保奶畜养殖者给予保费补助。

第十一条 畜牧兽医技术推广机构应当向奶畜养殖者提供养殖技术培训、良种推广、疫病防治等服务。

国家鼓励乳制品生产企业和其他相关生产经营者为奶畜养殖者提供所需的服务。

第十二条 设立奶畜养殖场、养殖小区应当具备下列条件:

(一)符合所在地人民政府确定的本行政区域奶畜养殖规模;

(二)有与其养殖规模相适应的场所和配套设施;

(三)有为其服务的畜牧兽医技术人员;

(四)具备法律、行政法规和国务院畜牧兽医主管部门规定的防疫条件;

(五)有对奶畜粪便、废水和其他固体废物进行综合利用的沼气池等设施或者其他无害化处理设施;

(六)有生鲜乳生产、销售、运输管理制度;

(七)法律、行政法规规定的其他条件。

奶畜养殖场、养殖小区开办者应当将养殖场、养殖小区的名称、养殖地址、奶畜品种和养殖规模向养殖场、养殖小区所在地县级人民政府畜牧兽医主管部门备案。

第十三条 奶畜养殖场应当建立养殖档案,载明以下内容:
（一）奶畜的品种、数量、繁殖记录、标识情况、来源和进出场日期;
（二）饲料、饲料添加剂、兽药等投入品的来源、名称、使用对象、时间和用量;
（三）检疫、免疫、消毒情况;
（四）奶畜发病、死亡和无害化处理情况;
（五）生鲜乳生产、检测、销售情况;
（六）国务院畜牧兽医主管部门规定的其他内容。

奶畜养殖小区开办者应当逐步建立养殖档案。

第十四条 从事奶畜养殖,不得使用国家禁用的饲料、饲料添加剂、兽药以及其他对动物和人体具有直接或者潜在危害的物质。

禁止销售在规定用药期和休药期内的奶畜产的生鲜乳。

第十五条 奶畜养殖者应当确保奶畜符合国务院畜牧兽医主管部门规定的健康标准,并确保奶畜接受强制免疫。

动物疫病预防控制机构应当对奶畜的健康情况进行定期检测;经检测不符合健康标准的,应当立即隔离、治疗或者做无害化处理。

第十六条 奶畜养殖者应当做好奶畜和养殖场所的动物防疫工作,发现奶畜染疫或者疑似染疫的,应当立即报告,停止生鲜乳生产,并采取隔离等控制措施,防止疫病扩散。

奶畜养殖者对奶畜养殖过程中的排泄物、废弃物应当及时清运、处理。

第十七条 奶畜养殖者应当遵守国务院畜牧兽医主管部门制定的生鲜乳生产技术规程。直接从事挤奶工作的人员应当持有有效的健康证明。

奶畜养殖者对挤奶设施、生鲜乳贮存设施等应当及时清洗、消毒,避免对生鲜乳造成污染。

第十八条　生鲜乳应当冷藏。超过 2 小时未冷藏的生鲜乳，不得销售。

第三章　生鲜乳收购

第十九条　省、自治区、直辖市人民政府畜牧兽医主管部门应当根据当地奶源分布情况，按照方便奶畜养殖者、促进规模化养殖的原则，对生鲜乳收购站的建设进行科学规划和合理布局。必要时，可以实行生鲜乳集中定点收购。

国家鼓励乳制品生产企业按照规划布局，自行建设生鲜乳收购站或者收购原有生鲜乳收购站。

第二十条　生鲜乳收购站应当由取得工商登记的乳制品生产企业、奶畜养殖场、奶农专业生产合作社开办，并具备下列条件，取得所在地县级人民政府畜牧兽医主管部门颁发的生鲜乳收购许可证：

（一）符合生鲜乳收购站建设规划布局；

（二）有符合环保和卫生要求的收购场所；

（三）有与收奶量相适应的冷却、冷藏、保鲜设施和低温运输设备；

（四）有与检测项目相适应的化验、计量、检测仪器设备；

（五）有经培训合格并持有有效健康证明的从业人员；

（六）有卫生管理和质量安全保障制度。

生鲜乳收购许可证有效期 2 年；生鲜乳收购站不再办理工商登记。

禁止其他单位或者个人开办生鲜乳收购站。禁止其他单位或者个人收购生鲜乳。

国家对生鲜乳收购站给予扶持和补贴，提高其机械化挤奶和生鲜乳冷藏运输能力。

第二十一条　生鲜乳收购站应当及时对挤奶设施、生鲜乳贮存运输设施等进行清洗、消毒,避免对生鲜乳造成污染。

生鲜乳收购站应当按照乳品质量安全国家标准对收购的生鲜乳进行常规检测。检测费用不得向奶畜养殖者收取。

生鲜乳收购站应当保持生鲜乳的质量。

第二十二条 生鲜乳收购站应当建立生鲜乳收购、销售和检测记录。生鲜乳收购、销售和检测记录应当包括畜主姓名、单次收购量、生鲜乳检测结果、销售去向等内容,并保存2年。

第二十三条 县级以上地方人民政府价格主管部门应当加强对生鲜乳价格的监控和通报,及时发布市场供求信息和价格信息。必要时,县级以上地方人民政府建立由价格、畜牧兽医等部门以及行业协会、乳制品生产企业、生鲜乳收购者、奶畜养殖者代表组成的生鲜乳价格协调委员会,确定生鲜乳交易参考价格,供购销双方签订合同时参考。

生鲜乳购销双方应当签订书面合同。生鲜乳购销合同示范文本由国务院畜牧兽医主管部门会同国务院工商行政管理部门制定并公布。

第二十四条 禁止收购下列生鲜乳:

(一)经检测不符合健康标准或者未经检疫合格的奶畜产的;

(二)奶畜产犊7日内的初乳,但以初乳为原料从事乳制品生产的除外;

(三)在规定用药期和休药期内的奶畜产的;

(四)其他不符合乳品质量安全国家标准的。

对前款规定的生鲜乳,经检测无误后,应当予以销毁或者采取其他无害化处理措施。

第二十五条 贮存生鲜乳的容器,应当符合国家有关卫生标准,在挤奶后2小时内应当降温至0—4℃。

生鲜乳运输车辆应当取得所在地县级人民政府畜牧兽医主管部门核发的生鲜乳准运证明,并随车携带生鲜乳交接单。交接单应当载明生鲜乳收购站的名称、生鲜乳数量、交接时间,并由生鲜乳收购站经手人、押运员、司机、收奶员签字。

生鲜乳交接单一式两份,分别由生鲜乳收购站和乳品生产者保存,保存时间2年。准运证明和交接单式样由省、自治区、直辖市人民政府畜牧兽医主管部门制定。

第二十六条 县级以上人民政府应当加强生鲜乳质量安全监测体系建设,配备相应的人员和设备,确保监测能力与监测任务相适应。

第二十七条 县级以上人民政府畜牧兽医主管部门应当加强生鲜乳质量安全监测工作,制定并组织实施生鲜乳质量安全监测计划,对生鲜乳进行监督抽查,并按照法定权限及时公布监督抽查结果。

监测抽查不得向被抽查人收取任何费用,所需费用由同级财政列支。

第四章 乳制品生产

第二十八条 从事乳制品生产活动,应当具备下列条件,取得所在地质量监督部门颁发的食品生产许可证:

(一)符合国家奶业产业政策;

(二)厂房的选址和设计符合国家有关规定;

(三)有与所生产的乳制品品种和数量相适应的生产、包装和检测设备;

(四)有相应的专业技术人员和质量检验人员;

(五)有符合环保要求的废水、废气、垃圾等污染物的处理设施;

(六)有经培训合格并持有有效健康证明的从业人员;

(七)法律、行政法规规定的其他条件。

质量监督部门对乳制品生产企业颁发食品生产许可证,应当征求所在地工业行业管理部门的意见。

未取得食品生产许可证的任何单位和个人,不得从事乳制品生产。

第二十九条 乳制品生产企业应当建立质量管理制度,采取质量安全管理措施,对乳制品生产实施从原料进厂到成品出厂的全过程质量控制,保证产品质量安全。

第三十条 乳制品生产企业应当符合良好生产规范要求。国家鼓励乳制品生产企业实施危害分析与关键控制点体系,提高乳制品安全管理水平。生产婴幼儿奶粉的企业应当实施危害分析与关键控制点体系。

对通过良好生产规范、危害分析与关键控制点体系认证的乳制品生产企业,认证机构应当依法实施跟踪调查;对不再符合认证要求的企业,应当依法撤销认证,并及时向有关主管部门报告。

第三十一条 乳制品生产企业应当建立生鲜乳进货查验制度,逐批检测收购的生鲜乳,如实记录质量检测情况、供货者的名称以及联系方式、进货日期等内容,并查验运输车辆生鲜乳交接单。查验记录和生鲜乳交接单应当保存2年。乳制品生产企业不得向未取得生鲜乳收购许可证的单位和个人购进生鲜乳。

乳制品生产企业不得购进兽药等化学物质残留超标,或者含有重金属等有毒有害物质、致病性的寄生虫和微生物、生物毒素以及其他不符合乳品质量安全国家标准的生鲜乳。

第三十二条 生产乳制品使用的生鲜乳、辅料、添加剂等,应当符合法律、行政法规的规定和乳品质量安全国家标准。

生产的乳制品应当经过巴氏杀菌、高温杀菌、超高温杀菌或者其他有效方式杀菌。

生产发酵乳制品的菌种应当纯良、无害,定期鉴定,防止杂菌污染。

生产婴幼儿奶粉应当保证婴幼儿生长发育所需的营养成分,

不得添加任何可能危害婴幼儿身体健康和生长发育的物质。

第三十三条 乳制品的包装应当有标签。标签应当如实标明产品名称、规格、净含量、生产日期,成分或者配料表,生产企业的名称、地址、联系方式,保质期,产品标准代号,贮存条件,所使用的食品添加剂的化学通用名称,食品生产许可证编号,法律、行政法规或者乳品质量安全国家标准规定必须标明的其他事项。

使用奶粉、黄油、乳清粉等原料加工的液态奶,应当在包装上注明;使用复原乳作为原料生产液态奶的,应当标明"复原乳"字样,并在产品配料中如实标明复原乳所含原料及比例。

婴幼儿奶粉标签还应当标明主要营养成分及其含量,详细说明使用方法和注意事项。

第三十四条 出厂的乳制品应当符合乳品质量安全国家标准。

乳制品生产企业应当对出厂的乳制品逐批检验,并保存检验报告,留取样品。检验内容应当包括乳制品的感官指标、理化指标、卫生指标和乳制品中使用的添加剂、稳定剂以及酸奶中使用的菌种等;婴幼儿奶粉在出厂前还应当检测营养成分。对检验合格的乳制品应当标识检验合格证号;检验不合格的不得出厂。检验报告应当保存2年。

第三十五条 乳制品生产企业应当如实记录销售的乳制品名称、数量、生产日期、生产批号、检验合格证号、购货者名称及其联系方式、销售日期等。

第三十六条 乳制品生产企业发现其生产的乳制品不符合乳品质量安全国家标准、存在危害人体健康和生命安全危险或者可能危害婴幼儿身体健康或者生长发育的,应当立即停止生产,报告有关主管部门,告知销售者、消费者,召回已经出厂、上市销售的乳制品,并记录召回情况。

乳制品生产企业对召回的乳制品应当采取销毁、无害化处理等措施,防止其再次流入市场。

第五章 乳制品销售(略)

第六章 监督检查(略)

第七章 法律责任

第五十四条 生鲜乳收购者、乳制品生产企业在生鲜乳收购、乳制品生产过程中,加入非食品用化学物质或者其他可能危害人体健康的物质,依照《刑法》第一百四十四条的规定,构成犯罪的,依法追究刑事责任,并由发证机关吊销许可证照;尚不构成犯罪的,由畜牧兽医主管部门、质量监督部门依据各自职责没收违法所得和违法生产的乳品,以及相关的工具、设备等物品,并处违法乳品货值金额15倍以上30倍以下罚款,由发证机关吊销许可证照。

第五十五条 生产、销售不符合乳品质量安全国家标准的乳品,依照《刑法》第一百四十三条的规定,构成犯罪的,依法追究刑事责任,并由发证机关吊销许可证照;尚不构成犯罪的,由畜牧兽医主管部门、质量监督部门、工商行政管理部门依据各自职责没收违法所得、违法乳品和相关的工具、设备等物品,并处违法乳品货值金额10倍以上20倍以下罚款,由发证机关吊销许可证照。

第五十六条 乳制品生产企业违反本条例第三十六条的规定,对不符合乳品质量安全国家标准、存在危害人体健康和生命安全或者可能危害婴幼儿身体健康和生长发育的乳制品,不停止生产、不召回的,由质量监督部门责令停止生产、召回;拒不停止生产、拒不召回的,没收其违法所得、违法乳制品和相关的工具、设备等物品,并处违法乳制品货值金额15倍以上30倍以下罚款,由发证机关吊销许可证照。

第五十七条 乳制品销售者违反本条例第四十二条的规定,

对不符合乳品质量安全国家标准、存在危害人体健康和生命安全或者可能危害婴幼儿身体健康和生长发育的乳制品,不停止销售、不追回的,由工商行政管理部门责令停止销售、追回;拒不停止销售、拒不追回的,没收其违法所得、违法乳制品和相关的工具、设备等物品,并处违法乳制品货值金额15倍以上30倍以下罚款,由发证机关吊销许可证照。

第五十八条 违反本条例规定,在婴幼儿奶粉生产过程中,加入非食品用化学物质或其他可能危害人体健康的物质的,或者生产、销售的婴幼儿奶粉营养成分不足、不符合乳品质量安全国家标准的,依照本条例规定,从重处罚。

第五十九条 奶畜养殖者、生鲜乳收购者、乳制品生产企业和销售者在发生乳品质量安全事故后未报告、处置的,由畜牧兽医、质量监督、工商行政管理、食品药品监督等部门依据各自职责,责令改正,给予警告;毁灭有关证据的,责令停产停业,并处10万元以上20万元以下罚款;造成严重后果的,由发证机关吊销许可证照;构成犯罪的,依法追究刑事责任。

第六十条 有下列情形之一的,由县级以上地方人民政府畜牧兽医主管部门没收违法所得、违法收购的生鲜乳和相关的设备、设施等物品,并处违法乳品货值金额5倍以上10倍以下罚款;有许可证照的,由发证机关吊销许可证照:

(一)未取得生鲜乳收购许可证收购生鲜乳的;

(二)生鲜乳收购站取得生鲜乳收购许可证后,不再符合许可条件继续从事生鲜乳收购的;

(三)《生鲜乳收购站收购本条例》第二十四条规定禁止收购的生鲜乳的。

第六十一条 乳制品生产企业和销售者未取得许可证,或者取得许可证后不按照法定条件、法定要求从事生产销售活动的,由县级以上地方质量监督部门、工商行政管理部门依照《国务院关于加强食品等产品安全监督管理的特别规定》等法律、行政法规的规定处罚。

第六十二条　畜牧兽医、卫生、质量监督、工商行政管理等部门,不履行本条例规定职责、造成后果的,或者滥用职权、有其他渎职行为的,由监察机关或者任免机关对其主要负责人、直接负责的主管人员和其他直接责任人员给予记大过或者降级的处分;造成严重后果的,给予撤职或者开除的处分;构成犯罪的,依法追究刑事责任。

第八章　附　　则

第六十三条　草原牧区放牧饲养的奶畜所产的生鲜乳收购办法,由所在省、自治区、直辖市人民政府参照本条例另行制定。

第六十四条　本条例自公布之日起施行。

　　例文所采用的是章断条连式写法,第一条从第一章开始,最后一条在最后一章。第一章"总则"篇幅较长,内容也相对较多,首先指明制订条例的目的及条例的适用对象;然后从不同的角度落实责任者,明确责任内容;最后申明总体质量标准和基本工作原则。主体部分也即"分则"共有六章,第二章至第五章按乳制品生产、收购、运输、销售的自然流程,分别写明各环节的质量安全保证要求及其相应措施,循序渐进,一环紧扣一环,各环节的要求和措施都非常明确;第六章用以规定有关机构或部门的监督检查职责及监督检查办法;第七章"法律责任"是"罚则",申明对各类违法或违规行为的处罚办法。如果说前面各章所着重说明的是"应当怎么做",这一章所着重说明的则是"不应当怎么做"。第八章"附则"是条例的结尾部分,主要述及相关事宜的处理方法及条例的施行日期两项内容。

3. 规　　定

国务院关于加强食品等产品安全监督管理的特别规定

（2007年7月25日国务院第186次常务会议通过，2007年7月26日公布）

第一条　为了加强食品等产品安全监督管理，进一步明确生产经营者、监督管理部门和地方人民政府的责任，加强各监督管理部门的协调、配合，保障人体健康和生命安全，制定本规定。

第二条　本规定所称产品除食品外，还包括食用农产品、药品等与人体健康和生命安全有关的产品。

对产品安全监督管理，法律有规定的，适用法律规定；法律没有规定或者规定不明确的，适用本规定。

第三条　生产经营者应当对其生产、销售的产品安全负责，不得生产、销售不符合法定要求的产品。

依照法律、行政法规规定生产、销售产品需要取得许可证照或者需要经过认证的，应当按照法定条件、要求从事生产经营活动。不按照法定条件、要求从事生产经营活动或者生产、销售不符合法定要求产品的，由农业、卫生、质检、商务、工商、药品等监督管理部门依据各自职责，没收违法所得、产品和用于违法生产的工具、设备、原材料等物品，货值金额不足5000元的，并处5万元罚款；货值金额5000元以上不足1万元的，并处10万元罚款；货值金额1万元以上的，并处货值金额10倍以上20倍以下的罚款；造成严重后果的，由原发证部门吊销许可证照；构成非法经营罪或者生产、销售伪劣商品罪等犯罪的，依法追究刑事责任。

生产经营者不再符合法定条件、要求，继续从事生产经营活动的,由原发证部门吊销许可证照,并在当地主要媒体上公告被吊销许可证照的生产经营者名单;构成非法经营罪或者生产、销售伪劣商品罪等犯罪的,依法追究刑事责任。

依法应当取得许可证照而未取得许可证照从事生产经营活动的,由农业、卫生、质检、商务、工商、药品等监督管理部门依据各自职责,没收违法所得、产品和用于违法生产的工具、设备、原材料等物品,货值金额不足1万元的,并处10万元罚款;货值金额1万元以上的,并处货值金额10倍以上20倍以下的罚款;构成非法经营罪的,依法追究刑事责任。

有关行业协会应当加强行业自律,监督生产经营者的生产经营活动;加强公众健康知识的普及、宣传,引导消费者选择合法生产经营者生产、销售的产品以及有合法标识的产品。

第四条 生产者生产产品所使用的原料、辅料、添加剂、农业投入品,应当符合法律、行政法规的规定和国家强制性标准。

违反前款规定,违法使用原料、辅料、添加剂、农业投入品的,由农业、卫生、质检、商务、药品等监督管理部门依据各自职责没收违法所得,货值金额不足5000元的,并处2万元罚款;货值金额5000元以上不足1万元的,并处5万元罚款;货值金额1万元以上的,并处货值金额5倍以上10倍以下的罚款;造成严重后果的,由原发证部门吊销许可证照;构成生产、销售伪劣商品罪的,依法追究刑事责任。

第五条 销售者必须建立并执行进货检查验收制度,审验供货商的经营资格,验明产品合格证明和产品标识,并建立产品进货台账,如实记录产品名称、规格、数量、供货商及其联系方式、进货时间等内容。从事产品批发业务的销售企业应当建立产品销售台账,如实记录批发的产品品种、规格、数量、流向等内容。在产品集中交易场所销售自制产品的生产企业应当比照从事产品批发业务的销售企业的规定,履行建立产品销售台账的义务。进货台账和销售台账保存期限不得少于2年。销售者应当向供货商按照产品生产批次索要符合法定条件的检验机构出具的检验报告或者由供货商签字或者盖章的检验报告复印件;不能提供检验报告或者检验报告复印件的产品,不得销售。

违反前款规定的,由工商、药品监督管理部门依据各自职责责令停止销售;不能提供检验报告或者检验报告复印件销售产品的,没收违法所得和违法销售的产品,并处货值金额3倍的罚款;造成严重后果的,由原发证部门吊销许可证照。

第六条 产品集中交易市场的开办企业、产品经营柜台出租企业、产品展销会的举办企业,应当审查入场销售者的经营资格,明确入场销售者的产品安全管理责任,定期对入场销售者的经营环境、条件、内部安全管理制度和经营产品是否符合法定要求进行检查,发现销售不符合法定要求产品或者其他违法行为的,应当及时制止并立即报告所在地工商行政管理部门。

违反前款规定的,由工商行政管理部门处以1000元以上5万元以下的罚款;情节严重的,责令停业整顿;造成严重后果的,吊销营业执照。

第七条 出口产品的生产经营者应当保证其出口产品符合进口国(地区)的标准或者合同要求。法律规定产品必须经过检验方可出口的,应当经符合法律规定的机构检验合格。

出口产品检验人员应当依照法律、行政法规规定和有关标准、程序、方法进行检验,对其出具的检验证单等负责。

出入境检验检疫机构和商务、药品等监督管理部门应当建立出口产品的生产经营者良好记录和不良记录,并予以公布。对有良好记录的出口产品的生产经营者,简化检验检疫手续。

出口产品的生产经营者逃避产品检验或者弄虚作假的,由出入境检验检疫机构和药品监督管理部门依据各自职责,没收违法所得和产品,并处货值金额3倍的罚款;构成犯罪的,依法追究刑事责任。

第八条 进口产品应当符合我国国家技术规范的强制性要求以及我国与出口国(地区)签订的协议规定的检验要求。

质检、药品监督管理部门依据生产经营者的诚信度和质量管理水平以及进口产品风险评估的结果,对进口产品实施分类管理,并对进口产品的收货人实施备案管理。进口产品的收货人应当如实记录进口产品流向。记录保存期限不得少于2年。

质检、药品监督管理部门发现不符合法定要求产品时,可以将不符合法定要求产品的进货人、报检人、代理人列入不良记录名单。进口产品的进货人、销售者弄虚作假的,由质检、药品监督管理部门依据各自职责,没收违法所得和产品,并处货值金额3倍的罚款;构成犯罪的,依法追究刑事责任。进口产品的报检人、代理人弄虚作假的,取消报检资格,并处货值金额等值的罚款。

第九条 生产企业发现其生产的产品存在安全隐患,可能对人体健康和生命安全造成损害的,应当向社会公布有关信息,通知销售者停止销售,告知消费者停止使用,主动召回产品,并向有关监督管理部门报告;销售者应当立即停止销售该产品。销售者发现其销售的产品存在安全隐患,可能对人体健康和生命安全造成损害的,应当立即停止销售该产品,通知生产企业或者供货商,并向有关监督管理部门报告。

生产企业和销售者不履行前款规定义务的,由农业、卫生、质检、商务、工商、药品等监督管理部门依据各自职责,责令生产企业召回产品、销售者停止销售,对生产企业并处货值金额3倍的罚款,对销售者并处1000元以上5万元以下的罚款;造成严重后果的,由原发证部门吊销许可证照。

第十条 县级以上地方人民政府应当将产品安全监督管理纳入政府工作考核目标,对本行政区域内的产品安全监督管理负总责,统一领导、协调本行政区域内的监督管理工作,建立健全监督管理协调机制,加强对行政执法的协调、监督;统一领导、指挥产品安全突发事件应对工作,依法组织查处产品安全事故;建立监督管理责任制,对各监督管理部门进行评议、考核。质检、工商和药品等监督管理部门应当在所在地同级人民政府的统一协调下,依法做好产品安全监督管理工作。

县级以上地方人民政府不履行产品安全监督管理的领导、协调职责,本行政区域内一年多次出现产品安全事故、造成严重社会影响的,由监察机关或者任免机关对政府的主要负责人和直接负责的主管人员给予记大过、降级或者撤职的处分。

第十一条 国务院质检、卫生、农业等主管部门在各自职责范围内尽快制定、修改或者起草相关国家标准,加快建立统一管理、协调配套、符合实际、科学合理的产品标准体系。

第十二条 县级以上人民政府及其部门对产品安全实施监督管理,应当按照法定权限和程序履行职责,做到公开、公平、公正。对生产经营者同一违法行为,不得给予2次以上罚款的行政处罚;对涉嫌构成犯罪、依法需要追究刑事责任的,应当依照《行政执法机关移送涉嫌犯罪案件的规定》,向公安机关移送。

农业、卫生、质检、商务、工商、药品等监督管理部门应当依据各自职责对生产经营者进行监督检查,并对其遵守强制性标准、法定要求的情况予以记录,由监督检查人员签字后归档。监督检查记录应当作为其直接负责主管人员定期考核的内容。公众有权查阅监督检查记录。

第十三条 生产经营者有下列情形之一的,农业、卫生、质检、商务、工商、药品等监督管理部门应当依据各自职责采取措施,纠正违法行为,防止或者减少危害发生,并依照本规定予以处罚:

(一)依法应当取得许可证照而未取得许可证照从事生产经营活动的;

(二)取得许可证照或者经过认证后,不按照法定条件、要求

从事生产经营活动或者生产、销售不符合法定要求产品的;

（三）生产经营者不再符合法定条件、要求继续从事生产经营活动的;

（四）生产者生产产品不按照法律、行政法规的规定和国家强制性标准使用原料、辅料、添加剂、农业投入品的;

（五）销售者没有建立并执行进货检查验收制度,并建立产品进货台账的;

（六）生产企业和销售者发现其生产、销售的产品存在安全隐患,可能对人体健康和生命安全造成损害,不履行本规定的义务的;

（七）生产经营者违反法律、行政法规和本规定的其他有关规定的。

农业、卫生、质检、商务、工商、药品等监督管理部门不履行前款规定职责、造成后果的,由监察机关或者任免机关对其主要负责人、直接负责的主管人员和其他直接责任人员给予记大过或者降级的处分;造成严重后果的,给予其主要负责人、直接负责的主管人员和其他直接责任人员撤职或者开除的处分;其主要负责人、直接负责的主管人员和其他直接责任人员构成渎职罪的,依法追究刑事责任。

违反本规定,滥用职权或者有其他渎职行为的,由监察机关或者任免机关对其主要负责人、直接负责的主管人员和其他直接责任人员给予记过或者记大过的处分;造成严重后果的,给予其主要负责人、直接负责的主管人员和其他直接责任人员降级或者撤职的处分;其主要负责人、直接负责的主管人员和其他直接责任人员构成渎职罪的,依法追究刑事责任。

第十四条 农业、卫生、质检、商务、工商、药品等监督管理部门发现违反本规定的行为,属于其他监督管理部门职责的,应当立即书面通知并移交有权处理的监督管理部门处理。有权处理的部门应当立即处理,不得推诿;因不立即处理或者推诿造成后果的,由监察机关或者任免机关对其主要负责人、直接负责的主管人员和其他直接责任人员给予记大过或者降级的处分。

第十五条　农业、卫生、质检、商务、工商、药品等监督管理部门履行各自产品安全监督管理职责,有下列职权:

(一)进入生产经营场所实施现场检查;

(二)查阅、复制、查封、扣押有关合同、票据、账簿以及其他有关资料;

(三)查封、扣押不符合法定要求的产品,违法使用的原料、辅料、添加剂、农业投入品以及用于违法生产的工具、设备;

(四)查封存在危害人体健康和生命安全重大隐患的生产经营场所。

第十六条　农业、卫生、质检、商务、工商、药品等监督管理部门应当建立生产经营者违法行为记录制度,对违法行为的情况予以记录并公布;对有多次违法行为记录的生产经营者,吊销许可证照。

第十七条　检验检测机构出具虚假检验报告,造成严重后果的,由授予其资质的部门吊销其检验检测资质;构成犯罪的,对直接负责的主管人员和其他直接责任人员依法追究刑事责任。

第十八条　发生产品安全事故或者其他对社会造成严重影响的产品安全事件时,农业、卫生、质检、商务、工商、药品等监督管理部门必须在各自职责范围内及时作出反应,采取措施,控制事态发展,减少损失,依照国务院规定发布信息,做好有关善后工作。

第十九条　任何组织或者个人对违反本规定的行为有权举报。接到举报的部门应当为举报人保密。举报经调查属实的,受理举报的部门应当给予举报人奖励。

农业、卫生、质检、商务、工商、药品等监督管理部门应当公布本单位的电子邮件地址或者举报电话;对接到的举报,应当及时、完整地进行记录并妥善保存。举报的事项属于本部门职责的,应当受理,并依法进行核实、处理、答复;不属于本部门职责的,应当转交有权处理的部门,并告知举报人。

第二十条　本规定自公布之日起施行。

例文的标题采用公文式写法,即采用"机关＋事由＋文种"的格式,标明该文是哪个机关就什么事情制发的规定。标题之下为"签署"或称"题注",即在括号中标注批准机构和日期及发布日期。正文采用以"条"贯穿的写法,逐条写明规定事项。不过,各条款虽然平行并列,但实际上其性质和作用还是有区别的。其中,第一条和第二条用以明确制发规定的目的及规定的适用对象和范围,这部分内容通常是文书的开头部分所写的内容;第三条至第十八条相当于文书的主体部分,详细写明各条规定事项,每一条事项都规定得十分清楚,而且措辞极为准确、果断、干脆,能够充分体现规定的权威性,并有利于遵照执行。另外,其中的主要条款基本上都是先写要求或称规则,再写对违规行为的处罚办法,从"正""反"两个方面做出规定,体现了有规必依、违规必纠的工作原则,显得规定的内容很"实";第十九条说明对违反规定的行为的举报办法,第二十条注明规定的施行日期。严格地说,这些内容不是规定事项本身,但与规定的执行、施行有关,是文书的结尾部分常写的内容。

最低工资规定

(2004年1月20日颁布,2004年3月1日起实施)

第一条 为了维护劳动者取得劳动报酬的合法权益,保障劳动者个人及其家庭成员的基本生活,根据劳动法和国务院有关规定,制定本规定。

第二条 本规定适用于在中华人民共和国境内的企业、民办非企业单位、有雇工的个体工商户(以下统称用人单位)和与之形成劳动关系的劳动者。国家机关、事业单位、社会团体和与之建立劳动合同关系的劳动者,依照本规定执行。

第三条 本规定所称最低工资标准,是指劳动者在法定工作时间或依法签订的劳动合同约定的工作时间内提供了正常劳动的前提下,用人单位依法应支付的最低劳动报酬。本规定所称正常劳动,是指劳动者按依法签订的劳动合同约定,在法定工作时间或劳动合同约定的工作时间内从事的劳动。劳动者依法享受带薪年休假、探亲假、婚丧假、生育(产)假、节育手术假等国家规定的假期间,以及法定工作时间内依法参加社会活动期间,视为提供了正常劳动。

第四条 县级以上地方人民政府劳动保障行政部门负责对本行政区域内用人单位执行本规定情况进行监督检查。各级工会组织依法对本规定执行情况进行监督,发现用人单位支付劳动者工资违反本规定的,有权要求当地劳动保障行政部门处理。

第五条 最低工资标准一般采取月最低工资标准和小时最低工资标准的形式。月最低工资标准适用于全日制就业劳动者,小时最低工资标准适用于非全日制就业劳动者。

第六条 确定和调整月最低工资标准,应参考当地就业者及其赡养人口的最低生活费用、城镇居民消费价格指数、职工个人缴纳的社会保险费和住房公积金、职工平均工资、经济发展水平、就业状况等因素。确定和调整小时最低工资标准,应在颁布的月最低工资标准的基础上,考虑单位应缴纳的基本养老保险费和基本医疗保险费因素,同时还应适当考虑非全日制劳动者在工作稳定性、劳动条件和劳动强度、福利等方面与全日制就业人员之间的差异。月最低工资标准和小时最低工资标准具体测算方法见附件。

第七条 省、自治区、直辖市范围内的不同行政区域可以有不同的最低工资标准。

第八条 最低工资标准的确定和调整方案,由省、自治区、直辖市人民政府劳动保障行政部门会同同级工会、企业联合会/企业家协会研究拟订,并将拟订的方案报送劳动保障部。方案内容包括最低工资确定和调整的依据、适用范围、拟订标准和说明。劳动保障部在收到拟订方案后,应征求全国总工会、中国企业联合会/企业家协会的意见。劳动保障部对方案可以提出修订意见,若在方案收到后14日内未提出修订意见的,视为同意。

第九条 省、自治区、直辖市劳动保障行政部门应将本地区最低工资标准方案报省、自治区、直辖市人民政府批准,并在批准后7日内在当地政府公报上和至少一种全地区性报纸上发布。省、自治区、直辖市劳动保障行政部门应在发布后10日内将最低工资标准报劳动保障部。

第十条 最低工资标准发布实施后,如本规定第六条所规定的相关因素发生变化,应当适时调整。最低工资标准每两年至少调整一次。

第十一条 用人单位应在最低工资标准发布后10日内将该标准向本单位全体劳动者公示。

第十二条 在劳动者提供正常劳动的情况下,用人单位应支付给劳动者的工资在剔除下列各项以后,不得低于当地最低工资标准：

（一）延长工作时间工资；

（二）中班、夜班、高温、低温、井下、有毒有害等特殊工作环境、条件下的津贴；

（三）法律、法规和国家规定的劳动者福利待遇等。

实行计件工资或提成工资等工资形式的用人单位，在科学合理的劳动定额基础上，其支付劳动者的工资不得低于相应的最低工资标准。

劳动者由于本人原因造成在法定工作时间内或依法签订的劳动合同约定的工作时间内未提供正常劳动的，不适用于本条规定。

第十三条　用人单位违反本规定第十一条规定的，由劳动保障行政部门责令其限期改正；违反本规定第十二条规定的，由劳动保障行政部门责令其限期补发所欠劳动者工资，并可责令其按所欠工资的1倍至5倍支付劳动者赔偿金。

第十四条　劳动者与用人单位之间就执行最低工资标准发生争议，按劳动争议处理有关规定处理。

第十五条　本规定自2004年3月1日起实施。1993年11月24日原劳动部发布的《企业最低工资规定》同时废止。

这篇例文的写作格式同前面一篇例文基本相同，但写法要更简单一些，因而更便于了解规定的构成特点和表述方式，可以用作参考。

4. 办　　法

合伙企业登记管理办法

（1997年11月19日中华人民共和国国务院令第236号发布，根据2007年5月9日《国务院关于修改〈中华人民共和国合伙企业登记管理办法〉的决定》修订）

第一章　总　　则

第一条　为了确认合伙企业的经营资格，规范合伙企业登记行为，依据《中华人民共和国合伙企业法》（以下简称合伙企业法），制定本办法。

第二条　合伙企业的设立、变更、注销，应当依照合伙企业法和本办法的规定办理企业登记。

申请办理合伙企业登记，申请人应当对申请材料的真实性负责。

第三条　合伙企业经依法登记，领取合伙企业营业执照后，方可从事经营活动。

第四条　工商行政管理部门是合伙企业登记机关（以下简称企业登记机关）。

国务院工商行政管理部门负责全国的合伙企业登记管理工作。

市、县工商行政管理部门负责本辖区内的合伙企业登记。

国务院工商行政管理部门对特殊的普通合伙企业和有限合伙企业的登记管辖可以作出特别规定。

法律、行政法规对合伙企业登记管辖另有规定的，从其规定。

第二章 设立登记

第五条 设立合伙企业,应当具备合伙企业法规定的条件。

第六条 合伙企业的登记事项应当包括:

(一)名称;

(二)主要经营场所;

(三)执行事务合伙人;

(四)经营范围;

(五)合伙企业类型;

(六)合伙人姓名或者名称及住所、承担责任方式、认缴或者实际缴付的出资数额、缴付期限、出资方式和评估方式。

合伙协议约定合伙期限的,登记事项还应当包括合伙期限。

执行事务合伙人是法人或者其他组织的,登记事项还应当包括法人或者其他组织委派的代表(以下简称委派代表)。

第七条 合伙企业名称中的组织形式后应当标明"普通合伙"、"特殊普通合伙"或者"有限合伙"字样,并符合国家有关企业名称登记管理的规定。

第八条 经企业登记机关登记的合伙企业主要经营场所只能有一个,并且应当在其企业登记机关登记管辖区域内。

第九条 合伙协议未约定或者全体合伙人未决定委托执行事务合伙人的,全体合伙人均为执行事务合伙人。

有限合伙人不得成为执行事务合伙人。

第十条 合伙企业类型包括普通合伙企业(含特殊的普通合伙企业)和有限合伙企业。

第十一条 设立合伙企业,应当由全体合伙人指定的代表或者共同委托的代理人向企业登记机关申请设立登记。

申请设立合伙企业,应当向企业登记机关提交下列文件:

(一)全体合伙人签署的设立登记申请书;

（二）全体合伙人的身份证明；
（三）全体合伙人指定代表或者共同委托代理人的委托书；
（四）合伙协议；
（五）全体合伙人对各合伙人认缴或者实际缴付出资的确认书；
（六）主要经营场所证明；
（七）国务院工商行政管理部门规定提交的其他文件。

法律、行政法规或者国务院规定设立合伙企业须经批准的，还应当提交有关批准文件。

第十二条　合伙企业的经营范围中有属于法律、行政法规或者国务院规定在登记前须经批准的项目的，应当向企业登记机关提交批准文件。

第十三条　全体合伙人决定委托执行事务合伙人的，应当向企业登记机关提交全体合伙人的委托书。执行事务合伙人是法人或者其他组织的，还应当提交其委派代表的委托书和身份证明。

第十四条　以实物、知识产权、土地使用权或者其他财产权利出资，由全体合伙人协商作价的，应当向企业登记机关提交全体合伙人签署的协商作价确认书；由全体合伙人委托法定评估机构评估作价的，应当向企业登记机关提交法定评估机构出具的评估作价证明。

第十五条　法律、行政法规规定设立特殊的普通合伙企业，需要提交合伙人的职业资格证明的，应当向企业登记机关提交有关证明。

第十六条　申请人提交的登记申请材料齐全、符合法定形式，企业登记机关能够当场登记的，应予当场登记，发给合伙企业营业执照。

除前款规定情形外，企业登记机关应当自受理申请之日起20日内，作出是否登记的决定。予以登记的，发给合伙企业营业执照;不予登记的,应当给予书面答复,并说明理由。

第十七条 合伙企业营业执照的签发之日,为合伙企业的成立日期。

第三章 变更登记

第十八条 合伙企业登记事项发生变更的,执行合伙事务的合伙人应当自作出变更决定或者发生变更事由之日起15日内,向原企业登记机关申请变更登记。

第十九条 合伙企业申请变更登记,应当向原企业登记机关提交下列文件:

(一)执行事务合伙人或者委派代表签署的变更登记申请书;

(二)全体合伙人签署的变更决定书,或者合伙协议约定的人员签署的变更决定书;

(三)国务院工商行政管理部门规定提交的其他文件。

法律、行政法规或者国务院规定变更事项须经批准的,还应当提交有关批准文件。

第二十条 申请人提交的申请材料齐全、符合法定形式,企业登记机关能够当场变更登记的,应予当场变更登记。

除前款规定情形外,企业登记机关应当自受理申请之日起20日内,作出是否变更登记的决定。予以变更登记的,应当进行变更登记;不予变更登记的,应当给予书面答复,并说明理由。

合伙企业变更登记事项涉及营业执照变更的,企业登记机关应当换发营业执照。

第四章 注销登记

第二十一条 合伙企业解散,依法由清算人进行清算。清算人应当自被确定之日起10日内,将清算人成员名单向企业登记机关备案。

第二十二条 合伙企业依照合伙企业法的规定解散的,清算人应当自清算结束之日起15日内,向原企业登记机关办理注销登记。

第二十三条 合伙企业办理注销登记,应当提交下列文件:

(一)清算人签署的注销登记申请书;

(二)人民法院的破产裁定,合伙企业依照合伙企业法作出的决定,行政机关责令关闭、合伙企业依法被吊销营业执照或者被撤销的文件;

(三)全体合伙人签名、盖章的清算报告;

(四)国务院工商行政管理部门规定提交的其他文件。

合伙企业办理注销登记时,应当缴回营业执照。

第二十四条 经企业登记机关注销登记,合伙企业终止。

第五章 分支机构登记

第二十五条 合伙企业设立分支机构,应当向分支机构所在地的企业登记机关申请设立登记。

第二十六条 分支机构的登记事项包括:分支机构的名称、经营场所、经营范围、分支机构负责人的姓名及住所。

分支机构的经营范围不得超出合伙企业的经营范围。

合伙企业有合伙期限的,分支机构的登记事项还应当包括经营期限。分支机构的经营期限不得超过合伙企业的合伙期限。

第二十七条 合伙企业设立分支机构,应当向分支机构所在地的企业登记机关提交下列文件:

(一)分支机构设立登记申请书;

(二)全体合伙人签署的设立分支机构的决定书;

(三)加盖合伙企业印章的合伙企业营业执照复印件;

(四)全体合伙人委派执行分支机构事务负责人的委托书及其身份证明;

（五）经营场所证明；

（六）国务院工商行政管理部门规定提交的其他文件。

法律、行政法规或者国务院规定设立合伙企业分支机构须经批准的,还应当提交有关批准文件。

第二十八条　分支机构的经营范围中有属于法律、行政法规或者国务院规定在登记前须经批准的项目的,应当向分支机构所在地的企业登记机关提交批准文件。

第二十九条　申请人提交的登记申请材料齐全、符合法定形式,企业登记机关能够当场登记的,应予当场登记,发给营业执照。

除前款规定情形外,企业登记机关应当自受理申请之日起20日内,作出是否登记的决定。予以登记的,发给营业执照;不予登记的,应当给予书面答复,并说明理由。

第三十条　合伙企业申请分支机构变更登记或者注销登记,比照本办法关于合伙企业变更登记、注销登记的规定办理。

第六章　年度检验和证照管理

第三十一条　合伙企业应当按照企业登记机关的要求,在规定的时间内提交年度检验报告书等文件,接受年度检验。

第三十二条　合伙企业的营业执照分为正本和副本,正本和副本具有同等法律效力。

合伙企业根据业务需要,可以向企业登记机关申请核发若干营业执照副本。

合伙企业应当将营业执照正本置放在经营场所的醒目位置。

第三十三条　任何单位和个人不得伪造、涂改、出售、出租、出借或者以其他方式转让营业执照。

合伙企业营业执照遗失或者毁损的,应当在企业登记机关指定的报刊上声明作废,并向企业登记机关申请补领或者更换。

第三十四条　合伙企业及其分支机构营业执照的正本和副本

样式,由国务院工商行政管理部门制定。

第三十五条　企业登记机关吊销合伙企业营业执照的,应当发布公告,并不得收取任何费用。

第七章　法律责任

第三十六条　未领取营业执照,而以合伙企业或者合伙企业分支机构名义从事合伙业务的,由企业登记机关责令停止,处5000元以上5万元以下的罚款。

第三十七条　提交虚假文件或者采取其他欺骗手段,取得合伙企业登记的,由企业登记机关责令改正,处5000元以上5万元以下的罚款;情节严重的,撤销企业登记,并处5万元以上20万元以下的罚款。

第三十八条　合伙企业登记事项发生变更,未依照本办法规定办理变更登记的,由企业登记机关责令限期登记;逾期不登记的,处2000元以上2万元以下的罚款。

第三十九条　合伙企业未依照本办法规定在其名称中标明"普通合伙"、"特殊普通合伙"或者"有限合伙"字样的,由企业登记机关责令限期改正,处2000元以上1万元以下的罚款。

第四十条　合伙企业未依照本办法规定办理清算人成员名单备案的,由企业登记机关责令限期办理;逾期未办理的,处2000元以下的罚款。

第四十一条　合伙企业的清算人未向企业登记机关报送清算报告,或者报送的清算报告隐瞒重要事实,或者有重大遗漏的,由企业登记机关责令改正。由此产生的费用和损失,由清算人承担和赔偿。

第四十二条　合伙企业未依照本办法规定接受年度检验的,由企业登记机关责令限期接受年度检验,可以处3000元以下的罚款;逾期仍不接受年度检验的,吊销营业执照。

第四十三条　合伙企业在年度检验中,隐瞒真实情况,弄虚作假的,由企业登记机关责令改正,可以处 3000 元以下的罚款。

第四十四条　合伙企业未将其营业执照正本置放在经营场所醒目位置的,由企业登记机关责令改正;拒不改正的,处 1000 元以上 5000 元以下的罚款。

第四十五条　合伙企业涂改、出售、出租、出借或者以其他方式转让营业执照的,由企业登记机关责令改正,处 2000 元以上 1 万元以下的罚款;情节严重的,吊销营业执照。

第四十六条　企业登记机关的工作人员滥用职权、徇私舞弊、收受贿赂、侵害合伙企业合法权益的,依法给予处分。

第四十七条　违反本办法规定,构成犯罪的,依法追究刑事责任。

第八章　附　　则

第四十八条　合伙企业登记收费项目按照国务院财政部门、价格主管部门的有关规定执行,合伙企业登记收费标准按照国务院价格主管部门、财政部门的有关规定执行。

第四十九条　本办法自发布之日起施行。

例文的写法同前面的章程、条例的写法大致相同,前有总则,后有附则,具体条文从第一章"总则"到最后一章"附则",依次排列。"总则"是开头部分,主要对制定办法的目的、依据及原则要求、登记机关等事项,加以明确;中间各章是办法的主体部分,分别对各登记事项及其要求、年度检验和证照管理、违规的法律责任等,作出比较详尽的规定和说明。由于办法的实践性和可操作性极强,因此事项的表述都十分严密、周全、具体;"附则"是结尾部分,主要对施行事宜加以阐释。

企业职工带薪年休假实施办法

(2008年7月17日人力资源和社会保障部第6次部务会议通过,2008年9月18日公布)

第一条 为了实施《职工带薪年休假条例》(以下简称条例),制定本实施办法。

第二条 中华人民共和国境内的企业、民办非企业单位、有雇工的个体工商户等单位(以下称用人单位)和与其建立劳动关系的职工,适用本办法。

第三条 职工连续工作满12个月以上的,享受带薪年休假(以下简称年休假)。

第四条 年休假天数根据职工累计工作时间确定。职工在同一或者不同用人单位工作期间,以及依照法律、行政法规或者国务院规定视同工作期间,应当计为累计工作时间。

第五条 职工新进用人单位且符合本办法第三条规定的,当年度年休假天数,按照在本单位剩余日历天数折算确定,折算后不足1整天的部分不享受年休假。

前款规定的折算方法为:(当年度在本单位剩余日历天数÷365天)×职工本人全年应当享受的年休假天数。

第六条 职工依法享受的探亲假、婚丧假、产假等国家规定的假期以及因工伤停工留薪期间不计入年休假假期。

第七条 职工享受寒暑假天数多于其年休假天数的,不享受当年的年休假。确因工作需要,职工享受的寒暑假天数少于其年休假天数的,用人单位应当安排补足年休假天数。

第八条 职工已享受当年的年休假,年度内又出现条例第四条第(二)、(三)、(四)、(五)项规定情形之一的,不享受下一年度的年休假。

第九条 用人单位根据生产、工作的具体情况,并考虑职工本人意愿,统筹安排年休假。用人单位确因工作需要不能安排职工年休假或者跨1个年度安排年休假的,应征得职工本人同意。

第十条 用人单位经职工同意不安排年休假或者安排职工年休假天数少于应休年休假天数,应当在本年度内对职工应休未休年休假天数,按照其日工资收入的300%支付未休年休假工资报酬,其中包含用人单位支付职工正常工作期间的工资收入。

用人单位安排职工休年休假,但是职工因本人原因且书面提出不休年休假的,用人单位可以只支付其正常工作期间的工资收入。

第十一条 计算未休年休假工资报酬的日工资收入按照职工本人的月工资除以月计薪天数(21.75天)进行折算。

前款所称月工资是指职工在用人单位支付其未休年休假工资报酬前12个月剔除加班工资后的月平均工资。在本用人单位工作时间不满12个月的,按实际月份计算月平均工资。

职工在年休假期间享受与正常工作期间相同的工资收入。实行计件工资、提成工资或者其他绩效工资制的职工,日工资收入的计发办法按照本条第一款、第二款的规定执行。

第十二条 用人单位与职工解除或者终止劳动合同时,当年度未安排职工休满应休年休假的,应当按照职工当年已工作时间折算应休未休年休假天数并支付未休年休假工资报酬,但折算后不足1整天的部分不支付未休年休假工资报酬。

前款规定的折算方法为:(当年度在本单位已过日历天数÷365天)×职工本人全年应当享受的年休假天数－当年度已安排年休假天数。

用人单位当年已安排职工年休假的,多于折算应休年休假的天数不再扣回。

第十三条 劳动合同、集体合同约定的或者用人单位规章制度规定的年休假天数、未休年休假工资报酬高于法定标准的,用人单位应当按照有关约定或者规定执行。

第十四条 劳务派遣单位的职工符合本办法第三条规定条件的,享受年休假。

被派遣职工在劳动合同期限内无工作期间由劳务派遣单位依法支付劳动报酬的天数多于其全年应当享受的年休假天数的,不享受当年的年休假;少于其全年应当享受的年休假天数的,劳务派遣单位、用工单位应当协商安排补足被派遣职工年休假天数。

第十五条 县级以上地方人民政府劳动行政部门应当依法监督检查用人单位执行条例及本办法的情况。

用人单位不安排职工休年休假又不依照条例及本办法规定支付未休年休假工资报酬的,由县级以上地方人民政府劳动行政部门依据职权责令限期改正;对逾期不改正的,除责令该用人单位支付未休年休假工资报酬外,用人单位还应当按照未休年休假工资报酬的数额向职工加付赔偿金;对拒不执行支付未休年休假工资报酬、赔偿金行政处理决定的,由劳动行政部门申请人民法院强制执行。

第十六条 职工与用人单位因年休假发生劳动争议的,依照劳动争议处理的规定处理。

第十七条 除法律、行政法规或者国务院另有规定外,机关、事业单位、社会团体和与其建立劳动关系的职工,依照本办法执行。

船员的年休假按《中华人民共和国船员条例》执行。

第十八条 本办法中的"年度"是指公历年度。

第十九条 本办法自发布之日起施行。

例文的格式同前面的规定的格式大致相同,均采用以"条"贯之的写法。第一条和第二条是开头部分,主要对制定办法的目的及办法的适用范围加以明确;第三条至第十四条,对企业职工带薪年休假制度的实施办法做出非常详尽的说明,其中既有原则规定,也有各种具体问题的处理办法。这部分内容是办法的核心内容,通常也是文书的主体部分所写的内容。第十五条至第十九条对监督检查办法、争议解决办法、相关对象的执行办法及关键术语的内涵、办法的施行日期等关联事项进行阐释,文书的结尾部分常会涉及类似内容。

5. 守　　则

国家电网公司员工守则

遵纪守法，尊荣弃耻，争做文明员工。
忠诚企业，奉献社会，共塑国网品牌。
爱岗敬业，令行禁止，切实履行职责。
团结协作，勤奋学习，勇于开拓创新。
以人为本，落实责任，确保安全生产。
弘扬宗旨，信守承诺，深化优质服务。
勤俭节约，精细管理，提高效率效益。
努力超越，追求卓越，建设一流公司。

例文的正文所采用的是简略式写法，只写明要求适用对象依循的各项准则，内容简单明了，语句简练、工整，读起来朗朗上口，便于记诵。

员 工 守 则

一、基本守则

1. 遵守国家的法律、法规、法令。
2. 遵守公司的规章制度,严守纪律,服从领导,不越权行事。
3. 部门之间,员工之间应相互尊重,团结合作,构建和谐氛围。
4. 顾大局,识大体,自觉维护公司的声誉和权益。

二、职业道德守则

1. 崇尚敬业精神,工作尽职尽责,积极进取且努力不懈。
2. 不断学习,增广知识,以求进步,做一个称职的员工。对所从事的业务,应以专业标准为尺度,从严要求,高质量完成本职工作。
3. 一切从公司利益出发,做好本职工作,切忌因个人原因影响工作。
4. 诚信、正直。对公司各方面的工作,应主动通过正常途径及时提出意见、建议;对有损公司形象等消极行为,应予以制止。
5. 未经公司批准,任何员工不得以公司名义考察、谈判、签约;不得以公司名义提供担保证明,不得代表公司出席公众活动。
6. 在工作交往中,不准索取或收受对方的酬金、礼品。
7. 工作中出现失误,应勇于承认错误,承担责任,不诿过于人。
8. 尊重客户、尊重同行;在与外商交往中,做到有礼有节,不亢不卑。
9. 保守公司商业秘密和工作秘密,妥善保管公司文件,合同及内部资料。

10. 对公司资金状况、法律事务、市场营销策略、客户情况、业务合同、员工薪酬、分红奖励等情况,除已公开通报的外,不得打听,不得泄露。

11. 辞职者须提前一个月向公司人事主管部门提出申请,妥善交代工作,处理好善后事宜。否则,由辞职者本人承担一切不良后果和经济损失。

三、日常行为守则

1. 按时上、下班,由本人打卡;不迟到,不早退,不擅离职守。
2. 上班时间仪表整洁,态度严肃;着装大方、得体。
3. 工作时间不串岗、聊天、不做与工作无关的事,不上与工作学习无关的网站。
4. 文明办公,禁止在办公室内外喧哗、打闹,自觉做到语言文明,举止得体。
5. 不在办公室接待因私事来访的亲友,不把与工作无关的人员带入办公室,不把未成年人带入办公区。
6. 不乱扔纸屑、果皮,不随地吐痰,废纸篓每日清理。
7. 在办公室用餐后,立即清理,桌面不留餐具。
8. 爱护办公设施。办公设施在固定位置摆放,如有移动及时复位。办公桌面要求整洁,不摆放与办公无关的用品。
9. 下班后要整理办公桌面,各类文件归类摆放整齐。最后离开办公室的员工,应关闭窗户,检查电脑、电灯、电扇、空调等用电设备的电源是否关好,无遗留问题后,锁好门,方可离去。
10. 厉行节约,节约用电、用水、用油等。办公用品费用核算到人,打印纸尽可能两面使用;外出办事,住宿、交通等费用不超标。
11. 因事请假,按规定办理请假手续,事后及时销假。短时间离开公司外出办事,向部门负责人请假说明。

12. 真实、认真填写本人档案或个人资料,并及时向公司通报相应变更事项。

二〇〇五年八月

这篇守则从内容到形式,同前面一篇例文均有一定的区别。正文从三个方面明确员工的行为准则,其中既有基本要求,也有具体规范,条款由"大"至"小"、由一般原则至日常细节,排序合理,很有条理。

三、公关文书

（一）函　　电

1．贺电和贺信

中共中央　国务院　中央军委
对神舟七号载人航天飞行成功的贺电

总装备部、工业和信息化部、中国科学院、国家国防科技工业局、中国航天科技集团公司、中国电子科技集团公司并参加神舟七号载人航天飞行任务的全体同志：

在中华人民共和国成立59周年到来之际，神舟七号载人航天飞行获得圆满成功，中共中央、国务院和中央军委向圆满完成这次飞行任务的英雄航天员，向所有参加这次任务的广大科技工作者、干部职工和部队官兵，表示热烈的祝贺和亲切的慰问！

神舟七号载人航天飞行圆满成功，实现了我国空间技术发展具有里程碑意义的重大跨越，标志着我国成为世界上第三个独立掌握空间出舱关键技术的国家。这是我国航天科技领域的又一次重大胜利，是中国人民在建设中国特色社会主义伟大进程中取得的重大成果，对于增强我国经济实力、科技实力、国防实力和民族凝聚力，鼓舞全党全国各族人民夺取全面建设小康社会新胜利、开创中国特色社会主义新局面具有重大而深远的意义。祖国和人民将永远铭记你们的历史功勋！

发展载人航天技术，和平开发利用太空，始终是中国人民的不懈追求。希望你们在以胡锦涛同志为总书记的党中央领导下，高举中国特色社会主义伟大旗帜，坚持以邓小平理论和"三个代表"

重要思想为指导,深入贯彻落实科学发展观,大力弘扬"两弹一星"精神和载人航天精神,自力更生、艰苦奋斗,团结协作、拼搏进取,为继续推动我国航天事业发展、为实现中华民族伟大复兴不断作出新的更大贡献。

中共中央
国　务　院
中央军委
二〇〇八年九月二十八日

由于工作本身涉及多个机构及其人员,所以例文的称谓语部分较长,名称具体、准确,排序合理,显得非常周到、得体。正文的第一个部分(第一自然段)首先概述事由,然后向各方人员也即所有的祝贺对象表示祝贺与慰问;第二个部分(第二自然段)对神舟七号载人航天飞行取得成功的重大意义和深远影响,给予高度评价;第三个部分(最后一个自然段)明确目标,提出希望。概述事由,表示祝贺与慰问,予以评价,提出希望或祝愿,是上级机关致送下级机关的贺电和贺信常写的几项内容。例文的语言表述方式既有庄重、凝练的一面,又有热情、亲切的一面,应当说兼具行政公文和公关文书的表述特点,也可以说是二者的完美结合。

随着致电(信)者和祝贺对象的关系以及事由的改变,贺电和贺信的写法也会有所不同,下面就看一封不同类型的贺信。另外,"电"和"信"除了发送手段的区别之外,有时在内容的详略和行文方式上也会有一些区别。

贺　　信

北京奥运会中国体育代表团：

欣闻正在北京举行的第29届奥运会中,中国体育代表团发挥出色。其中,我校管理学院学生刘国梁主教练指导率领的中国奥运乒乓球队再创佳绩,管理学院学生王励勤在乒乓球男子团体决赛中夺得金牌;外语学院学生庞佳颖和管理学院学生杨雨获女子4×200米自由泳接力银牌;庞佳颖还获得女子200米自由泳铜牌、女子4×100米混合泳接力铜牌;管理学院学生徐莉佳在女子激光雷迪尔级帆船中获得铜牌;外语学院学生庞佳颖、朱颖文、徐妍玮获得4×100米自由泳接力第4名;管理学院学生吴鹏获得男子200米蝶泳第4名;朱颖文获得女子100米自由泳第6名;管理学院学生何翌、周意男获得赛艇比赛男子八人单桨有舵手第7名。捷报传来,上海交通大学全体师生欢欣鼓舞、无比自豪!

你们所取得的优异成绩,凝聚着你们的辛勤汗水,凝聚着全体教练员、后勤保障服务人员的默默奉献。在此,我们代表上海交通大学全体师生员工并以我们个人的名义,向我国奥运会代表团取得的优异成绩表示热烈而诚挚的祝贺!向全体运动员、教练员、后勤保障服务人员致以衷心的慰问和热烈的祝贺!

在本届奥运会上,中国体育代表团全休运动员不负众望,奋勇拼搏,以优异的成绩和昂扬的精神风貌,向全世界展现了中华民族自强不息的精神风貌!祝愿你们以今天的胜利为新的起点,继续奋勇拼搏,再接再厉,在今后的比赛中积极进取,再创辉煌,为祖国争取更大荣誉!

上海交通大学
党委书记:×××　　校长:××
二〇〇八年八月二十二日

这封贺信在写法上同前面的贺电还是有着比较明显的区别的,这主要是由致受者的身份、关系及事由等各种因素的不同所决定的。例文的第一个部分先是综述成绩,这也就是对致信缘由的说明。相对来说,例文这部分内容写得是比较具体的,对每一名运动员所属学院、参赛项目和名次都有很清楚的介绍;然后表述全校师生喜悦与自豪的心情。第二个部分向奥运代表团及有关人员表示祝贺和慰问,写法简洁,感情诚挚、热烈。最后一个部分先是称颂致信对象所取得的非凡成绩,然后表达美好的祝愿。

2. 唁电和唁函

唁　　电

×××博士：

　　惊悉××将军辞世,深感悲痛。她将与她所拍摄的真实和美丽一起,永存于世。逝者安息,生者珍重!

上海春秋国旅　×××
二〇〇八年六月二十六日

　　例文是一封私人唁电,虽然篇幅极为简短,但要素齐全,写法也是比较典型的。称谓由致电对象的名字及其学衔组成,非常简单、庄重;正文虽然只有短短的三句话,但却包含着三层意思,也即每一句话几乎都表述一层意思。具体地说,第一句话表达哀痛之情;第二句话表达对逝者的赞颂与感念之情,表述方式富有诗意色彩,并切合逝者的身份与特点;第三句话告慰逝者,抚慰生者。例文语言凝重、典雅,唁电常用词句的使用合理、得体。

唁　电

霍英东先生治丧委员会并霍英东先生家属：

　　惊闻全国政协副主席霍英东先生不幸逝世，谨致电表示沉痛的哀悼和深切的慰问！

　　霍英东先生是杰出的社会活动家、香港知名实业家、中国共产党的亲密朋友、德高望重的爱国人士。他一生爱国、精勤不倦、奋斗不息。他为祖国的经济建设、改革开放、香港回归与繁荣稳定贡献卓著。他为广东、乃至全国各项事业的义举善事不胜枚举，为粤港合作不遗余力。他不愧为爱国爱港的一面旗帜。

　　霍英东先生将受到广东省政协各界委员的永久尊敬与怀念。

政协广东省委员会
二〇〇六年十月三十一日

　　例文是一封带有公务性质的唁电，写法同前面的例文有所不同。正文包括三个部分，分别写入了三项内容，第一个部分说明致电缘由，表达对逝者的哀悼和对生者的慰问之情；第二个部分着重对逝者的地位与业绩予以称颂与评价，并突出逝者在某些方面所做出的特殊贡献；最后一句话应为结语，寄予对逝者的景仰与怀念。

3. 慰问电和慰问信

致四川地震灾区的慰问电

中共四川省委、四川省人民政府：

　　惊悉5月12日阿坝州汶川县发生里氏7.8级强烈地震，给当地人民群众的生命财产造成了严重损失。谨以中共辽宁省委、辽宁省人民政府的名义并代表全省人民向灾区各族人民表示亲切的慰问！向战斗在抗震救灾第一线的广大干部群众、人民解放军指战员、武警官兵和公安干警致以崇高的敬意！

　　我们决定，紧急拨款1000万元捐助灾区，并紧急调拨4000顶帐篷、5万床棉被等救灾物资运往灾区。同时立即抽调120名医护人员、65名公安消防人员和13名通讯工程技术人员赶赴灾区开展救援工作。我们相信，在党中央、国务院的亲切关怀下，在四川省委、省政府的领导下，灾区人民一定能够克服困难，战胜灾害，早日恢复生产，重建美好家园！

中共辽宁省委　辽宁省人民政府
二〇〇八年五月十三日

　　例文是一个地方党政机构发给另外一个地方党政机构的慰问电，是向受灾地区表示安慰的慰问电。正文包括两个部分，主要写了以下几项内容：第一个部分在简述灾情，明确发文缘由的基础上，向灾区人民表示慰问，向救灾人员表达敬意；第二个部分首先写明捐赠和救援决定，然后表明对灾区人民重建家园的信心与期盼。

致四川省交通厅的慰问电

四川省交通厅：

5月15日21时30分，经过全省交通系统广大交通干部职工的日夜奋战，国道317线理县至汶川段全线抢通，汶川灾区通往外界的第一条公路"生命线"胜利打通！喜讯传来，振奋人心。部党组特向全省交通系统干部职工表示亲切的慰问，并向所有参与抗震救灾的干部职工致以崇高的敬意！

5月12日14时28分汶川发生7.8级强震后，面对突如其来的自然灾难，你厅党组和全省交通系统广大干部职工以高度的政治责任感，坚决贯彻中央政治局常委会议精神，坚决执行国务院抗震救灾总指挥部的部署要求，急人民群众之所急，解人民群众之所难，迅速组织精干队伍，全力抢修受损道路。各级领导身先士卒，靠前指挥，广大干部职工不怕牺牲，连续奋战，竭尽全能，顽强拼搏。在道路严重损毁、余震不断、泥石流和塌方频发、施工作业面窄、施工作业危险的情况下，夜以继日地抢修道路，一米一米地向前推进，终于打通通往震中灾区的第一条公路"生命线"，为抗震救灾工作作出了重要贡献。

在此次抗震救灾工作中，全省交通干部职工把灾情看成命令，把时间看成生命，在自身遭受特大灾害时，舍小家，顾大家，大灾面前铸就大爱，表现出不怕疲劳、连续奋战、敢打硬仗的优良作风，表现出不畏困难、战胜困难的坚强意志，表现出不惧危险、不怕牺牲的奉献精神。这一通道的打通，体现了抗震救灾第一线广大交通干部职工夺取抗震救灾胜利的决心和意志，以及人民利益高于一切的责任感和使命感。

当前，抗震救灾工作仍处于关键阶段，打通通往灾区的其余通道，为抗震救灾提供交通保障的任务仍十分艰巨。希望你们本着人民生命高于一切的负责任精神,认真执行国务院抗震救灾总指挥部提出的"多头推进,中间开花,尽快打通生命线"的工作部署,再接再厉,继续发扬不屈不挠、顽强奋战的大无畏英雄气概,尽最大努力,争分夺秒地开展其余受阻路段的抢通工作。希望你们科学调度、有力指挥,继续组织、整合交通系统的各方力量,加强对已抢通道路的维护保养和隐患排查,千方百计保证抗震救灾物资运输主通道路段的畅通。希望你们在灾区公路抢通后,及时组织运输力量,把救灾物资运输和人员运送放在首要位置,确保救灾物资及时运往灾区,为夺取抗震救灾斗争的全面胜利不断作出新的贡献,再立新的功勋。

交通运输部
二〇〇八年五月十六日

  这封慰问电同样是发往受灾地区的慰问电,但由于写作对象不同,所以写作角度及所写内容、表达方式同前面一封慰问电均有很大的区别。实用型文章是通常有着特定的用途和明确的写作对象的一类文章,通过前面两篇例文的比较,可以很清楚地看出写作对象的特点或者说作者和读者的"关系",对于实用型文章写法的选择是有着至关重要的影响的,特别是对于直接涉及公共关系的公关文书来说,这一点尤为重要。根据写作对象确定文章写法,才能把文章写得规范、得体,才能使公关文书发挥应有的作用。

教师节慰问信

全市技工教育和职业技能培训系统的教师们、教育工作者们：

值此教师节之际，我们谨向辛勤耕耘在我市技工教育和职业技能培训一线的全体教师、教育工作者及离退休教职员工，致以节日的祝贺和亲切的慰问！向多年来始终关心、支持技工教育和职业技能培训事业发展的社会各界人士致以崇高的敬意。

今年我国成功地举办了第二十九届奥运会，圆了中华民族的百年梦想。为了深入开展"迎奥运，讲文明，树新风"活动，我局在全市技工学校中开展了"迎奥运，促和谐，创建和谐校园"活动，通过活动全面加强了我市技工学校内涵建设，促进了教育教学水平的提高。在民办职业技能培训学校中开展了"迎奥运、讲诚信、树品牌、促发展"的活动，提高了民办职业技能培训学校的办学水平，树立了良好的社会形象，为奥运会成功举办营造了和谐良好的环境和氛围。

全体教师、教育工作者深入贯彻党的教育方针，不断提高自身的素质，在平凡的工作中默默奉献，为社会培养了大批技能型人才，促进了我市技工教育和职业技能培训事业持续健康发展。在今年的5·12四川汶川大地震后，广大师生和教育工作者捐款捐物，各学校采取接收灾区学生等多种方式积极开展对口支援，以实际行动向灾区同胞献上了我们的爱心。在这里感谢全体教职员工的辛勤劳动和无私奉献！

同志们，让我们携起手来，继续努力，不断更新教育理念和专业知识，努力提高业务水平，发扬光大奥林匹克精神，爱岗敬业，团结一心，共同谱写我市技工教育和职业技能培训事业新的篇章！

最后祝全体从事技工教育和职业技能培训工作的教师、教育工作者及离退休教职员工节日快乐、身体健康、工作顺利、阖家幸福!

北京市劳动和社会保障局
二〇〇八年九月九日

例文是有关机构在教师节时写给教师的慰问信,是表示问候的慰问信。例文开宗明义,开头部分便以非常简练、典雅的语言,向慰问对象表示节日的祝贺与慰问,向有关人员致以敬意;中间两个段落回顾过去,称颂慰问对象的成绩和贡献,并表达谢意;最后两个部分先是表明希望,然后是美好的祝愿。在最后部分写入非常得体的祝颂语,是表示问候的慰问信常见的写法。

致全国新闻记者的慰问信

全国新闻记者同志们:

在全国欢庆十七大胜利闭幕、各条战线认真学习贯彻十七大精神之际,我们迎来了第八个记者节,值此节日来临之际,谨向辛勤工作在新闻战线上的全国广大新闻记者表示亲切的慰问并致以崇高的敬意!

新闻记者是社会民主、文明、进步的推动者,是充满艰辛而又受人尊重的一种崇高的职业。在我们党领导的中国特色社会主义新闻事业中,你们是发掘新闻、提供信息、伸张正义、促进和谐的重要力量。坚持宣传马列主义、毛泽东思想、邓小平理论和"三个代表"重要思想,积极宣传科学发展观等战略思想和党的路线、方针、政策,真实反映我国人民为夺取全面建设小康社会新胜利而奋斗的精神风貌,真实记载祖国蓬勃发展的历史进程,为社会主义现代化事业的发展起到了巨大的推动作用,是党和人民信赖的眼睛和喉舌。

记者是充满光荣与责任的职业,也是充满挑战与艰辛的职业。你们常年奋斗在新闻采编第一线,硝烟弥漫的战场,天灾人祸的现场,哪里有风险哪里就有你们的身影!在一篇篇看似寻常的新闻报道背后,有着敬业、奉献、良知、深情;在一组组影像和声音里面,浸透着艰辛、汗水、危险、牺牲。

中国记者节,是记者们光荣的节日,同时也是社会关注记者的日子。在我国新闻事业快速发展的进程中,涌现了一大批知名的记者,他们受到广大人民群众的尊崇和爱戴。但一些不法分子也想盗用这种荣光,他们以假冒新闻记者的身份从事诈骗活动,炮制假新闻谋取名利,侵害了新闻记者的合法权益,干扰了新闻记者的正常采访活动,影响了新闻的公信力。

作为政府主管新闻出版的行政部门,我们既要依法保障人民群众的言论自由,又要保障广大记者新闻活动的正当权益,更要维护社会的新闻秩序。因此,我们将一如既往地严厉打击假冒新闻记者身份从事诈骗活动的犯罪分子,旗帜鲜明地维护广大记者的合法权益。新闻采编人员合法的采访活动受到法律保护,任何组织和个人不得干扰、阻碍。新闻单位要为所属新闻记者从事新闻采访活动提供必要保障,有关党政机关及其工作人员也要为新闻记者合法的新闻采访活动提供便利和条件。

当前,新闻战线正在深入学习宣传和全面贯彻落实党的十七大精神,希望全体记者带头学习十七大文件,带头宣传十七大精神,自觉增强用中国特色社会主义理论统领新闻工作的自觉性和坚定性,准确、全面、深入地宣传马克思主义中国化的最新成果,努力用中国特色社会主义共同理想凝聚力量,用以爱国主义为核心的民族精神和以改革创新为核心的时代精神鼓舞斗志,用社会主义荣辱观引领社会风尚,将党的十七大精神转化为广大干部群众继续开创中国特色社会主义伟大事业的巨大力量。

希望你们进一步增强贯彻执行党的新闻工作方针政策的自觉性和坚定性。牢牢把握正确的舆论导向,坚持"三贴近"原则,强化政治意识、大局意识、责任意识和群众意识,坚持团结稳定鼓劲、正面宣传为主的方针,弘扬中华主流文化,唱响时代主旋律,在全社会形成和发展积极健康的主流舆论,为实现全面建设小康社会新目标营造良好的舆论环境。

希望你们进一步增强优良职业精神、恪守职业道德、维护新闻队伍形象的自觉性和坚定性。发扬清正廉洁的作风,自觉抵制拜金主义、享乐主义、个人主义思想的侵蚀,坚决反对"有偿新闻"等不正之风。以良好的职业作风,深入一线,深入群众,真诚倾听群众呼声,真实反映群众愿望,真情关心群众疾苦。关注民生,彰显爱心,弘扬正气,鞭挞丑恶,以实际行动自觉维护新闻工作的崇高社会声誉和新闻记者的良好社会形象。

希望你们进一步增强求真务实、开拓创新、与时俱进的自觉性和坚定性。不断学习新知识、新技术、新技能,努力提高新闻业务素质,尊重新闻宣传的规律,讲究新闻宣传的艺术,紧密结合党和国家重大决策、联系干部群众的思想实际和生产生活实际,善于用事实说话、用典型说话、用群众熟悉的语言和群众喜闻乐见的方式搞好新闻报道,不断提高舆论引导的水平和效果,提高新闻宣传的吸引力、感召力和战斗力。祝广大新闻记者同志们节日愉快!

中华人民共和国新闻出版总署
二〇〇七年十一月八日

同前面一篇例文一样,这封慰问信也是表示问候的慰问信,是新闻出版总署在记者节时写给记者的慰问信。由于致信者是政府主管新闻出版的行政部门,也就是说致信者对慰问对象及其所属新闻单位的工作负有行政管理责任,所以例文的公务色彩要更浓一些。当然,这毕竟不是行政公文,文中也同样含有非常浓郁的感情色彩,显得很有激情。特别是第二人称代词"你们"的反复使用,更增添了行文的针对性及现实感、亲切感,拉近了致信者与慰问对象的距离。

4. 邀 请 函

2007年全国博士生学术论坛邀请函

"全国博士生学术论坛"是我国研究生教育创新工程的重要项目,由国务院学位委员会办公室和教育部学位管理与研究生教育司主办,国家财政部资助。同济大学将于2007年8月21—23日隆重举行"2007年全国博士生学术论坛(机械、控制、管理学科)"。

本次论坛将是2007年全国机械、控制、管理学科博士生的一次盛会。届时,我们将在机械工程、控制科学与工程、管理科学与工程等三个学科领域内,邀请300余名博士生就各学科学术前沿热点,进行学术交流与研讨,为博士生提供一个高起点、多领域的学术交流平台,拓宽学术视野,激发科研热情,鼓励大胆创新。知名学者与专家以及来自各高校的研究生教育和管理工作者也将出席本次盛会。

2007年5月20日,是同济大学建校100周年的纪念日!百年同济,百年辉煌。1907年德国医生宝隆在上海创办"同济德文医学堂";1923年,学校更名为"同济大学";1927年,学校发展为"国立同济大学",乃树一里程碑。1937年抗战爆发,八年之中,六次迁校,千山万水,弦诵不绝,又谱写了文化抗战的诗篇。至新中国成立,同济已发展成拥有理、工、医、文、法五大学科门类的综合性大学,海内外声誉卓著。1952年院系调整,成为其时国内土木、建筑学科最为强盛的大学。改革开放伊始,学校提出了"两个转变"的战略构想,形成了对德文化交流的窗口和多学科并进的建设局面。上世纪90年代以来,学校与上海城市建设学院、上海建筑材料工业学院、上海铁道大学实现并校融合,上海航空工业学校划归管理,同济大学在中国高校布局调整中形成了特有的"同济模式"。同时,学校又先后进入"211工程"和"面向21世纪教育振兴行动计划"建设行列,实现教育部与上海市共建,同济大学不断向综合性、研究型、国际化的一流现代大学迈进。

  金秋是收获的季节,迎来百年校庆的同济大学将敞开怀抱,热诚欢迎来自国内外的知名专家和优秀博士生共聚申城,开展广泛探索与研究,交流最新成果,共同分享收获的欢欣与喜悦!

同济大学
2007年全国博士生学术论坛组委会
二○○七年三月二十日

  例文是一封邀请致函对象参加一项带有庆典性质的学术活动的邀请信,写法比较规范。应当注意的是,例文的语言非常典雅、生动,富有书卷气息和文学色彩,这种语言风格与活动的性质、特点及邀请对象的身份等是很相契合的。

5. 感 谢 信

感 谢 信

北京市劳动和社会保障局：

突如其来的"5·12"汶川特大地震,对我省技工院校造成了重大灾害,部分技工院校出现校舍垮塌、人员伤亡、教学设备毁坏等情况,一大批学生面临失学的困境。在此危急时刻,为支持我省受灾技工院校加快重建,帮助灾区群众和师生渡过难关,贵局及时伸出援助之手,共接收安置了我省中国东方电气高级技工学校223名受灾困难学生到你市7所重点技工院校转移就读。为搞好技工培训援助,贵局还通过大量艰苦细致的工作,为我省灾区转移就读的学生安排了最好的学校和对口的专业,选派了最好的师资,提供了最好的学习条件和生活环境,让面临失学的灾区学生又重新获得了学习技能、继续完成学业的宝贵机会。你们这种雪中送炭的支持和帮助,充分体现了贵局对我省灾区技工院校和困难学生的深切关怀,体现了全国劳动保障系统与灾区人民患难与共的崇高情怀,也体现出技工教育战线"一方有难、八方支援"的团结互助精神。在此,我厅对贵局为我省灾区技工院校提供的真情关爱和无私援助谨表示最真诚的感谢,并致以最崇高的敬意！

下一步,我厅将继续加强与贵局的联系与合作,指导各受援技工院校积极配合援助院校,做好转移学生的思想教育工作,要求他们珍惜来之不易的学习机会,牢固树立"勤奋学习、苦练技能、感恩社会"的理念,严格遵守援助学校的校规校纪,以优异的学习成绩来报效党和政府的关心,以出色的表现来回报贵局的厚爱。与此同时,我厅将在四川省委、省政府的统一领导下,大力弘扬"团结奋斗、众志成城"的抗震救灾精神,采取切实措施,全力做好我省技工学校灾后复课和恢复重建工作,最大限度地减少地震灾害造成的损失,以实际行动夺取抗震救灾和劳动保障事业发展的全面胜利。

再次对贵局的真情援助表示诚挚的谢意!

四川省劳动和社会保障厅
二〇〇八年七月二十二日

例文是单位之间使用的感谢信,写法比较正规。例文的第一个自然段包含几层意思:一是事实的陈述,简要说明感谢对象所给予致信者一方的帮助。内容既有一定的概括性,又显得比较具体,应当说是详略得当;二是评价与赞誉,以排比句的形式逐层揭示感谢对象的行为所蕴涵的意义。这几句话既不是空洞的套话,也不是刻意拔高的溢美之词,而是紧扣事实、切合实际的评价与赞誉;三是表达对感谢对象的谢意和敬意,感情诚挚,措辞简洁。第二个自然段表明做好下一步工作的决心和信心,所写内容并不是泛泛而论,而是"就事论事",围绕受援一事述及今后的工作打算。最后是结语,再次表述对感谢对象的谢意。开篇明义,结篇点题,首尾照应,强调感谢之意,是感谢信常见的写法。

6. 求职信和推荐信

求 职 信

尊敬的××经理：

您好！

我写此信是为应聘贵公司招聘的经理助理职位。我很高兴能在招聘网站看到贵公司的招聘广告，并一直期望能有机会加盟贵公司。

两年前我毕业于首都经济贸易大学国际贸易专业，在校期间学到了许多专业知识，如国际贸易、国际贸易实务、国际商务谈判、国际贸易法、外经贸英语等课程。毕业后，就职于一家外贸公司，从事市场部助理工作，主要是协助经理制订工作计划，并承担一些外联工作以及文件、档案的管理工作。本人具备一定的管理和策划能力，熟悉各种办公软件的操作，英语熟练，日语略通。我深信自己可以胜任贵公司经理助理之职。

个人简历及相关材料一并附上，希望您能感到我是该职位的有力竞争者，并希望能够得到面试的机会。我的联系电话：139××××××××。

感谢您阅读此信并考虑我的应聘意愿！

此致

敬礼！

×××

××××年×月×日

例文的称谓语比较得体，收信人及其职务非常明确，同时又不是简单地直呼其名,其写法能够体现写信人对收信人的尊重。正文主要写入以下几项内容:一是说明求职信息来源,表明自己写信的目的也即求职意愿。求职信的开头部分大都采用这种开门见山式写法;二是根据职位的特点和需要,介绍个人基本情况,并对自己的特长和能力加以简单评价。从总体上看,例文这部分所采用的是综述式写法,写得概括、简洁,但与职位直接相关因而招聘单位最希望了解的情况又均有反映,内容的取舍比较合理,针对性较强。自我评价也显得比较客观,显得较有分寸感;三是说明所附材料,申明希望;最后是表达谢意的结语。例文所写内容均为求职信通常要写的内容,在内容的选取方面很有参考价值。另外,例文的构成要素基本齐全,标题、称谓、问候语、正文、祝颂语、落款等项目无一遗漏。不过,由于在求职活动中,个人简历及有关证明材料是特别重要的,所以即便是如例文那样在正文中对此有附带说明,也最好还是在落款之下单列附件说明一项。

推 荐 信

尊敬的××教授：

您好！我是×××公司的总经理×××,得知我公司优秀员工×××想要出国深造,我感到非常高兴,无比欣慰。在我看来,这样一个上进的年轻人应该接受良好的教育,并拥有更加辉煌的未来。为此,我很荣幸地向您和贵校推荐这位优秀青年。

×××曾在大学四年级时来我公司实习。尽管他当时对业务不够熟悉,工作经验相对匮乏,但从不服输的他一刻也不放弃学习的机会。他利用闲暇时间大量阅读有关业务书籍,虚心向其他员工请教。渐渐地,他开始精通各项业务,并取得一定成绩。对此他并没有满足,更没有骄傲自大。相反,遇到难题,他仍然虚心与同事交流讨论,直到找出解决方案为止。鉴于他在实习期的出色表现,我公司破例招收他为正式员工（通常我公司不会考虑招收应届毕业生）。

现在,作为我公司的一名业务骨干,×××工作更加认真、负责、努力,为同事树立了榜样。有付出就有回报,他因此被评为本公司优秀员工,并享有高额奖金。

当然从某种程度上说,如此优秀的员工即将踏上留学之途是我公司的损失,但是考虑到他的前途,我依然毫不犹豫地支持他远赴贵校深造。真诚期望您和贵校也能够支持他、接受他,给他一个提升自我、实现梦想的机会。谢谢！

×××公司总经理 ×××
二〇〇八年四月一日

例文是某公司领导为推荐其下属赴国外留学,写给某国外大学教授的推荐信。例文的称谓语的形式与前面的求职信例文基本相同,既表达出对收信人应有的尊重,又很简洁、平实。正文的第一个部分(第一自然段)先做自我介绍,然后表明对被推荐人出国留学的态度,最后在概述理由的基础上,明确表达推荐意愿。语句简练,语气诚恳,几层意思都表述得非常清楚;第二个部分(第二、三自然段)分别介绍推荐对象在两个阶段的工作情况,内容具有一定的概括性,同时又能给人以翔实之感。推荐对象的特点或者说长处得到了比较恰当的强调,对推荐对象的评价也显得比较中肯,比较恰如其分;最后一个部分再次表明自己的心情和态度,提出对收信人接受推荐对象的期望,写得诚恳、得体。落款中的署名一项,包括职务名称和姓名两项内容,给人以郑重之感。另外,要注意的是,即便整篇信件是打印而成的,在落款处也应有写信人的亲笔签名。不仅推荐信应当如此,其他各类信件也都应当如此。

推 荐 信

尊敬的××大学中文系：

  ××××是日本××外国语大学中国学科三年级学生，平时学习态度认真，学习成绩良好，品行端正。为提高自己的汉语水平，加深对中国文化的了解，该生希望能去贵校留学。谨此推荐，准予为盼！

  此致

敬礼！

日本××外国语大学中国学科教授　××

二○○八年五月十八日

  这封推荐信的写法与前面的推荐信有所不同，篇幅简短，内容简单。在写作实践中，此类推荐信也常常使用，主要用于他人的推荐实际上已经作为一个程序化环节的场合中。

7. 证 明 信

对×××同志研究生身份的证明信

×××局党委：

　　××同志，男，现年四十岁，一九六四年九月考入我校学习，系×××教授的研究生，一九六七年九月毕业。由于历史原因，毕业时未能发给研究生毕业证书，现即将补发。特此证明。

　　此致
敬礼！

××大学校长　×××（签名）

×年×月×日

证　明　信

××大学党支部：

　　×年×月×日来信收到。根据信中要求，现将你校××同志的爱人、××同志的情况介绍如下：

　　××同志，现年××岁，中共党员，是我校历史系教师，本人和家庭历史以及社会关系均清楚。该同志对教学工作认真负责，近年来多次被评为市级模范教师。

　　特此证明。

××省××市×大学党支部（公章）

×年×月×日

前面两封证明信用于不同场合、有着不同用途,但证明事项都相对简单,因而篇幅都比较简短。如果所要证明的事项比较复杂,证明信的篇幅就要长一些。一般来说,身份、情况等的证明,会写得短一些;事实经过等的证明,则会写得长一些。证明信的篇幅虽然可长可短,但对证明信的要求是一致的。简单地说,证明信必须做到内容真实、准确,表述明确、严谨,例文基本上是合乎要求的。

（二）致　　词

1. 欢迎词和欢送词

在中华人民共和国第十届运动会开幕式上的欢迎词

十运会组委会执行主任、江苏省省长梁保华

（2005年10月12日）

尊敬的胡锦涛总书记，尊敬的国际奥委会主席罗格先生，各位领导、各位来宾，同志们、朋友们：

　　今晚的南京华灯齐放、万众欢腾。在党的十六届五中全会胜利闭幕、神舟六号载人飞船发射成功的喜庆日子里，举国瞩目的中华人民共和国第十届运动会将在这里隆重开幕。我谨代表中共江苏省委、江苏省人民政府和全省人民，向光临江苏出席第十届全国运动会开幕式的中共中央总书记、国家主席、中央军委主席胡锦涛同志，国际奥委会主席罗格先生，党和国家以及有关部门的领导同志，国际奥委会委员、国际体育组织官员，各兄弟省区市和香港特别行政区、澳门特别行政区、解放军、各行业体协的领导和来宾，向台湾同胞、海外侨胞、国际友人，向来自祖国各地的运动员、教练员、裁判员、体育工作先进集体和先进个人代表，表示热烈的欢迎！

　　在党中央、国务院的正确领导下，在全国人民的关心支持下，江苏人民以服务全国、支持奥运为己任，以"环境优美、设施优良、服务优质、成绩优异"为目标，经过四年的不懈努力，十运会各项准备工作已经全部就绪。"当好东道主、办好十运会",成为江苏人民的共同心愿和自觉行动。我们将继续全力以赴,为各项比赛创造良好条件,为各方嘉宾提供周到服务。我们相信,在大家的共同努力下,十运会一定能够办成精彩圆满的"体育的盛会、人民的节日",必将激励我们更加紧密地团结在以胡锦涛同志为总书记的党中央周围,高举邓小平理论和"三个代表"重要思想伟大旗帜,认真贯彻落实科学发展观,为全面建设小康社会、实现中华民族的伟大复兴增光添彩!

衷心祝愿参赛健儿取得优异成绩!衷心祝愿各位领导、各位来宾在江苏生活愉快!

谢谢大家。

例文是一篇在大型活动的开幕式上发表的欢迎词,同在小型聚会上发表的欢迎词的写法是有一定的区别的。例文的称谓语部分较长,所用称呼兼顾不同身份的出席者,非常礼貌、得体。正文的第一个部分(第一自然段)首先渲染气氛,写明背景,然后一一向各方宾客表示欢迎,对象明确,排序合理,显得极为周到、热情;第二个部分(第二自然段)首先简单回顾活动的准备工作情况,表示继续做好工作的决心,然后表明对活动圆满成功并产生深远意义的期盼和信心;最后是针对性很强的祝颂语和向听众表示感谢的礼貌语。

致词类文书属于礼仪文书,是比较典型的公关文书,同时致词类文书又要以口头形式发表,所以在情感的表达和语言的运用上,往往有自己的一些特点。简单地说,既有书面语的庄重、文雅,又有口语的平实、通俗,既有公务色彩、理性色彩,又有文学色彩、感情色彩,是致词类文书所应具备的特点。应当说,这里所选取的几篇例文基本体现了这样的特点。

在 2008 年北京奥运会开幕式上的致辞

北京奥组委主席　刘　淇

（2008 年 8 月 8 日）

尊敬的胡锦涛主席和夫人，尊敬的罗格主席和夫人，尊敬的各位来宾，女士们、先生们、朋友们：

今天，来自奥林匹亚的圣火跨越五大洲、四大洋，将在这里熊熊燃起。在这激动人心的历史时刻，我谨代表第 29 届奥林匹克运动会组织委员会向来自世界各国家、地区的运动员、教练员和来宾表示热烈的欢迎！向国际奥林匹克委员会、各国际单项体育组织，向参与奥运会筹办的建设和工作者，向所有关心和支持北京奥运会的朋友们表示衷心的感谢！

举办奥运会是中华儿女的百年梦想。七年前，13 亿中国人民与奥运有一个美好的约定。从那时起，在国际奥委会的指导、帮助下，中国政府和人民满怀激情，以最大的努力实践"绿色奥运、科技奥运、人文奥运"理念，认真做好筹办工作，兑现向国际社会做出的郑重承诺，使奥林匹克精神在中华大地得到了更广泛的传播。

在我国四川发生特大地震灾害后，国际社会和国际奥委会的支持和援助使中国人民感到温暖，也使我们增强了重建美好家园，办好北京奥运会的信心。奥林匹克运动的魅力在于她巨大的包容力。今天，全世界 204 个国家、地区，不同民族，不同宗教信仰的人们，相聚在五环旗下，增进了解、加深友谊，共同奏响"同一个世界、同一个梦想"的乐章。

奥林匹克精神的真谛在于"追求以人为本，实现人的自我超越和自我完善"。每一位运动员都将在公平竞争的环境中，展现精湛的技艺，迸发参与的激情，创造心中想望的辉煌。

北京奥运会的重要使命在于促进世界各国文化的交流,我们真诚地希望中华民族悠久的历史文化、充满生机活力的城市和农村,热情好客的人民能够给朋友们留下美好的记忆。

朋友们:北京欢迎你!

例文虽然没有明确标注这是一篇欢迎词,但从致词人身份及致词内容可以看出,这应当算是一篇欢迎词。这篇欢迎词的行文风格同前面一篇欢迎词还是有所不同的,简单地说,同前者相比,后者的感情色彩、文学色彩要更加浓郁,要显得更有激情,更有文采。

致新兵的欢送词

新战友们：

遵照国务院、中央军委2004年度冬季征兵命令，在全县各级各部门的共同努力下，经过严格的体格检查和政治审查，我县共有72名青年被批准入伍，即将成为一名光荣的中国人民解放军和武警战士。在此，我代表县委、县政府向全体应征入伍的青年表示热烈的祝贺！向关心支持国防事业的应征青年的家长表示崇高的敬意！向前来开化崇义接兵的部队领导及全体征兵工作人员表示亲切的慰问！

崇义是革命老区，崇义人民有着光荣的革命传统，战争年代许多崇义子弟为了人民的解放事业，前仆后继，献出了年轻的生命；和平建设时期，又有许多崇义子弟舍小家顾大家，赴军营守边关，为保家卫国奉献自己的青春，也涌现出如黄永云等在全国有很大影响的英雄。今年征兵工作开始后，全县城乡再度掀起参军热潮，广大适龄青年像祖、父辈那样，怀着满腔的爱国热情，纷纷从全国各地返回家乡报名应征，接受祖国挑选，体现了老区人民高度的思想觉悟和良好的革命传统。

同志们，当今世界和平与发展是时代的主题，但世界并不太平，强权政治和霸权主义依然存在；祖国统一大业还未完全实现。严峻的形势告诉我们，没有一支强大的军队就不可能有国家的统一，没有坚强的国防中国就不可能永远屹立于世界的东方。当前，全党、全军和全国各族人民在以胡锦涛同志为总书记的党中央的领导下，高举邓小平理论伟大旗帜，全面贯彻"三个代表"重要思想，认真贯彻党的十六届三中全会精神，向全面建设小康社会的目标迈进。国家政治稳定，经济稳步发展，人民安居乐业，良好的局面来之不易，离不开党的正确领导，离不开全国各族人民的共同努力,更离不开稳固的国防和强大的军队的安全保障。

中国人民解放军是一支光荣的队伍,部队是所大学校、大熔炉,是培养人造就人的好地方,在那里不仅能学政治、学军事、学文化,而且能培养良好的身体和心理素质,养成吃苦耐劳、不畏艰难的坚毅品格,人生有过当兵的经历将会受益终身。即将入伍的应征青年,你们就要告别家乡,踏上从军之路,履行保家卫国的神圣职责,"一人参军,全家光荣",你们应该为此感到骄傲和自豪。同时请你们放心,政府会关心好、照顾好你们的父母和亲人。希望你们到部队后不要辜负家乡人民对你们的厚望,把满腔的热情转化为报国之志,要努力学习政治、军事和现代科技知识,尊重领导、团结战友、刻苦训练、遵章守纪;要努力成一名政治思想好、军事技术精、作风纪律严、完成任务好的优秀士兵;要干一行、爱一行、专一行,在艰苦的环境中磨炼自己,在平凡的工作岗位上建功立业,为家乡人民争光。在这里我也请部队领导在政治、军事、纪律等方面对我们的战士严格要求,在学习、生活方面多关心帮助,使他们尽快适应部队生活并茁壮成长。

最后,祝愿接兵部队领导同志和入伍新兵一路平安,工作顺利!

例文是地方党政领导在新兵欢送会上发表的欢送词,带有一定的公务色彩。以"新战友们"为称谓,简洁、亲切,很容易使欢送对象产生亲近感。正文的开头部分(第一自然段)介绍情况,分别向各方人士表达祝贺、崇敬及慰问之情;主体部分包含几层意思:一是简要回顾当地人民的革命传统,称颂当地青年在征兵工作中所体现出的觉悟和热情;二是概述形势,强调人民军队的重要;三是向欢送对象表示祝愿、承诺和希望,向部队领导提出期望;结语部分是欢送词常用的祝颂性语句。

2. 祝酒词和答谢词

弘扬奥林匹克精神,共创世界美好未来
—— 在北京奥运会欢迎宴会上的祝酒词

中华人民共和国主席　胡锦涛
(2008年8月8日)

尊敬的国际奥委会主席罗格先生,尊敬的国际奥委会名誉主席萨马兰奇先生,尊敬的各位国家元首、政府首脑和王室代表,尊敬的各位国际奥委会委员,尊敬的各位来宾,女士们、先生们,朋友们:

今晚,北京奥运会将隆重开幕,我们共同期待的这个历史性时刻就要到来了。我谨代表中国政府和人民对各位嘉宾莅临北京奥运会,表示热烈的欢迎!在北京奥运会申办和筹办的过程中,中国政府和人民得到了各国政府和人民的真诚帮助,得到了国际奥委会和国际奥林匹克大家庭的大力支持。在这里,我谨向你们并通过你们,向所有为北京奥运会作出贡献的人们,表示诚挚的谢意!借此机会,我对国际社会为中国抗击汶川大地震提供的真诚支持和宝贵帮助,表示衷心的感谢!世界各国人民的深情厚谊,中国人民将永远铭记!

女士们、先生们、朋友们:

2800多年前在神圣的奥林匹亚兴起的奥林匹克运动,是古代希腊人奉献给人类的宝贵精神和文化财富。诞生于1894年的现代奥林匹克运动,集成了古代奥林匹克传统,发展成为当今世界参与最广泛、影响最深远的文化体育活动。在历届奥运会上,各国运动员秉承更快、更高、更强的宗旨,顽强拼搏,追求卓越,创造了一个又一个佳绩,推动了世界体育运动蓬勃发展。奥运会是体育竞

赛的盛会,更是文化交流的平台。国际奥林匹克运动把不同国度、不同民族、不同文化的人们聚集在一起,增进了世界各国人民的相互了解和友谊,为推进人类和平与发展的崇高事业作出了重大贡献。当今世界既面临着前所未有的发展机遇,也面临着前所未有的严峻挑战。世界从来没有像今天这样需要相互理解、相互包容、相互合作。北京奥运会不仅是中国的机会,也是世界的机会。我们应该通过参与奥运会,弘扬团结、友谊、和平的奥林匹克精神,促进世界各国人民沟通心灵、加深了解、增强友谊、跨越分歧,推动建设持久和平、共同繁荣的和谐世界。

女士们、先生们、朋友们:

举办奥运会,是中华民族的百年期盼,是全体中华儿女的共同心愿。2001年北京申奥成功以来,中国政府和人民认真履行对国际社会的郑重承诺,坚持绿色奥运、科技奥运、人文奥运理念,全力做好各项筹办工作。我相信,在国际奥委会和国际奥林匹克大家庭支持下,我们一定能够共同把北京奥运会办成一届有特色、高水平的奥运会。

现在,我提议:为国际奥林匹克运动蓬勃发展,为世界各国人民团结和友谊不断加强,为各位嘉宾和家人身体健康,干杯!

例文是国家领导人在一次十分隆重的宴会上发表的祝酒词,同时也是一篇欢迎词。称谓部分很长,所用称呼由"分"到"总",兼顾各方来宾身份,准确、周到,充分体现出主人的诚意和对客人的尊重。正文内容紧扣活动主题,并有利于营造友好、热烈、喜庆的宴会气氛;措辞非常得体、精美,既极具文采,又不显雕琢;既充满激情,又不失庄重。读起来朗朗上口,很有感染力。祝酒内容简洁、妥当,与活动内容、来宾特点极相契合。

答 谢 词

女士们,先生们:

我很荣幸地代表来自世界各地 21 个不同国家的科学家,在这里答谢陈教授刚才热情洋溢的欢迎词。

使我感到特别荣幸的是我能代表所有参加此次国际会议的"外宾"讲话,因为这是我们第一次有幸在中国参加这一学术会议。

我感谢大会组织委员会对我们的邀请,感谢他们为这次会议的准备工作所付出的辛勤劳动和心血。我们刚到武汉不久,但大会的计划组织工作已给我们留下了深刻的印象。我们同时也感谢中国主人对我们的盛情厚谊。

科学是不分国界的,科学使我们走到一起。我希望今后几天的接触交流将使我们大家感到满意。看到这样盛大的国际聚会,我感到非常愉快,我向参加今天会议的所有人员表示祝贺。我相信他们的研究工作达到了本领域的高水平。

陈教授,谢谢你热情的欢迎词,同时也感谢埋头苦干的组织委员会。此外,我们还要感谢武汉市政府和人民,为了让我们在这里过得愉快并留下深刻的印象,他们做了大量的工作。

谢谢!

加拿大淡水鱼研究所所长 ×××

例文是客人在主人发表欢迎词后所发表的答谢词,因此可以说是对欢迎词的应答。例文篇幅不长,但内容还是很充实的。对主人的感谢、到会后的感受和心情等都表达得比较充分,而这些正是答谢词常写的内容。另外,例文的语言平实自然,带有明显的口语色彩。

3. 开幕词和闭幕词

两院院士大会开幕词

中国科学院院长 路甬祥

(2005年6月2日)

各位领导、各位院士、各位来宾：

中国科学院第十二次院士大会和中国工程院第七次院士大会今天在这里隆重开幕了。这是在党的十六大提出全面建设小康社会宏伟目标，全国人民认真落实科学发展观，国家中长期科学和技术发展规划的制定工作进入关键阶段，我国科学技术和工程技术界最高学术团体召开的一次盛会。今天，1200余名院士欢聚一堂，共议科技创新跨越发展大计，同商富民强国兴邦之道，特别是15位外籍院士也出席了今天的大会。在此，我代表两院主席团，对出席今天开幕式的所有两院院士和各位来宾表示热烈的欢迎。

党中央、国务院历来高度重视科学技术工作。刚才，胡锦涛等党和国家领导人亲切会见了出席两院院士大会的全体院士，胡锦涛总书记将在大会开幕式上发表重要讲话，温家宝总理将在院士大会上作重要报告，陈至立国务委员也将就国家中长期科学和技术发展规划作重要讲话。这充分体现了党和国家领导人对广大科技工作者的亲切关怀和大力支持。

这次大会的主题是：高举邓小平理论和"三个代表"重要思想伟大旗帜，全面贯彻党的十六大和十六届三中全会精神，坚持以人为本，树立科学发展观，团结和带领全国科学技术和工程技术界，深入研讨21世纪头20年我国科学技术和工程技术发展中的重大问题，为制定好国家中长期科学和技术发展规划积极献计献策，为全面建设小康社会奠定坚实的科学技术基础,为推动经济社会协调发展,为中华民族的伟大复兴作出应有的贡献。

中国科学院第十二次院士大会的主要议程有:听取中国科学院学部主席团执行主席、院长和各学部主任、各专门委员会的工作报告;修改院士章程;围绕国家中长期科学和技术发展规划,举办以"科学与中国"为主题的大型学术报告会;对中长期科学和技术发展规划战略研究报告进行咨询;颁发外籍院士证书;选举新的外籍院士;进行学部主席团和学部常委会的换届选举工作。

中国工程院第七次院士大会的主要议程有:听取中国工程院主席团执行主席、院长和各学部的工作报告;围绕国家中长期科学和技术发展规划,配合中国工程院建院十周年,举办以"工程科技与经济、社会发展"为主题的学术报告会;颁发外籍院士证书;进行学部常委会的换届选举工作;颁发光华工程科技奖。

在过去两年中,我们取得了以载人航天飞行为代表的一大批重要成果。金怡濂、刘东生和王永志院士获得了国家最高科学技术奖,他们是院士中的杰出代表。

中国科学院和中国工程院在国家经济建设、社会进步、国家安全的重大问题上,携手合作,提出了许多重大建议并得到决策部门的采纳,作出了自己应有的贡献。今年是中国工程院建院十周年。十年来,中国工程院各项事业取得了重大的进展,在全社会树立了良好的形象。借此机会,我谨代表中国科学院学部主席团和全体院士,对中国工程院建院十周年表示衷心的祝贺。

本世纪的头20年,是我们必须紧紧抓住并且可以大有作为的重要战略机遇期。党中央、国务院作出了制定国家中长期科学和技术发展规划的重大决定,表明了党和国家依靠科技进步,走新型工业化道路,推进经济社会全面协调发展的决心。制定好国家中长期科学和技术发展规划,是我国科技界必须做好的一件大事,将对我国实现第三步发展战略产生重大影响。

各位院士、各位同志,实现全面建设小康社会的宏伟目标,需要全国科技界树立信心,团结奋斗,弘扬"载人航天精神",在科学发展观的指导下,不断开创我国科技事业发展的新局面。我们相信,院士们将在今后的工作中继续努力,紧密团结在以胡锦涛同志为总书记的党中央周围,为我国科学技术事业的发展,为全面建设小康社会,为国家的繁荣昌盛和中华民族的伟大复兴作出新的、更大的贡献。

谢谢大家!

例文正文的篇幅相对较长,主要写入以下内容:一是宣布会议开幕,介绍会议背景与会议概况,对与会人员表示欢迎;二是在说明与会议内容有关的事项之前,专门发布党和国家领导人的与会活动,这是对会议重要内容的强调;三是介绍会议主题和主要议程,这是对会议内容的明确,也可以说是对活动的目的和任务的明确;四是简要回顾以往成就,并以中国科学院院长的身份,对中国工程院建院十周年表示祝贺;五是指明形势和目标,表示继续努力,作出更大贡献的信心和决心。

例文是在大型的专门性会议上所致开幕词,应当算是一种会议文书,行文风格同前面所例举的典型的礼仪文书还是有一定的区别的,从内容到表述,公务色彩都要更浓一些。不过,开幕词毕竟不同于讲话稿,更不同于会议报告,后者是公务文书,可以长篇大论,也可以如公文一般严肃、庄重,而前者篇幅不宜过长,措词不能过于凝重、刻板,可以适当融入一定的感情色彩和口语色彩。这些特点在例文中已有体现。

在北京奥运会闭幕式上的致辞(译文)

国际奥委会主席 罗 格

(2008年8月24日)

亲爱的中国朋友们:

今晚,我们即将走到16天光辉历程的终点。这些日子,将在我们的心中永远珍藏。感谢中国人民,感谢所有出色的志愿者,感谢北京奥组委。

通过本届奥运会,世界更多地了解了中国,中国更多地了解了世界。来自204个国家和地区奥委会的运动健儿们在光彩夺目的场馆里同场竞技,用他们的精湛技艺博得了我们的赞叹。

新的奥运明星诞生了,往日的奥运明星又一次带来惊喜。我们分享他们的欢笑和泪水,我们钦佩他们的才能与风采,我们将长久铭记再次见证的辉煌成就。

在庆祝奥运会圆满成功之际,让我们一起祝福才华洋溢的残奥会运动健儿们,希望他们在即将到来的残奥会上取得优秀的成绩,他们也令我们倍感鼓舞。今晚在场的每位运动员,你们是真正的楷模,你们充分展示了体育的凝聚力。

来自冲突国家竞技对手的热情拥抱之中闪耀着奥林匹克精神的光辉。希望你们回国后让这种精神生生不息,世代永存。

这是一届真正的无与伦比的奥运会。现在,遵照惯例,我宣布第29届奥林匹克运动会闭幕,并号召全世界青年四年后在伦敦举办的第30届奥林匹克运动会上相聚。

谢谢大家!

例文是一篇闭幕词,同时也可以说是一篇答谢词。例文的称谓语非常简单,但又显得非常亲切,合乎致词人所用语言的表达习惯。正文主要包括对东道主的感谢、对运动员的精彩表现和奥林匹克精神的礼赞、对残奥会运动健儿的祝愿、对本届奥运会的高度评价和对下届奥运会的热情期盼等内容,当然,还有宣布大会闭幕的内容。形式轻巧,行文活泼,激情四溢,应是例文最突出的特点。由于这是一篇译文,所以在语言风格、表述方式上同汉语文章还是会有一些不同的。

在北京奥运会闭幕式上致词

北京奥组委主席　刘　淇

（2008年8月24日）

尊敬的胡锦涛主席和夫人，尊敬的罗格主席和夫人，尊敬的各位来宾，女士们、先生们、朋友们：

第29届奥林匹克运动会已经胜利地完成了各项任务，在北京奥运会即将落下帷幕的时刻，我谨代表北京奥组委向国际奥委会、向各国际单项体育组织、各国家和地区奥委会，向所有为本届奥运会做出贡献的朋友们表示衷心的感谢！

在过去的16天中，来自世界204个国家和地区的运动员弘扬奥林匹克精神，在公平的竞争环境中顽强拼搏，展示了高超的竞技水平和良好的竞赛风貌，创造了骄人的运动成绩，共打破38项世界纪录，85项奥运会纪录，当凯旋的号角吹响的时候，让我们向取得优异成绩的运动员表示热烈的祝贺！向所有参加比赛的运动健儿致以崇高的敬意！同时，也让我们向为此付出辛勤劳动的媒体记者和工作人员表示衷心的感谢！

"同一个世界，同一个梦想"，今天的世界需要相互理解、相互包容，相互合作，和谐发展。北京奥运会是世界对中国的信任，不同国家、地区，不同民族，不同文化的人们组成了团结友爱的奥林匹克大家庭，加深了了解，增进了友谊。

中国人民用满腔热情兑现了庄严的承诺，实现了"绿色奥运、科技奥运、人文奥运"，留下了巨大而丰富的文化和体育遗产。

2008年北京奥运会是体育运动的盛会、和平的盛会、友谊的盛会。

朋友们，熊熊燃烧的奥运圣火即将熄灭，但中国人民拥抱世界的热情之火将永远燃烧。在这个时候,我们希望朋友们记住充满生机与活力的北京和各协办城市,记住钟情于奥林匹克运动的中国人民,记住永远微笑、甘于奉献的志愿者。让我们真诚地祝愿奥林匹克运动不断发展。

  这篇例文同前面一篇例文是在同一场合的致词,但由于致词人的身份不同,所以在内容和表达方式上还是有一些区别的。饱含感情色彩和诗意色彩,是例文很突出的特点。另外,例文在语言的运用上有很多值得借鉴的地方,例如,以排比句的形式渲染气氛,增强致词的感染力等。

四、财经文书

（一）经 济 新 闻

全国玉米跨区机收启动
"三秋"农业机械化生产拉开序幕

伴随着一阵阵玉米收割机的轰鸣声，全国玉米跨区机收今天在山东济南启动，这也标志着全国"三秋"农业机械化生产拉开了序幕。

记者从农业部同时举行的全国"三秋"农业机械化生产现场会上获悉：今年"三秋"期间，农业部门将力争投入农机具总量增加100万台套，达到2600万台套以上；玉米机收水平提高3个百分点，突破10%；水稻机收水平提高5个百分点，越过50%；小麦机播水平提高2个百分点，超过80%；油菜、马铃薯等作物的机械化播种取得明显进展。

农业部副部长张桃林表示，上半年农业机械化生产工作稳步推进，为实现夏粮、夏收油料、早稻丰收和农民收入增长，作出了积极贡献。上半年全国农机总动力达7.86亿千瓦，比去年底增长2.3%；机耕、机播、机收总面积达14.5亿亩，耕种收综合机械化水平达43.8%，比去年提高1.3个百分点。"三夏"期间投入机具总量、参加跨区作业机车数、机收作业面积、机收水平和效益均创历史最高水平。

据了解，为保障"三秋"生产，农业部门出台了7项措施推进"三秋"农业机械化生产：一是全面落实各项扶持政策，抓紧完成购机补贴政策实施工作；二是大力推进跨区作业，以水稻、玉米跨区机收为重点，推动秋季农机跨区作业；三是积极推广农机化新技术新机具；四是认真抓好农机防灾减灾，及时开展抢收抢种、病虫防治、提水灌溉等抗灾救灾应急作业;五是切实维护作业安全;六是全力保障农机用油供应;七是着力提高作业组织化程度。

(《人民日报》2008年8月30日　记者冯华)

例文是一则反映最新生产动态的经济动态消息。例文的标题是由主标题和副标题组成的双行标题,主标题点明要点,揭示中心,副标题对主标题所表述的内容加以补充。正文的导语部分(第一自然段)以与标题相近的总述式语句或称结论性语句,概括反映最重要的新闻事实,强调全文的核心意思;主体部分分别写明通过不同的渠道所获取的信息,具体介绍"三秋"农业机械化生产情况特别是农业部门将要采取的各种举措。为说明问题,文中使用了一些具体的数据。用数字说话,以数据"服人",是经济新闻常见的写法。

支付宝2013年度对账单发布：人均支出迈入"万元时代"

1月13日，支付宝2013年度对账单正式面世，不仅能让每个用户直观了解自身开支状况和生活轨迹，同时也成为观察网络经济转型、社会生活和消费方式转变的新窗口。

网上支出呈现"东部腾飞、中西部崛起"格局

2013年网络经济带动的信息消费继续猛进。除"双11"天猫购物狂欢节创下的单日350亿元销售额，当天支付宝交易达1.88亿笔等令人耳熟能详的数字外，支付宝年对账单显示，这一年用户人均网上支出（包含网上消费、转账、还款、缴费等）超出万元大关，稳稳站在了"万元时代"。

支付宝统计显示，2013年网上支出金额排名前五的省份名单和2012年相同，但名次发生了变化。广东反超浙江，重新夺回2013年网上支出最多省份的称号，金额占到全国总量的15.99%。浙江以12.17%屈居第二，紧随其后位列3至5名的是北京、上海和江苏。

按地区来看，2013年网上支出呈现"东部腾飞、中西部崛起"的格局。尽管沿海省份依然是网上支出的主力军，但是中西部省份增速要远高于东部沿海地区。2013年，北京市的支付宝用户网上支出金额占全国的9.3%，同比增长84%，其中人均网上购物消费18654元，缴费支出379元。

4303万余额宝用户共享17.9亿元收益

余额宝的诞生让2013年的支付宝变得与众不同，从支付业务起步的支付宝不再仅止于能花钱，它开始变得会赚钱。

自去年6月13日上线后,余额宝一路受到热捧,开启了全民理财的新时代。天弘基金和支付宝提供的数据显示,截止到2013年12月31日,短短半年有余,余额宝的客户数便达到了4303万,户均持有额4307元,其间累计为用户发放收益17.9亿元。

统计表明,余额宝用户的平均年龄仅有28岁,其中又以23岁的用户数量最大,达到205万人。全国仅有北京、上海和天津的用户平均年龄超过30岁,其中北京以32岁居首。因为财富积累少,这些用户原本难以享受到传统渠道的理财服务,因而更能感受到投资收益带来的乐趣。

年度账单显示,在各省份中,浙江人的理财需求最强烈,自余额宝成立到去年12月31日总申购金额为全国最高的553.5亿元,江苏和山东分列二、三位。江苏省的余额宝用户数量排名全国第一,达330万。上海人均持有余额宝金额最高,达10563元,人均获得的收益也随之名列第一。

在北京,到2013年年底全市余额宝总申购金额为122.9亿元,其中男女用户数的比例为1.004∶1。

边疆偏远地区用户热衷于无线支付

过去一年是移动支付狂飙突进的一年。支付宝年度对账单显示,作为行业领头羊,2013年移动端的支付宝钱包用户数同比增长547%,仅"双11"一天,支付宝的无线支付笔数就高达4518万笔。

用无线支付占整个交易笔数的比例来衡量的话,最热衷于无线支付的是那些边疆偏远地区用户。2013年,无线支付占比最高的地区是青海玉树藏族自治州,这里无线支付渗透率达38.3%。紧随其后的是西藏阿里地区,第三名是同样位于青海的黄南藏族自治州。事实上,移动支付排名前十的地区全部位于青海、西藏、内蒙古等几个边疆少数民族地区。

和以往有所不同的是,2013年的移动支付开始打通线上线下,并就此打开了生活方式变革的大门。在这一年中,移动端的支付宝钱包除了网上购物、缴费和还款外,还化身移动生活助手,可以在便利店买零食、在出租车上付打车款、在电影院购票……

"县里人"年均网购80笔

如果有人告诉您,某个县里的支付宝用户2013年人均网上支出超过4万元,您信吗?别不信,这事就发生在浙江义乌。除义乌之外,人均网上支出达到2万、3万元的县还有一堆。

2013年的年度对账单首次公布了网络消费的百强县(市),其中浙江义乌、江苏昆山、江苏常熟、浙江乐清、福建晋江、浙江苍南、浙江瑞安、浙江慈溪、江苏江阴、江苏吴江位列百强县前十。

统计显示,百强县主要分布在苏浙闽三省,其中浙江最多,有36个。新疆库尔勒市尽管在百强县中忝陪末座,但能在全国2800多个县的比拼中胜出,已经出人意料。

据支付宝介绍,这些百强县的用户2013年人均网上购物达到80笔,"县里人"正享受前所未有的网络购物狂欢。除了在国内网站上淘,他们还积极参加海淘,其中江苏宜兴的用户最时髦,平均每100位用户中就有9位海淘客。

支付宝年度对账单项目负责人认为,这些百强县对网络经济的认知和强大的网上消费能力,不仅让人看到了三、四线地区的支付宝用户在过去一年持续壮大,也让人感受到了消费力量正快速下沉,并在县域这一扩内需的潜力所在地爆发。

(《人民日报》2014年1月14日10版,记者王珂)

这是一篇将"多地一事"综合起来进行报道的综合消息。标题从形式上看应为单行标题,但分为两节的单行标题起到了双行标题的作用。前半部分"支付宝2013年度对账单发布:"类似于引题,主要起到交代背景、引出正题的作用;后半部分"人均支出迈入'万元时代'"则相当于主标题,主要起到概括最重要的新闻事实,揭示新闻主题的作用。正文的导语部分(第一自然段)极为简短,以高度概括的方式总述基本情况,揭示内容核心;主体部分紧承导语部分对事实的概述与评价,分述几个典型地区在网上购物、网上支出方面所呈现出的状况和特点,反映不同地区的情况既能紧紧围绕着一个主题,又能有所侧重,写出区域特色。整篇新闻稿可以说做到了"点""面"结合,总分有序,详略得当。另外,文中有实例,有数据,内容翔实、具体,给人很"实"的感觉。

地广也要节约　人稀更需集聚
西藏集约用地造福百万农牧民

西藏地广人稀,但西藏自治区没有放松对土地的严格管理。特别是去年以来,自治区立足科学发展,要求各地市加强土地管理,严格用地审批程序,大力推进节约和集约用地,切实维护农牧民的根本利益,促进了西藏经济又好又快发展。

西藏自治区国土面积达120多万平方公里,但土地集约化程度不高,后备资源比较匮乏;可利用土地只占全区国土的66.9%,可耕地仅占0.3%。自治区党委书记张庆黎多次强调,地广也要节约,人稀更需集聚。要辩证看待西藏土地资源的优势,大力推进节约和集约用地,把中央政策落到实处,千方百计造福广大农牧民。

为加强土地管理,有效保护耕地,自治区制定了各地耕地保护责任目标考核办法。各地专员、市长对本行政区域内的耕地保有量和基本农田保护面积负总责,定期进行考核,考核不合格的,限期整改,并依法追究其领导责任。"十五"期间,全区完成了基本农田保护区的调整划定和检查验收工作,保护面积31.34万公顷,保护率达86.45%。全区还清理、清缴土地出让金1328万元,清理拖欠农牧民征地补偿费4877万元,并严肃处理了相关责任人。

立足盘活存量用地,防止荒芜闲置土地。全区城镇共有存量建设用地200宗,土地面积14439亩,其中闲置土地82宗,面积2475亩,空闲土地118宗11964亩。自治区决定,对出让合同生效或建设用地批准之日起一年未动工开发建设的,依法征收土地闲置费,并责令其限期开发建设;逾期两年不开发的,依法收回土地使用权,进行二次招商。

妥善处理民房改造中的适度集中与占用耕地的矛盾,引导农牧民合理使用宅基地。在去年自治区实施的农牧民安居工程建设中,有4万多农户住房需要改造,各级国土资源部门严把规划关,在建设选址上做到充分利用原有宅基地和荒地,尽量不占和少占耕地;并结合游牧民定居和扶贫搬迁工作,引导农牧民向小城镇和公路沿线集中。2006年,山南地区12个县农牧民安居工程计划占用土地2000亩,国土资源部门在实地调研后,提出农房改造以就地改造为主方案,仅此一项就节约用地1000多亩。

严格实行耕地占用补偿制度,引导农牧民复垦荒坡荒地。为将占用耕地补偿制度落到实处,去年以来,自治区国土资源厅会同有关部门,组成联合执法检查组,分赴全区一些重点县市,进行基本农田保护和建设用地检查,纠正了一些县市政府的不合理用地。迄今为止,自治区已连续5年基本实现耕地占补平衡。

(《人民日报》2008年6月16日　记者郑少忠)

例文是一则以报道西藏在集约用地方面的成绩及做法、经验为主的经济消息。例文的标题是由引题加正题组成的双行标题,引题点明背景,说明事实,以引出正题;正题紧承引题,概述主旨,揭示主题。正文的导语部分(第一自然段)主要以叙述的方式总述最重要的新闻事实,言简意明。然后插入简短的背景材料(第二自然段),简单介绍西藏自治区的土地资源状况和政策精神。接着就是新闻的主体部分,主体部分具体说明报道对象在节约和集约用地方面取得的成效及相关措施。特别值得注意的是,主体部分各段均把概括段落段中心意思的段中主句放在段首,然后围绕段中主句展开事实的叙述,非常便于阅读。也就是说,各段既有总体情况的归纳,也有具体的实例和数据,内容翔实,要点明确,条理性很强。

美了乡村 富了农民
海南1/3自然村成为文明生态村

走进海南文昌市文教镇咸正村,房屋、池塘、花池在绿荫掩映下更加美观,房前屋后,用水泥铺设的村道坚固而整洁,村里还有露天戏台、文化室、体育场,池塘边、花池旁、林荫下均设有专供村民休闲歇息的石桌、石椅……让人感觉宛如进入"世外桃源"。

咸正村是海南农村变化的一个缩影,省文明办主任陈修演告诉记者,像咸正村这样的村子,目前全省已经有7774个,占全省自然村总数的1/3。大面积、全方位开展文明生态村创建,已成为海南省精神文明建设的亮丽品牌和社会主义新农村建设的有效载体。

2000年1月,海口市三江镇大湖村担起创建海南省第一个生态文明村的任务。他们先整治脏乱环境,接着又开始修建硬化环村道路和巷道,建排污沟、垃圾池,并在空地上种草种树种花。与此同时,村干部带领村民发展热带高效作物种植和运输、石料加工等副业。村里环境焕然一新,农民人均年纯收入由原来2000元增加到近5000元。

大湖村的经验在全省得到推广。从2001年开始,海南省出台了建设文明生态村的具体标准和要求,着手建设生态优良、生产发展、生活宽裕、村容整洁、乡风文明、管理民主的文明生态村,改变千百年来农村脏、乱、差现象和陋习。

对于建设文明生态村的资金,海南采取了"一个为主、四个帮助"和"政府补贴"的办法,即农民自己出资、投劳为主,本村富裕户、本村在外工作人员、华侨华人帮助,政府适当补助。政府主要进行科学规划、制定标准、组织实施、狠抓落实。

海南文明生态村建设始终突出经济发展、农民增收这一核心。

儋州市和庆镇的美万新村,实施文明生态村建设前穷得人都跑光了,原先200多人的村子只剩下38人。在文明生态村的建设过程中,两任党支部书记带领全村农民,实施热带高效生态农业措施,全村很快变为富裕村。

多年努力,满园春色。如今,海南省23万多户、100多万农民住进了宽敞明亮的房屋;2007年,全省农民人均纯收入达到3791元,年均增长近10个百分点,140多万人解决了饮水困难和饮水不安全问题;全省贫困人口由2002年的19万人减少到2007年的12.8万人;农村电网改造全部完成;2688个建制村通了公路;建成沼气池23万座,每年减少砍伐天然林木120多万亩。

(《人民日报》2008年4月20日　记者罗昌爱、马应珊)

例文是一则对海南省建设文明生态村的成效和经验进行报道的新闻,从总体上看,应当算是一则典型消息。标题是由引题和正题组成的双行标题,引题主要用以描述现状,烘托气氛,并引出正题;正题以非常直白的语句揭示核心事实,点明新闻主旨。正文的开头部分(第一、二自然段)先是以非常生动形象的语言描写环境与场景,然后以引用式写法写明最基本、最重要的新闻事实,说明新闻的中心内容;主体部分由"点"到"面",由情况到措施,具体反映报道对象所取得的成效和经验;结尾部分(最后一个自然段)综述现状,以数据说明报道对象所取得的成果,很有说服力。

民生为本　统筹发展
——四川以科学发展观指导灾后恢复重建工作述评

四川发生大地震3个多月后,记者来到距松潘县城63公里的镇坪乡解放村。在一片搭满地震棚的开阔地上,当地负责人指着规划图上漂亮的羌式民居效果图介绍说,这里已经通过地质灾害危险、环境影响等科学评估。在不远处的工地上,许多羌族群众正忙着给新居打地基。村民杨继军说,他喜欢这个山清水秀的地方、喜欢规划图上的房子,盼望着明年春节前能搬进漂亮的新家。这种对新生活的热盼之情,在汶川、黑水、茂县、理县、绵竹、什邡、北川、安县、彭州和都江堰等地震重灾区随处可见。

"以人为本、民生优先,尊重自然、科学布局,统筹兼顾、协调发展,创新机制、协作共建"。一本厚厚的《四川汶川地震灾后恢复重建总体规划》和9个专项规划、31个规划专题,倾注了无数人的心血、无数人的智慧、无数人的期盼。

恢复重建不是简单复制,而是要实现新的发展和提升

8月13日上午,在四川省委举办的第一期灾后恢复重建专题培训班上,四川省委书记刘奇葆指出,灾后恢复重建工作关系到几千万群众的切身利益,关系灾区的长远发展,必须科学推进,把恢复重建与工业化、城镇化、新农村建设结合起来,与优化经济布局结合起来,与转变发展方式结合起来,与充分开放合作结合起来,与改善宏观环境结合起来,使灾后恢复重建的过程成为增强灾区发展后劲和科学发展能力的过程。恢复重建不是简单复制,而是要在"五个结合"基础上实现新的发展和提升,正是四川省编制灾后恢复重建规划时被普遍认同的基本理念。

"5·12"汶川特大地震是新中国成立以来破坏性最强、波及范

围最广、救灾难度最大的地震。四川全省52％的面积受灾,受灾人口占全省总人口近1/3,1000多万人因房屋倒塌或严重损毁而无家可归,全省因灾经济损失超过1万亿元。在这样的基础上恢复重建,其艰巨性、复杂性可想而知。

在震后第七天,四川省就已经着手为恢复重建开展基础筹备工作。中央各部门及四川省各行各业专家云集四川,数以百计的专家奔走于各个灾区,访谈、摸底、调查、评估,仅印送的各种研究报告和资料文件就达5000多万字。两个月后,一份内容详尽的《四川省汶川地震灾后恢复重建总体规划》出炉。在精心编制总体规划的过程中,四川省还先后汇总了18个省直部门和6个严重受灾地区提出的14个专题政策建议,形成了涉及8大类共39条的灾后恢复重建政策。

四川省发改委主任刘捷介绍说,这份总体规划,突出了以人为本、科学重建、可持续发展的指导思想,突出民生问题和基础设施、产业恢复与发展,突出政策思路和机制、体制方面的创新,突出规划编制思路和理念创新。根据总体规划提出的目标,四川力争用三年左右的时间完成恢复重建工作,使灾区群众基本生活生产条件达到或超过灾前水平,经济发展达到或超过灾前水平,为全面建设小康社会和可持续发展奠定坚实基础。

保障民生是恢复重建的基点,让受灾群众通过重建实现安居、安定、安全、安稳、安心

严重的地震灾害不仅给灾区人民造成生命财产的惨重损失,也造成部分地区资源环境承载力下降、部分城镇和乡村发展空间和环境恶化、一些地区人地矛盾更加突出、部分区域人口容量出现明显下降,其结果必然对区域经济发展产生深远影响。

据了解,在这次地震灾害中,城镇居民住房倒塌、损毁和受到严重破坏的面积达8800多万平方米,农村居民住房倒塌和严重破坏的面积更是高达3.3亿平方米,涉及347万多农户。与此同时,包括近5000公里国道、3万公里农村道路、1万多个卫生服务机构、9500多个公共文化机构在内的基础设施部分瘫痪或严重损毁。农业在地震中遭到严重打击,耕地损毁近200万亩,这对人均耕地不足7分而人口却多达8800万的四川来说不啻是雪上加霜。

民生是执政之本。四川省在编制恢复重建规划时,把保障民生作为恢复重建的基点,把解决与受灾群众基本生活生产密切相关的问题放在首位,力求让受灾群众通过重建实现安居、安定、安全、安稳、安心。

在规划中,四川省根据地震灾害影响和区域资源环境差异,将灾区划分为"适宜重建、适度重建、不宜重建"三种类型,并在这个基础上对人口布局、产业布局、用地布局进行系统优化和总体调整,力求达到人口、经济、社会与资源环境的协调发展。

同时,四川把城镇建设、农村建设、城乡住房建设、公共服务设施建设、基础设施建设、产业恢复重建、市场服务体系建设、防灾减灾、生态修复以及重建精神家园等10个恢复重建的主要任务放在最突出位置。按照规划要求,四川省将在2009年内完成受灾农民住房建设,在一定时期内恢复和重建受损农田139万亩、生产大棚2558万平方米、畜禽圈舍2065万平方米、提灌站9271座;规划还以恢复重建交通设施为重点,抓紧建设重要经济干线,在一定时期内恢复和重建4600多公里干线、2.9万多公里农村公路和5855公里县乡断头路。

为尽快恢复受灾群众基本生活和灾后正常生产秩序,四川省选择了学校、医疗卫生机构、广播电视等公共服务设施和交通、供水、供电等先导型基础设施项目,共6大类265项,作为第一批启动项目,总投资近400亿元,其中今年计划投入320亿元。

恢复重建靠群众自力更生,更要靠政府有效扶持和积极引导

不久前,记者来到有"嘉绒藏族第一村"美誉的四川理县甘堡乡甘堡村的甘堡藏寨。这个千年古寨,在地震中超过80%的房屋坍塌。在县里的支持下,藏寨群众自力更生、互帮互助、就地取材,不仅解决了全寨群众的安置问题,还为邻乡600多人提供了居所。为安置灾区800多万无家可归群众,四川省在中央各部门及各省市的支援下,仅用两个多月的时间建设完成了数百万套过渡房,其中76%的临时住所是受灾群众自己建设的。

在如此短的时间内取得这样的成果,除了靠群众的自力更生精神,更要靠政府的有效扶持和积极引导。四川省在编制灾后恢复重建规划时,以39个灾情严重的县区为重点,投入资金达1.18万亿元,预计全省灾后恢复重建投资总额将达1.6万亿元。重建规模如此之大,资金从哪里来?

为了解决这个难题,四川省在总体规划中提出恢复重建要坚持政府资源与社会资源相结合、中央投资与地方投资相结合,利用政策措施杠杆,鼓励社会广泛参与。

四川省在规划中确立了通过国家投入和运用财税、金融、产业、土地、社保、对口支援等政策,扩大开放合作,鼓励社会力量广泛参与,坚决不搞闭门重建。

为加快产业恢复重建步伐,鼓励产业自身发展,四川省在规划中对灾区产业政策进行了适时调整和补充,包括放宽灾区行业准入、改善产业发展条件,对优先恢复重建的产业、优势特色产业和资源综合利用项目,给予投资补贴或贷款贴息。

事实上,自地震发生以来,灾区群众表现出惊人的自我修复能力,为灾后恢复重建规划的顺利实施打下了良好的基础。震后不到100天,全省无家可归的群众全部搬进临时住所;不到90天,全省规模以上受灾企业有93.4%恢复生产,商业网点过渡性恢复达

92%以上;不到两个月,13个受灾市、州以及成都等4个市、州的旅游市场已经全部或部分恢复。根据四川省规划,用不到两年时间,全省农村灾区将全面完成倒塌和严重损毁农房建设,让受灾群众住上经济、适用、安全的新家园;力争再用不到3年的时间,确保全部受灾群众住上符合国家居住规划设计标准的永久性住房。

(《人民日报》2008年8月22日 记者 郑德刚)

例文是一篇对灾区重建工作进行报道与评析的述评类新闻。标题采用一般文章常见的双行标题写法,即以主标题揭示中心观点,概括核心事实,副标题对主标题加以补充或阐释,进一步说明报道内容和文种。主副标题相结合,已把新闻的内容要点表述得非常清楚。从总体上看,正文所采用的是"边述边评"或称"夹叙夹议"式写法,一边叙述新闻事实(写明情况和措施),一边对事实进行分析与评论,而且主要看法与认识均以小标题的形式点明,十分明确、突出。既有事实,又有评析,叙"事"论"理","事""理"兼顾,是述评类新闻所应具备的特征。

（二）产品说明书

复方薄荷脑鼻用吸入剂说明书

请仔细阅读说明书并按说明使用或在药师指导下购买和使用。

【药品名称】
  通用名称：复方薄荷脑鼻用吸入剂
  商品名称：
  英文名称：
  汉语拼音：
【成 份】本品为复方制剂。每克含薄荷脑、樟脑 400 毫克，含水杨酸甲酯 110 毫克。
【性 状】
【作用类别】本品为耳鼻咽喉科用药类非处方药药品。
【适 应 症】用于感冒引起的鼻塞。
【规 格】
【用法用量】有鼻塞时使用，使用时，旋下外套，将塑料内管紧密接触一侧鼻孔，用手指按压另一鼻孔，然后深吸气 2～3 次。
【不良反应】
【禁 忌】
【注意事项】
  1. 使用本品 3—5 天后，如果症状未改善，请咨询医师。
  2. 本品只宜经鼻吸入。
  3. 本品挥发性强，使用完毕，请将外套旋紧。
  4. 本品不适用于儿童。
  5. 孕妇、哺乳期妇女慎用。
  6. 对本品过敏者禁用，过敏体质者慎用。

7. **本品性状发生改变时禁止使用。**
8. **请将本品放在儿童不能接触的地方。**
9. **如正在使用其他药品,使用本品前请咨询医师或药师。**

【药物相互作用】如与其他药物同时使用可能会发生药物相互作用,详情请咨询医师或药师。

【药理作用】本品是由薄荷脑、樟脑、水杨酸甲酯组成的易挥发的血管刺激剂,通过经鼻黏膜吸收进入鼻黏膜毛细血管,使毛细血管收缩,达到缓解鼻塞的作用。

【贮　　藏】　　【包　　装】　　【有效期】
【执行标准】　　【批准文号】　　【说明书修订日期】
【生产企业】
企业名称：　　　生产地址：　　　邮政编码：
电话号码：　　　传真号码：　　　网址：

如有问题可与生产企业联系。

　　例文是一篇化学药品说明书,标题由说明对象或称产品名称加文种名称构成,标题之下加有注释,对购买和使用的方法加以提示。正文依次写明购买和使用者需要了解的具体事项,其中,"用法用量""注意事项"等都是直接与药品的使用有关的事项,也可以说是使用者必须了解的事项,所以写得非常详细、明确,表述方式比较通俗易懂。另外,"药理作用"等通常也是药品使用者比较关心的问题,例文也写得很易于理解。

　　说明书可以说是人们在日常生活、工作中常会接触的一类文书,比较常见的说明书除了产品说明书之外,还有招股说明书、岗位说明书等,下面就通过例文,看看企事业单位常用的岗位说明书的一般写法。

附:岗位说明书

行政部门的岗位说明书

部　门　行政部
岗　位　经理
类别、级别　★ Ⅲ
直接上级:人力资源总监
职务概况:负责制定、监督实施各项行政管理制度;负责按年度预算进行办公用品、办公设备的采购管理及发放管理;严格控制行政开支;及时处理好日常行政事务;保证基本设施的正常运行,为公司其他部门做好辅助工作。

岗位职责:

1. 负责制定公司的各项行政管理制度,使公司的管理工作规范化。

2. 负责公司各项制度的执行与监督。

3. 配合公司各部门发文,并按ISO9001的要求进行文件的统一管理。

4. 制定合同的标准文本,对所有往来合同进行规范管理。

5. 负责车辆调度、保养的管理,使车辆能够安全、高效地利用。

6. 负责办公用品的采购、发放管理。

7. 各部门所需的基本办公设施的采购、发放、维护、保养。

8. 根据年度预算,严格控制行政开支。

9. 负责组织财务部与本部门相关人员每月对办公用品及办公设备进行例行盘点。

10. 负责办公区域的管理。

11. 负责日常行为的管理,并进行相应的奖罚。

12. 负责公司日常的事务接待。

13. 负责公司一些突发事件的处理。

14. 对本部门员工进行业绩考评,并将考评结果及时反馈给员工,帮助员工更好地工作。

15. 每周一提交上周工作总结和本周工作计划。

工作关系:公司各部门,外部有关单位。

直接下属:行政秘书、行政助理、内务、前台文员、驾驶员。

部　　门　行政部

岗　　位　总经理秘书

类别、级别　★ Ⅴ

直接上级:行政部经理

职务概况:负责文件的汇签、收发管理;对公司级会议进行记录,并整理成文;处理总经理日常行政事务、会议、接待、活动、报销单整理等工作;负责总经理和各部门总监的联络工作;整理总经理的文件;完成部门经理布置的各项工作。

岗位职责:(略)

工作关系:与各部门联系密切。

直接下属:无

部　　门　行政部

岗　　位　行政助理

类别、级别　★ Ⅳ

直接上级:行政部经理

职务概况:制定和完善公司的行政管理制度,使公司的管理更加规范、合理;合理安排车辆调度;员工日常行为的督导;办公区域的管理;日常行政事务的管理。

岗位职责:(略)

工作关系:各相关部门
直接下属:无

部　　门　行政部
岗　　位　行政助理(总务)
类别、级别　★　Ⅴ
直接上级:行政部经理
职务概况:负责办公用品、办公设备的管理与发放;负责公司内部办公设备、物品的维修及保养;办公环境的保洁;公司财产的安全。
岗位职责:(略)
工作关系:对内:财务部、其他各部门
对外:与相关供应商
直接下属:无

部　　门　行政部
岗　　位　总台接待
类别、级别　★　Ⅵ
直接上级:行政部经理
职务概况:礼貌热情地接转电话;接待来访客户;预订票务;邮件快递;订水;完成部门经理安排的打字、复印等工作。
岗位职责:(略)
工作关系:各部门员工、来访客户、供应商
直接下属:无

部　　门　行政部
岗　　位　驾驶员
类别、级别　★　Ⅵ

直接上级:行政部经理

职务概况:负责车辆的清洁、维修、保养,确保文明驾驶,安全行车。

岗位职责:(略)

工作关系:各部门

直接下属:无

(例文出处:HRoot社区)

岗 位 说 明 书

岗位名称	办公室主任	所属部门		办公室	
直接上级	执行主任	直接下级	办公室副主任	岗位职级	2

职位概要:负责上级交办的各项工作和办公室的日常管理事务。

岗 位 职 责

1. 负责中心日常事务、人事、财务的管理。
2. 制定本部门工作计划,并负责对本部门的工作进行检查、考核。
3. 负责中心的接待管理工作。
4. 负责中心所有会议事项。

权 限 与 责 任

权限:	责任:
1. 中心信息发布实施权。	1. 中心信息发布的合理性和及时性负主要责任。
2. 中心人事变动的建议权。	2. 人事变动的合理性负一定责任。
3. 对本部门工作人员奖惩的建议权。	3. 对培训工作负主要责任。
4. 对下属工作的分配权。	4. 对本部门工作人员奖惩等工作的合理性负主要责任。
	5. 对档案管理负责。

续　表

任 职 资 格 与 能 力 锻 炼
1. 积极要求进步,工作肯于吃苦,具有强烈的责任感并勇于创新; 2. 具有胜任本岗位的组织、管理、协调和解决实际问题的能力; 3. 具有较强的领导能力,注重团队协作,工作认真负责; 4. 具有一定的网络基础知识,办公自动化操作熟练; 5. 学习成绩优良,文字综合能力强; 6. 有相关的工作经历者优先; 7. 每周必须保证一定的工作时间。 8. 可获得领导、协调、管理、文字能力的极佳锻炼。

例文是两种不同样式的岗位说明书,前者采用条文式写法,后者采用表格式写法,二者在形式上有一定的区别。从内容的角度来看,后者要更全面一些,其中不仅有对岗位本身的描述,而且有对任职者资格和条件的要求,对两个方面的内容均有非常明确、具体的说明。

岗位说明书是在对岗位情况进行全面分析的基础上所编制的说明性文书,其内容通常包括工作基本信息、岗位设置目的、主要职责、工作环境以及任职资格要求(如学历、技能、经验、体能等)等。随着人事制度的改革,特别是随着目标管理、岗位责任制等现代管理制度的施行,岗位说明书在企事业单位用得越来越多。

（三）经济活动分析报告

2004年上半年经济活动分析报告
AA（集团）有限公司

一、基本情况

2004年上半年，AA集团公司在党政的直接领导下，全体员工紧紧围绕年初职代会"坚持严、细、实，遵循高、大、新，实现AA集团公司新一轮快速发展"的工作目标，克服了原材料持续上扬、业务承接量不足等诸多不利因素的影响，完成机械加工总量17194吨，M产品106台，N产品8台，创造工业总产值7760万元，实现合并营业收入8315.68万元，营业利润331.73万元，利润总额303.45万元。若剔除SS公司的影响，则上半年完成机械加工总量12700吨，创造工业总产值5969万元，实现合并营业收入6485.18万元（其中主营收入6435.22万元、外销257.50万元），营业利润256.36万元，利润总额255.48万元，与上年同期相比，分别增长了915万元、1676.41万元、18.92万元和15.93万元，增长率分别为18.10%、34.86%、7.97%和6.65%；营业收入、外销收入和利润总额分别完成年度计划11100万元、400万元和610万元的58.43%、64.38%和41.88%；但合并销售毛利率、合并销售利润率和合并净资产收益率分别由上年同期的16.98%、4.98%和2.17%下降至14.90%、3.94%和1.69%，这说明集团公司在营业收入强劲增长34.86%的同时，由于成本费用以比营业收入更快的速度增长，使利润总额仅增长6.65%，经营成果与"时间过半，任务达半"的目标有一定的差距。

从资产状况来看,截止到6月末,资产总额13277万元,资产结构(流动资产与长期资产之比)为1.83:1,权益比率(负债与股东权益之比)为1.16:1,流动比率为126.01%,这说明流动资产足够偿还短期债务,但同时部分股益资本被流动资产占用,对盈利能力势必造成一定的影响。

为了便于与上年同期数据相比较,及与年度计划口径一致,以下对经营成果的分析以剔除SS公司的合并财务数据进行为准。

二、具体分析

(一)实现产值、营业收入、利润分析

上半年完成工业总产值5969万元,实现营业收入6485.18万元(其中主营收入6435.22万元,外销257.50万元),利润总额255.48万元。

合并营业收入完成年度计划的58.43%,比上年同期增加1676.41万元,主要呈现为XX公司和YY公司的销售增长,而母公司的销售相对萎缩。

合并利润总额完成年度计划的41.88%;与上年同期相比,各母子公司都有所增加,其中母公司在营业收入下降的同时实现了增利,YY公司实现扭亏,稍有盈余,开创了良好发展的新局面。

母公司的营业收入与上年同期相比下降了248.87万元,但利润总额增加71.88万元,除投资收益增加36.17万元外,其他归功于成本费用的有效控制。

XX公司PP产品销售量与上年同期基本持平,但由于5月份某公司(客户)补差价566.97万元(含税),使平均结算价格(含税)由上年同期的3576.34元/吨增至4455.53元/吨,增加了879.18元/吨,从而营业收入增加779.58万元,实现增利16.05万元。

YY公司积极、主动地开发市场,实现外销183.70万元,同时采取到现场包换N产品的售后服务等有效措施,基本上占领了B

市内N产品市场。与上年同期相比销售收入增加821.93万元，实现盈余3.16万元。

ZZ公司营业收入和利润总额与上年同期相比分别增加23.32万元和9.23万元，可见正处于持续性发展中。

产值、销售收入、利润总额比较表

指标名称	合并完成	与上年同期相比		为年度计划的百分比	备注
		增加额（万元）	增长率（％）		
工业总产值	5969	915	18.10		
AA公司	1549	741	91.71		
XX公司	3250	21	0.65		
YY公司	994	91	10.08		
ZZ公司	176	62	54.39		
营业收入	6485.18	1676.41	34.86	58.43	
AA公司	1339.23	−248.87	−15.67		
XX公司	4080.41	779.58	23.62		
YY公司	1384.15	821.93	146.19		
ZZ公司	137.41	23.32	20.44		
内部抵销	−456.02	300.45	−39.72		
外销	257.50	203.50	376.85	64.38	
AA公司	66.30	19.30	41.06		
YY公司	183.70	183.70			
ZZ公司	7.50	0.50	7.14		
利润总额	255.48	15.93	6.65	41.88	投资收益：29.29万元
AA公司	60.72	71.88	−644.09		投资收益：35.66万元
XX公司	201.30	16.05	8.66		投资收益：27.29万元

续 表

YY公司	3.16	51.25	−106.57		
ZZ公司	23.96	9.23	62.66		
内部抵销	−33.66	−132.48	−134.06		抵销投资收益：33.66万元

(二) 成本费用分析

上半年,营业成本为5519.06万元,较上年同期3992.36万元增加1526.70万元,增长率为38.24%;期间费用为826.72万元,较上年同期546.19万元增加280.53万元,增长率为51.36%。

由于总体成本费用的增长率39.58%大于营业收入的增长率34.86%,使得今年上半年的销售成本费用率达98.38%,比上年同期95.06%相比增长了3.32%,增长幅度为3.49%,最终使利润总额以比营业收入少28.21个百分点的速度增加。

原材料的持续上扬是成本费用上升的主要原因,虽然5月份有所回落,但自6月初以来又出现强势反弹,与上年平均原材料采购成本相比,上半年由于涨价因素对生产成本的影响金额为1135.47万元,其中母公司39.19万元、XX公司992.85万元,YY公司103.43万元。

值得一提的是,母公司与整个集团的情况正好相反,与上年同期相比,母公司的营业成本下降了495.61万元,期间费用增长214.21万元,成本费用总额下降了283.60万元,下降幅度大于营业收入的下降幅度,使母公司由上年同期亏损11.16万元扭转为盈利60.72万元,这一方面与各分公司的成本控制意识是分不开的,另一方面是为了更加如实地反映成本,今年对收所属分公司的管理费由以往冲减管理费用改为冲减制造费用,若剔除此因素的影响,管理费用应是相对节约的。

XX公司上半年平均单位生产成本达3675.35元/吨,比计划单位成本 3650 元/吨上升 0.69％，比上年同期生产成本 2434.31 元/吨上升 50.98％。根据吨生产成本原材料配比，由于涨价因素使原材料生产成本比上年平均增加了 993.73 元/吨。与上年同期相比，上半年营业成本增加了 914.70 万元，比营业收入的增加多出 135.12 万元。管理费用较上年同期节约了 138.66 万元，营业费用与财务费用基本持平。

YY 公司上半年平均单位生产成本 M 产品为 9020.33 元/吨、N 产品为 5268.44 元/吨，分别比上年同期增长 3690.27 元/吨和 410.60 元/吨。与上年同期相比，营业收入的增长比营业成本的增长多出 107.53 万元；期间费用增长 52.43，其中由于销售特别是外销的增长和本年增加外行贷款 400 万元而增加营业费用 20.15 万元和财务费用 4.33 万元。

成本费用构成变动情况表（占营业收入的比例）

项目名称	本年上半年		上年同期	
	数值（万元）	百分比（％）	数值（万元）	百分比（％）
营业收入	6485.18	100.00％	4808.78	100.00％
成本费用总额	6380.40	98.38％	4571.25	95.06％
其中：营业成本	5519.06	85.10％	3992.36	83.02％
主营税金及附加	34.62	0.53％	32.70	0.68％
管理费用	644.81	9.94％	466.43	9.70％
销售费用	115.88	1.79％	39.26	0.82％
财务费用	66.03	1.02％	40.50	0.84％

可控性管理费用为年度财务计划 216.10 万元的 48.55％，与上年同期相比节约了 60.57 万元。其中修理费、运输费节约较多，控制较好，这主要是公司认真落实了上级关于对车辆进行效能监察的精神，对车辆运输费、修理费进行有效控制；办公费较上年同期增加 3.60 万元，主要是因为今年增加了物资验收单、结算中心

委托收款书等印刷品使印刷费增加3.60万元;业务招待费超支较严重,其中母公司和XX公司已超出税务允许扣除标准的4.18万元和1.83万元,这应引起足够的重视,下半年应严格控制。

可控管理费用执行情况对照表

项目名称	本年上半年(万元)	与上年同期相比		为年度财务计划的(%)
		增加额(万元)	增长率(%)	
办公费	20.58	3.71	22.02	51.83
差旅费	15.99	-1.41	-8.12	48.76
修理费	25.27	-55.88	-68.86	53.77
运输费	10.27	-16.44	-61.55	24.00
业务招待费	32.80	9.45	40.49	60.97
合计	104.92	-60.57	-36.60	48.55

(三)资产营运效率分析

上半年总资产周转次数为0.66次,比上年同期周转速度加快,周转天数从750天缩短到545.45天。上半年平均资产规模较上年同期扩大,增长幅度为31.38%,但营业收入较上年同期增长幅度更大,为34.84%,公司总资产的周转速度有所上升,运用总资产赚取收入的能力有所提高。

从存货、应收账款、应付账款占用资金数量及其周转速度的关系与上年同期相比较来看,除应收账款由于成立结算中心的关系周转天数缩短外,总体经营活动的资金占用有较大幅度的增加,其中库存商品平均占用资金3510.57万元,占平均资产总额的27.91%,非现金资产转变为现金的周期变长,从而使总资产的营运能力有所下降。当然,由于实行结算中心,资金的统筹统配在一定程度上也延缓了现金的持有时间。

资产周转速度表

项目名称	本年上半年	上年同期	相比增加
总资产周转率（次）	0.66	0.48	0.18
固定资产周转率（次）	1.90	1.29	0.61
流动资产周转率（次）	1.08	0.81	0.27

营运能力指标表

项目名称	本年上半年	上年同期	相比增加
存货周转天数	250.89	186.17	64.72
应收账款周转天数	58.08	106.53	−48.45
应付账款周转天数	85.39	132.98	−47.59
营业周期	308.97	292.71	16.26

（四）偿债能力分析

从支付能力看，与上年同期及上年末有所好转，但流动比率、速动比率与国际标准值相比较落后。目前流动资产大于流动负债，只要库存商品的变现能力加快，公司不能偿还短期债务的风险较小。

从资产负债率和产权比率和利息保障倍数来看，公司的资本结构倾于合理、稳定，长期偿还债务本息的能力有一定的保障。

偿债能力指标表

项目名称	本年上半年	上年同期	上年末
流动比率	1.26	1.33	1.31
速动比率	0.52	0.50	0.40
利息保障倍数	5.60	6.91	8.67
资产负债率	0.54	0.45	0.47
产权比率	1.17	0.82	0.88

（五）盈利能力分析

上述已提及，由于成本费用的增长大于营业收入的增长，公司的盈利能力与上年同期相比有所下降。销售毛利率为14.90%,销售利润率为3.94%,成本费用利润率为4.00%,资产收益率为0.51%,净资产收益率为0.94%,资产和净资产的收益率均小于企业实际贷款利率,盈利能力偏低。

盈利能力指标表

项目名称	本年上半年	上年同期	相对增长
销售毛利率(%)	14.90	16.98	−2.08
成本费用利润率(%)	4.00	5.24	−1.24
销售净利率(%)	0.64	1.32	−0.67
资产收益率(%)	0.51	0.63	−0.12
净资产收益率(%)	0.94	1.10	−0.16

(六)资金分析

公司通过销售商品、提供劳务所收到的现金为7806万元,这是公司当期现金流入的最主要来源,约占公司当期现金流入总额的80.10%。但是,由于公司原材料价格的上扬,购买商品、接受劳务支付的现金增加,上半年经营业务的现金支出大于现金流入,因此经营业务自身不能实现现金收支平衡,经营活动出现了360万元的资金缺口,公司通过增加外行资金500万元。下半年预计经营活动的资金缺口会更大,为此需要继续增加产成品的销售,加快资金的周转速度,及时收现,加速资金回笼。

三、问题综述及相应措施

(一)原材料价格不断上涨,产品内部结算价格调整滞后,要完成年度利润计划指标需尽快调整结算价格。

(二)公司生产产品的主要客户某公司实行"零库存"和"代储代销"管理,结算迟缓,同时客户生产量承包结算,N产品实行承包试用,使公司库存持续增长,至6月底,产成品库存达3587万元,占用大量流动资金,加上述原材料涨价因素,资金日益紧张在所难免。为此要更好地加强资金的管理,确保生产经营的有效运行。

(三)业务量承接不足。除实行总承包的N产品项目外,其他项目的业务量都在下降。加工件任务不足,自接维修件较上年大幅下降;FF分公司承接的各项加工件都已基本完工,因此尽快承接市内新成立有公司的制安业务已相当重要。

(四)完善各项规章制度和内部控制制度的建设,管理更上新台阶,继续加强成本管理,促进降本增效。

(五)严把产品各道工序控制,切实提高产品质量,并减少废次品损失和返工、返修率,保持产品的稳定性,以优质产品取胜市场。

(六)继续开拓外部市场,扩大销售渠道和力度,加快新产品的开发,逐步向国内、国际同类先进行业看齐。

(七)创新用工和分配制度,采取内培、外聘、外招相结合的灵活方法,不拘一格用人才,扭转目前技术人员青黄不接的局面。

(八)防洪、防盗,并做好防暑降温工作,确保安全生产。

例文是对企业在一定时期内的经济活动进行全面、系统分析的综合性经济活动分析报告。标题应为有所变化的完整式标题,分析时限、分析对象和文种名称等要素应俱全,由于完成报告的单位的名称作为署名写在了标题下方,所以标题略去了这项内容。正文没有专设前言部分,开头便进入情况的说明部分。在"情况"部分,以非常具体、精准的数据及同上年同期的比较,反映各项经济指标完成情况及资产状况,其中既有对营业收入和利润增长情况的肯定,也有对实际经营成果与经营目标的差距的说明,内容翔实、客观;在说明情况的基础上,分门别类地对经济活动的各方面状况展开分析,分析全面、具体、深入。经济活动分析常用的对比分析法、因素分析法在此得到了切实、合理的运用。值得注意的是,文中各项重要数据及其对比均以表格的形式列出,分析内容和结果一目了然,表达效果十分突出。经济活动分析重在"分析","分析"部分可以说是整个报告中最为关键的部分,例文在这一部分的写作中有很多值得借鉴的地方。最后一个部分"问题与措施",指明问题,并针对问题提出改进措施。从总体上看,例文是以从情况到分析、再到问题和措施这样一个顺序安排结构的,循序渐进,逻辑性和层次感很强。整篇报告使用了大量的数据,情况清楚,分析到位,问题和措施也比较明确,给人一种很"实"的感觉。

经济活动分析是企业经营管理工作的重要环节,是改善经营活动,提高经济效益的重要手段,为此,经济活动分析及分析报告的撰写受到了经营管理者的高度重视。例如,国家电网公司就曾制定《国家电网公司经济活动分析暂行办法》,对经济活动分析的各环节均有述及和规定,其中很多内容对于经济活动分析报告的写作来说,是有着普遍的适用意义的,所以将其照录于此,供写作者参考。

国家电网公司经济活动分析暂行办法

第一章 总 则

第一条 为加强对国家电网公司(以下简称公司)经济活动分析工作的管理,提高公司经营管理水平和整体经济效益,促进公司发展,实现公司经营目标,制定本办法。

第二条 经济活动分析是对报告期内生产、经营、投资等经济活动的全面分析。分析中应紧紧围绕公司经营目标,突出重点,实事求是地总结经营成果,密切关注经营环境的变化,揭示经济运行规律,客观分析存在的问题,提出解决问题的措施和建议,明确下一阶段经营工作的方向和重点。

第三条 经济活动分析应与综合计划的动态管理相结合,将综合计划执行情况分析作为经济活动分析的重要内容,纳入公司经济活动分析管理范畴。

第四条 本办法适用于公司系统省级及以上电网经营企业(以下简称各单位)。其他单位可参照执行。

第二章 主要分析内容

第五条 经济活动分析一般包括对宏观经济环境、市场需求、生产运营、电力建设与投融资、财务状况、人力资源、科技信息等方面的分析。

第六条 宏观经济环境分析

1. 宏观经济走势,包括 GDP 增长状况,消费、投资状况。
2. 相关国家产业政策、财税、投资、价格、环保政策及其变化。
3. 对公司经济活动产生显著影响的重大事件。

第七条 市场需求分析

1. 全社会和电网口径用电量情况、分产业构成,以及影响用电量的主要因素。

2. 供需形势。

3. 用电市场需求预测及趋势分析。

第八条 生产运营分析

1. 安全生产。

2. 售电量,售电类别构成,在所在地区用电市场中的份额变化,增供扩销具体措施。

3. 购电量。购电来源。

4. 公司管理机组(指公司暂保留和待转让机组,下同)的发电量、机组利用小时数、水电厂来水情况及弃水电量、火电厂煤耗、参与竞价电厂在电力市场中的竞争力分析。

5. 跨(省)区送电电力电量、互供电力电量。

6. 电网运行经济性及主要影响因素,对线损率要做重点分析。

7. 电能质量及主要影响因素。

第九条 电力建设与投融资分析

1. 固定资产投资、电力投产规模、开工规模。

2. 投资项目的投资完成、资金和资本金到位情况。

3. 重点电力建设项目工程形象进度,投资控制与管理。

4. 电力建设项目的前期工作情况。

第十条 财务状况分析

1. 资产经营指标完成情况,包括利润总额、净资产收益率、应收电费余额、资产负债率、净资产收益率。

2. 资产、负债、所有者权益构成情况,偿债能力分析。

3. 利润结构,收入、成本构成情况及其因素分析。

4. 购电平均单价、售电平均单价及其变化。

5. 重大资产经营活动。

第十一条　人力资源分析

1．职工人数。

2．工资总额。

3．劳动生产率。

第十二条　科技信息分析

1．科技投入。

2．网络与信息安全。

第十三条　在总结报告期经营工作的基础上，客观分析存在的问题，提出有针对性的措施和建议。

第十四条　深入分析面临的经营形势，明确下一阶段经营工作重点，并对重要指标的完成进行预计。

第三章　组织形式

第十五条　公司按季度开展经济活动分析，提出经济活动分析报告。公司每半年组织召开一次经济活动分析会。

第十六条　公司本部经济活动分析工作由计划投融资部牵头组织、各相关职能部门分工协作。各职能部门要有一名主管领导负责本部门的经济活动分析工作。

公司本部各职能部门要在报告期后十五日内提出各部门的专题分析报告，在此基础上，由计划投融资部进行汇总分析，在报告期后二十日内提出公司经济活动分析报告。

第十七条　各单位根据自身实际情况明确本单位经济活动分析工作的牵头部门，其他相关职能部门配合，并要有一名主管领导负责本单位的经济活动分析工作。

各单位的经济活动分析报告要在报告期后二十日内完成，其中年中和年度经济活动分析报告要报送公司。

第十八条　各相关职能部门要密切配合牵头部门，及时向牵头部门提供经济活动分析所需要的有关资料，加强横向沟通和相互协作,确保分析的全面性和准确性。

第四章 分析方法及工作要求

第十九条 分析工作要以经营管理信息为基础,做到数据准确、口径统一。

第二十条 分析工作要采用科学的方法和手段,即要有定性分析,又要有定量分析,以定量分析方法为主。

第二十一条 经济活动分析要注意与年度计划指标、历史状况以及国内外先进水平进行对比分析。要对经济活动中各指标之间的内在联系及相互影响进行分析。

第二十二条 经济活动分析可采用综合分析与专题分析相结合等多种形式,重点问题要作重点分析。必要时公司可要求各单位提供专题分析报告。

第二十三条 经济活动分析报告要做到信息丰富、内容充实,提出解决问题的措施和建议。

第二十四条 各单位要建立经济活动分析的反馈与跟踪制度,对重大问题与改进措施要确保落实到位。

第五章 附 则

第二十五条 公司将加强对经济活动分析工作的考核,按年度对各单位的经济活动分析工作进行总结评比和情况通报。

第二十六条 各单位可根据本办法制订经济活动分析工作实施细则,并报公司备案。

第二十七条 本办法由国家电网公司负责解释。

第二十八条 本办法自二〇〇三年十月一日起执行。

（四）可行性研究报告

一般工业项目可行性研究报告(格式模板)

第一章 项目总论

总论作为可行性研究报告的首章,要综合叙述研究报告中各章节的主要问题和研究结论,并对项目的可行与否提出最终建议,为可行性研究的审批提供方便。总论章可根据项目的具体条件,参照下列内容编写。

§1.1 项目背景

§1.1.1 项目名称

企业或工程的全称,应和项目建议书所列的名称一致。

§1.1.2 项目承办单位

承办单位系指负责项目筹建工作的单位(或称建设单位),应注明单位的全称和总负责人。

§1.1.3 项目主管部门

注明项目所属的主管部门。或所属集团.公司的名称。中外合资项目应注明投资各方所属部门。集团或公司的名称、地址及法人代表的姓名、国籍。

§1.1.4 项目拟建地区、地点

§1.1.5 承担可行性研究工作的单位和法人代表

如由若干单位协作承担项目可行性研究工作,应注明各单位的名称及其负责的工程名称、总负责单位和负责人。如与国外咨询机构合作进行可行性研究的项目,则应将承担研究工作的中外各方的单位名称、法人代表以及所承担的工程、分工和协作关系等,分别说明。

§1.1.6 研究工作依据

在可行性研究中作为依据的法规、文件、资料、要列出名称、来源、发布日期。并将其中必要的部分全文附后,作为可行性研究报告的附件,这些法规、文件、资料大致可分为四个部分:

(1)项目主管部门对项目的建设要求所下达的指令性文件;对项目承办单位或可行性研究单位的请示报告的批复文件。

(2)可行性研究开始前已经形成的工作成果及文件。

(3)国家和拟建地区的工业建设政策、法令和法规。

(4)根据项目需要进行调查和收集的设计基础资料。

§1.1.7 研究工作概况

(1)项目建设的必要性。简要说明项目在行业中的地位,该项目是否符合国家的产业政策、技术政策、生产力布局要求;项目拟建的理由与重要性。

(2)项目发展及可行性研究工作概念。叙述项目的提出及可行性研究工作的进展概况,其中包括技术方案的优选原则、厂址选择原则及成果、环境影响报告的撰写情况、涉外工作的准备及进展情况等等,要求逐一简要说明。

§1.2 可行性研究结论

在可行性研究中,对项目的产品销售、原料供应、生产规模、厂址技术方案、资金总额及筹措、项目的财务效益与国民经济、社会效益等重大问题,都应得出明确的结论,本节需将对有关章节的研究结论作简要叙述,并提出最终结论。

§1.2.1 市场预测和项目规模

(1)市场需求量简要分析。

(2)计划销售量、销售方向。

(3)产品定价及销售收入预测。

(4)项目拟建规模(包括分期建设规模)。

(5) 主要产品及副产品品种和产量。

§1.2.2 原材料、燃料和动力供应

(1) 项目投产后需用的主要原料、燃料、主要辅助材料以及动力数量、规格、质量和来源。

(2) 需用的主要工业产品和半成品的名称、规格、需用量及来源等。

(3) 进口原料、工业品的名称、规格、年用量、来源及必要性。

§1.2.3 厂址

地理位置、占地面积及必要性

水源及取水条件。

废水、废渣排放堆置条件。

§1.2.4 项目工程技术方案

(1) 项目范围,即主要的生产设施、辅助设施、公用工程、生活设施内容。

(2) 采用的生产方法、工艺技术。

(3) 主要设备的来源,如需向国外引进,则简要说明引进的国别、技术特点、型号等。

§1.2.5 环境保护

排放污染物的种类、数量,是否达到国家规定的排放标准。

主要治理设施及投资。

§1.2.6 工厂组织及劳动定员

工厂组织形式和劳动制度。

全厂总定员及各类人员需要量。

劳动力来源。

§1.2.7 项目建设进度

§1.2.8 投资估算和资金筹措

(1) 项目所需总投资额。分别说明项目所需固定资产投资总额(包括投资方向调节税、建设期利息)、流动资金总额,并按人民币、外币分别列出。

（2）资金来源。贷款额、贷款利率、偿还条件。合资项目要分别列出中、外各方投资额、投资方式和投资方向。

§1.2.9 项目财务和经济评论

（1）项目总成本、单位成本。

（2）项目总收入，包括销售收入和其他收入。

（3）财务内部收益率、财务净现值、投资回收期、贷款偿还期、盈亏平衡点等指标计算结果。

（4）经济内部收益率，经济净现值、经济换汇（节汇）成本等指标计算结果。

§1.2.10 项目综合评价结论

§1.3 主要技术经济指标表

在总论章中，可将研究报告各章节中的主要技术经济指标汇总，列出主要技术经济指标表，使审批和决策者对项目全貌有一个综合了解。

主要技术指标表根据项目有所不同，一般包括：生产规模、全年生产数、全厂总定员，主要原材料、燃料、动力年用量及消耗定额、全厂综合能耗及单位产品综合能耗，全厂占地面积、全员劳动生产率，年总成本、单位产品成本、年总产值、年利税总额、财务内部收益率、借款偿还期，经济内部收益率，投资回收期等。

§1.4 存在问题及建议

对可行性研究中提出的项目的主要问题进行说明并提出解决的建议。

第二章 项目背景和发展概况

这一部分主要应说明项目的发起过程、提出的理由、前期工作的发展过程、投资者的意向、投资的必要性等可行性研究的工作基础。为此，需将项目的提出背景与发展概况作系统地叙述。说明项目提出的背景、投资理由、在可行性研究前已经进行的工作情况及其成果、重要问题的决策和决策过程等情况。在叙述项目发展概况的同时,应能清楚地提示出本项目可行性研究的重点和问题。

§2.1 项目提出的背景

§2.1.1 国家或行业发展规划(略——编者注,下同)

§2.1.2 项目发起人和发起缘由(略)

§2.2 项目发展概况

项目发展开矿指项目在可行性研究前所进行的工作情况。如:调查研究、试制试验、项目建议书(初步可行性研究)的撰写与审批过程、厂址初选工作以及筹办工作中的其他重要事项。

§2.2.1 已进行的调查研究项目及其成果(略)

§2.2.2 试验试制工作(项目)情况(略)

§2.2.3 厂址初勘和初步测量工作情况(略)

§2.2.4 项目建议书(初步可行性研究报告)的撰写、提出及审批过程(略)

§2.3 投资的必要性

一般从企业本身所获得的经济效益及项目对宏观经济、对社会发展所产生的影响两方面来说明投资的必要性。包括下面这些内容。

(1)企业获得的利润情况。

(2)企业可以提高产品质量,加强市场竞争力。

(3)扩大生产能力,改变产品结构。

(4)采用新工艺,节约能源,减少环境污染,提高劳动生产率。

(5)产品进入国际市场的优越条件和竞争力。

(6)对当地经济、社会发展的积极影响。包括增加税收、提高就业率、提高科技水平等。

第三章 市场分析与建设规模

市场分析在可行性研究中的重要地位在于,任何一个项目,其生产规模的确定、技术的选择、投资估算甚至厂址的选择,都必须在市场需求情况有了充分了解之后才能解决,而且市场分析的结果,还可以决定产品的价格、销售收入,最终影响的项目的盈利性和可行性。在可行性研究报告中,要详细阐述市场需求预测、价格分析,并确定建设规模。

§3.1 市场调查

§3.1.1 拟建项目产出物用途调查(略)

§3.1.2 产品现有生产能力调查(略)

§3.1.3 产品产量及销售量调查(略)

§3.1.4 替代产品调查(略)

§3.1.5 产品价格调查(略)

§3.1.6 国外市场调查(略)

§3.2 市场预测

市场预测是市场调查在时间和空间商的延续,是利用市场调查所得到的信息资料,根据市场信息资料分析报告的结论,对本项目产品未来市场需求量及相关因素所进行的定量与定性的判断与分析。在可行性研究工作中,市场预测的结论是制订产品方案、确定项目建设规模所必须的依据。

§3.2.1 国内市场需求预测(略)

§3.2.2 产品出口或进口替代分析(略)

§3.2.3 价格预测(略)

§3.3 市场推销战略

在商品经济环境中,企业不可能仍然依靠国家统购包销完成销售额。企业要根据市场情况,制定合适的销售战略,争取扩大市场份额,稳定销售价格,提高产品竞争能力。因此,在可行性研究中,要对市场推销战略进行相应研究。

§3.3.1 推销方式(略)

§3.3.2 推销措施(略)

§3.3.3 促销价格制度(略)

§3.3.4 产品销售费用预测(略)

§3.4 产品方案和建设规模

§3.4.1 产品方案(略)

§3.4.2 建设规模(略)

§3.5 产品销售收入预测

根据确定的产品方案和建设规模及预测的产品价格,可以估算产品销售收入。

产品销售收入可以分别计算主要产品和副产品的年销售总收入,并计算销售收入和计算期内销售总收入,销售收入一般列表表示。

第四章 建设条件与厂址选择

根据前面部门中关于产品方案与建设规模的论证和建议,在这一部分中按建议的产品方案和规模来研究资源、原料、燃料、动力等的需求和供应的可靠性;并对可供选择的厂址作进一步技术与经济比较,确定新厂址方案。

§4.1 资源和原材料

§4.1.1 资源评述

资源系指项目需要利用的自然资源,如矿藏、森林、生物、土壤、地面或地下水资源等。项目所需资源的来源、数量、运输方式、供应条件以及今后发展和开发趋势等,均是项目建设的前提条件。在可行性研究报告中,对项目在有效期间所需资源及其来源的可靠性,应作深入调查和科学论证,并就下列内容进行说明分析:

(1) 项目需用的资源名称、经全国储量委员会正式批准的储量、品位、成分、产地或供应点。

（2）资源品位、成分与需用要求的适应性。

（3）资源开采方式。要说明自行开采、计划供应、市场供应或合资开发等不同方式。

（4）本项目年最大需用量、资源的可能供应量及今后生产发展所需资源扩大供应的可能性。

（5）在已有资源不能满足拟建项目生产规模需求时，提出相应的措施，如增加进口（说明国别、资源品位），调整建设规模或分期建设等。

§4.1.2　原材料及主要辅助材料供应（略）

§4.1.3　需要作生产试验的原料（略）

§4.2　建设地区的选择

选择建厂地区，除须符合行业布局、国土开发整治规划外，还应考虑资源、区域地质、交通运输和环境保护等四要素。其原则是：

自然条件适合与项目的特定生产需要和排放要求；合理地靠近原料和市场；具有良好的投资环境和公共政策；运输条件优越；有可供利用的社会基础设施和协作条件；土地使用有优惠条件，可不占或少占良田，地质条件符合要求。在做方案比选时，应着重论证所选地区在行业政策上的正确性、技术上的可行性和经济上的合理性。

§4.2.1　自然条件（略）

§4.2.2　基础设施（略）

§4.2.3　社会经济条件（略）

§4.2.4　其他应考虑的因素（略）

§4.3　厂址选择

在实际工作中，具体厂址的选择不一定要与建设地区的选择分开，往往是厂址选择与建厂地区的选择合并进行。两者通常是相辅相成、相互牵扯地交叉进行的。在可行性研究报告中,如果需要,可以分别叙述。

选择厂址通常是随基本建设程序的各个工作阶段逐步深入的。项目建议书(初步可行性研究)阶段需提出厂址初选意见;进行可行性研究时,应提出具体厂址的推荐建议;进图初步设计阶段时,对厂址的各种条件需作详细勘查和落实,最终确认厂址,标定四周界址。

§4.3.1 厂址多方案比较(略)

§4.3.2 厂址推荐方案(略)

第五章 工厂技术方案

技术方案是可行性研究的重要组成部分。

主要研究项目应采用的生产方法、工艺和工艺流程、重要设备及其相应的总平面布置、主要车间组成及建筑物结构型式等技术方案。并在此基础上,估算土建工程量和其他工程量。在这一部分中,除文字叙述外,还应将一些重要数据和指标列表说明,并绘制总平面布置图、工艺流程示意图等。

§5.1 项目组成

凡由本项目投资的厂内、外所有单项工程、配套工程包括生产设施、生产后勤、运输、生活福利设施等,均属项目组成的范围。

各单项工程和配套工程需按其性质加以分类,一般可分为:生产车间或工段;辅助生产车间或配套工程;厂外工程;生产后勤车间或设施;生活福利设施;其他单项工程。

如有自成体系需单独撰写分项可行性研究报告的配套工程,如自备热电厂、水厂、铁路、专用线等,应列出工程的名称、分项可行性研究报告的编号。并将工程的投资列入项目总投资内,分项研究报告列为附件。

§5.2 生产技术方案

生产技术方案系指产品生产所采用的工艺技术(包括专利或专有技术)、生产方法、主要设备、测量自控装备等技术方案。选择技术方案必须考虑:技术是否是先进成熟的;是否适合所用的原料特性;是否符合产品所定的质量标准;能否适应拟建地区现有工业水平;在维修、操作、人员培训等方面是否有不能克服的障碍;所需投入物的规格和质量能否满足生产要求,并与地区的技术吸收能力、劳动力来源相适应等。

§5.2.1 产品标准(略)

§5.2.2 生产方法(略)

§5.2.3 技术参数和工艺流程(略)

工艺流程系指投入物(原料或半制品)经有次序的生产加工成为产出物(产品或加工品)的过程。在生产过程中规定的各种技术条件和数据,统称为技术参数。工艺流程和主要技术参数,在可行性研究阶段需要结合产品质量、生产成本、各种消耗等要求,选取最佳方案。

在可行性研究阶段只叙述若干主要车间的工艺流程,一般车间可从略。

§5.2.4 主要工艺设备选择(略)

§5.2.5 主要原材料、燃料、动力消耗指标(略)

§5.2.6 主要生产车间布置方案(略)

§5.3 总平面布置和运输

§5.3.1 总平面布置原则(略)

§5.3.2 厂内外运输方案(略)

§5.3.3 仓储方案(略)

§5.3.4 占地面积及分析(略)

§5.4 土建工程

土建工程是指工厂所有建筑物、构筑物的建筑与结构设计。

在可行性研究阶段仅需对主要生产厂房、重要构筑物以及特殊基础工程作原则性的叙述和方案选择建议,如采取的建筑形式和标准、结构造型、基础类型和需要采用的重要技术措施等。对一般建(构)筑物只作综合说明、估算工程量、选取单位造价指标等即可。对全厂所有建(构)筑物的工程量,造价以及三材用量。视单项工程的大小,可采用不同方式进行估算。

§5.4.1 主要建、构筑物的建筑特征与结构设计(略)

§5.4.2 特殊基础工程的设计(略)

§5.4.3 建筑材料(略)

第六章 环境保护与劳动安全

在项目建设中,必须贯彻执行国家有关环境保护和职业安全卫生方面的法规、法律,对项目可能对环境造成的近期和远期影响,对影响劳动者健康和安全的因素,都要在可行性研究阶段进行分析,提出防治措施,并对其进行评价,推荐技术可行、经济、布局合理、对环境的有害影响较小的最佳方案。按照国家现行规定,凡从事对环境有影响的建设项目都必须执行环境影响报告书的审批制度。同时,在可行性研究报告中,对环境保护和劳动安全要有专门论述。

§6.1 建设地区的环境现状

(1) 项目的地理位置(附平面图);

(2) 地形、地貌、土壤和地质情况;江、河、湖、海、水库的水文情况;气象情况;

(3) 矿藏、森林、草原、水产和野生动物、野生植物、农作物等情况;

(4) 自然保护区、风景游览区、名胜古迹、温泉、疗养区以及重要政治文化设施情况;

(5) 现有工矿企业分布情况;

（6）生活居住区分布情况和人口密度、健康状况、地方病等情况；

（7）大气、地下水、地面水的环境质量状况；

（8）交通运输情况；

（9）其他社会经济活动污染、破坏现状资料。

§6.2 项目主要污染源和污染物

§6.2.1　主要污染源（略）

§6.2.2　主要污染物（略）

§6.3 项目拟采用的环境保护标准

采用的环境保护标准是指国家及项目所在地区环保部门颁发的标准，如大气环境质量标准、污染物排放标准、噪声卫生标准、生活饮用水卫生标准及有关法规、规定等。如地区规定严于国家规定时应执行地区规定；地区没有特定要求的，执行国家规定。个别目前国家和地方尚未制定标准的由可行性研究单位与当地环保部门协商确定。

§6.4 治理环境的方案

（1）项目对周围地区的地质、水文、气象可能产生的影响，如地下水位下降、地面沉降等。防范和减少影响的措施。

（2）项目对周围地区自然资源可能产生的影响。如森林和植被破坏影响野生物、植物繁殖和生存等，防范和减少这种影响的措施。

（3）项目对周围自然保护区、风景游览区名胜古迹、疗养区等可能产生的影响，如土壤污染、水源枯竭等，防范和减少这种影响的措施。

（4）各种污染物最终排放量对周围大气、水、土壤的破坏程度及对居民生活区的影响范围和程度，污水、废气、废渣、粉尘及其他污染物的治理措施和综合利用方案。

（5）噪声、震动、电磁波等对周围居民生活区的影响范围和程度,消声、防震的措施。

(6)绿化措施,包括防护地带的防护林和建设区域的绿化。

§6.5 环境监测制度的建议

监测布点原则;

监测机构的设置和设备选择;

监测手段和监测目标。

§6.6 环境保护投资估算

环境影响经济损益简要分析。对可以量化的环境影响,可将其计算并列入经济评价中现金流量表内进行分析。

§6.7 环境影响评论结论

§6.8 劳动保护与安全卫生

建设项目必须确保投产后符合职业安全卫生要求,保障劳动者在劳动过程中的安全与健康。在可行性研究报告中,应根据国家有关规定进行分析和评价。

§6.8.1 生产过程中职业危害因素的分析(略)

§6.8.2 职业安全卫生主要设施(略)

§6.8.3 劳动安全与职业卫生机构(略)

§6.8.4 消防措施和设施方案建议

第七章 企业组织和劳动定员

在可行性研究报告中,根据项目规模、项目组成和工艺流程,研究提出相应的企业组织机构、劳动定员总数及劳动力来源及相应的人员培训计划。

§7.1 企业组织

企业组织机构包括生产系统、管理系统和生活服务系统的划分,其设置主要取决于项目设计方案和企业生产规模(产品范围和产量、车间多少、职工人数等)。

企业组织机构设置要符合现代化大生产管理的要求,保证多个部门、多个环节以及全体成员之间能协调一致地配合,以完成企业的生产经营目标。

§7.1.1 企业组织形式(略)

§7.1.2 企业工作制度(略)

§7.2 劳动定员和人员培训

§7.2.1 劳动定员(略)

§7.2.2 年总工资和职工年平均工资估算(略)

§7.2.3 人员培训及费用估算(略)

第八章 项目实施进度安排

项目实施时期的进度安排也是可行性研究报告的一个重要组成部分。所谓项目实施时期可称为投资时期,是指从正式确定建设项目(批准可行性研究报告)到项目达到正常生产这段时间,这一时期包括项目实施准备、资金筹集安排、勘察设计和设备订货、施工准备、施工和生产准备、试运转直到竣工验收和交付使用等各个工作阶段。这些阶段的各项投资活动和各个工作环节,有些是相互影响,前后紧密衔接的;也有些是同时开展、相互交叉进行的。因此,在可行性研究阶段,需将项目实施时期各个阶段的各个工作环节进行统一规划、综合平衡,作出合理而又切实可行的安排。

§8.1 项目实施的各阶段

§8.1.1 建立项目实施管理机构(略)

§8.1.2 资金筹集安排(略)

§8.1.3 技术获得与转让(略)

§8.1.4 勘察设计和设备订货(略)

§8.1.5 施工准备(略)

§8.1.6 施工和生产准备(略)

§8.1.7 竣工验收(略)

§8.2　项目实施进度表

在可行性研究报告中,根据分别确定的项目实施各阶段所需时间,撰写实施进度表,项目实施进度表有多种表示方法。在我国,多年来一直采用的方法是横道图。近年来,网络图在一些行业中也开始应用。

简单项目的实施进度可用横道图,复杂项目的实施进度可用网络图(关键路线法或项目评审技术)。为避免项目实施工程中费用和时间的浪费以及各项作业活动能前后左右的协调配合,利用网络图可以模拟实施项目的各种不同方案进行筛选。

§8.2.1　横道图(略)

§8.2.2　网络图(略)

§8.3　项目实施费用

项目实施费用是指项目从筹建开始直到项目投产以前整个实施时期的筹建费用。这部分费用应包括在项目固定资产投资估算的第二部分,即其他建设费用中,项目实施费用按以下各项分别估算。

§8.3.1　建设单位管理费(略)

§8.3.2　生产筹备费(略)

§8.3.3　生产职工培训费(略)

§8.3.4　办公和生活家具购置费(略)

§8.3.5　勘察设计费(略)

§8.3.6　其他应支付的费用

第九章　投资估算与资金筹措

建设项目的投资估算和资金筹措分析,是项目可行性研究内容的重要组成部分,要计算项目所需要的投资总额,分析投资的筹措方式,并制定用款计划。

§9.1 项目总投资估算

建设项目总投资包括固定资产投资总额和流动资金。

§9.1.1 固定资产投资总额(略)

§9.1.2 流动资金估算(略)

§9.2 资金筹措

一个建设项目所需要的投资资金,可以从多个来源渠道获得,项目可行性研究阶段,资金筹措工作是根据对建设项目固定资产投资估算和流动资金估算的结果,研究落实资金的来源渠道和筹措方式,从中选择条件优惠的资金。可行性研究报告中,应对每一种来源渠道的资金及其筹措方式逐一论述。并附有必要的计算表格和附件。可行性研究中,应对下列内容加以说明。

§9.2.1 资金来源(略)

§9.2.2 项目筹资方案(略)

§9.3 投资使用计划

§9.3.1 投资使用计划(略)

§9.3.2 借款偿还计划(略)

第十章 财务与敏感性分析

在建设项目的技术路线确定以后,必须对不同的方案进行财务、经济效益评价,判断项目在经济上是否可行,并比选推荐出优秀的建设方案。本章的评价结论是建设方案取舍的主要依据之一,也是对建设项目进行投资决策的重要依据。

本节就可行性研究报告中财务、经济与社会效益评价的主要内容做一概要说明。

§10.1 生产成本和销售收入估算

为了确定项目未来的生产经营和盈利情况,对项目的生产成本作出接近实际的预测是可行性研究的重要内容。生产成本是指生产一定种类和数量的产品所发生的经常性费用,它包括耗用的原料及主要材料、燃料、动力、工资、固定资产折旧费用及大修理费、低值易耗品、推销费用等。

在成本估算时,其精确度要与投资估算的精确度相当。

§10.1.1 生产总成本估算(略)

§10.1.2 单位成本(略)

§10.1.3 销售收入估算(略)

§10.2 财务评价

财务评价是根据国家现行财务和税收制度以及现行价格,分析测算拟建项目未来的效益费用。考察项目建成后的获利能力、债务偿还能力及外汇平衡能力等财务状况,以判断建设项目在财务上的可行性,即从企业角度分析项目的盈利能力。财务评价采用动态分析与静态分析相结合,以动态分析为主的办法进行。评价的主要指标有财务内部收益率、投资回收期、贷款偿还期等。根据项目特点和实际需要,有些项目还可以计算财务净现值、投资利润率指标,以满足项目决策部门的需要。

财务评价指标根据财务评价报表的数据得出,主要财务评价报表有:财务现金流量表(全部投资、国内投资、自有资金)、利润表、财务平衡表、财务外汇平衡表。

用财务评价指标分别和相应的基准参数——财务基准收益率、行业平均投资回收期、平均投资利润率、投资利税率相比较,以判别项目在财务上是否可行。

§10.3 国民经济评价

在对建设项目进行经济评价时,除了要从投资者的角度考察项目的盈利状况及借款偿还能力外,还应从国家整体的角度考察项目对国民经济的贡献和需要国民经济付出的代价,后者称为国民经济评价。它是项目经济评价的核心部门,是决策部门考虑项目取舍的重要依据。

§10.4 不确定性分析

在对建设项目进行评价时,所采用的各种数据多数来自预测和估算。由于资料和信息来源的有限性,将来的实际情况可能与此有较大的出入,即评价结果具有不确定性,这对项目的投资决策会带来风险。为了避免或尽可能减少这种风险,要分析不确定性因素对项目经济评价指标的影响,以确定项目的经济上的可靠性。这项工作称为不确定性分析。

根据分析内容和侧重面不同,不确定性分析可分为盈亏平衡分析、敏感性分析和概率分析(风险分析),盈亏平衡分析只用于财务评价,敏感性分析和概率分析可同时用于财务评价和国民经济评价,在可行性研究中,一般都要进行盈亏平衡分析,敏感性分析和概率分析可视项目情况而定。

§10.5 社会效益和社会影响分析

在可行性研究中,除对以上各项经济指标进行计算、分析外,还应对项目的社会效益和社会影响进行分析。

项目社会分析方法,除可以定量的以外,还应对不能定量的效益影响进行定性描述。内容包括:

(1)项目对国家(或地区)政治和社会稳定的影响。包括增加就业机会、减少待业人口带来的社会稳定的效益,改善地区经济结构、提高地区经济发展水平等。

(2)项目与当地科技、文化发展水平的相互适应性;

(3)项目与当地基础设施发展水平的相互适应性;

(4)项目与当地居民的宗教、民族习惯的相互适应性;

(5)项目对合理利用自然资源的影响;

(6)项目的国防效益或影响;

(7)对保护环境和生态平衡的影响。

可行性研究人员可以根据项目的不同特点,对项目的主要社会效益或影响加以说明,供决策者考虑。

第十一章　可行性研究结论与建议

§11.1　结论与建议

根据前面各节的研究分析结果,对项目在技术上、经济上进行全面的评价,对建设方案进行总结,提出结论性意见和建议。主要内容有:

(1) 对推荐的拟建方案建设条件、产品方案、工艺技术、经济效益、社会效益、环境影响的结论性意见。

(2) 对主要的对比方案进行说明。

(3) 对可行性研究中尚未解决的主要问题提出解决办法和建议。

(4) 对应修改的主要问题进行说明,提出修改意见。

(5) 对不可行的项目,提出不可行的主要问题及处理意见。

(6) 可行性研究中主要争议问题的结论。

可行性研究报告附件。

凡属于项目可行性研究范围,但在研究报告以外单独成册的文件,均需列为可行性研究报告的附件,所列附件应注明名称、日期、编号。

§11.2　附件

(1) 项目建议书(初步可行性研究报告)

(2) 项目立项批文

(3) 厂址选择报告书

(4) 资源勘探报告

(5) 贷款意向书

(6) 环境影响报告

(7) 需单独进行可行性研究的单项或配套工程的可行性研究报告

(8) 重要的市场调查报告

（9）引进技术项目的考察报告
（10）利用外资的各类协议文件
（11）其他主要对比方案说明
（12）其他

§11.3 附图

（1）厂址地形或位置图（没有等高线）
（2）总平面布置方案图（没有标高）
（3）工艺流程图
（4）主要车间布置方案简图
（5）其他

（中国人才指南网：www.cnrencai.com）

合资经营项目可行性研究报告(格式模版)

第一章 概　　况

合营企业的名称
合营企业的地址
中方负责人
外方负责人

1. 合营的由来

介绍双方从接触到签约的简单经过、中方企业的生产历史及寻求外资合营的目的。

2. 项目主办人简介

介绍中方企业的简况,包括企业的地理环境、厂房设施、职工队伍、技术力量、生产能力及能源交通等。介绍外方的生产情况、技术能力以及国际地位等。

第二章 合 营 目 标

1. 合营的模式
2. 合营的规模

确认合营企业的总投资额和注册资本,双方各占投资总额的比例及投资的方式。

3. 工艺过程

包括工艺流程、产品纲领及生产工艺等。

4. 市场预测

介绍合营企业产品的市场销售情况及双方的销售责任(应附国际国内市场供应情况的调查报告)。

5. 产品销售方案

作出若干年内产品外销与内销的计划,并规定双方的销售渠道与销售责任。

第三章 合营企业的组成方案

董事会的组成及权限,整个合营企业各办事机构的组成框架(附图)

1. 公司职工定员
2. 职工来源及培训

职工来源包括管理人员和工人。培训应作出初步计划,对不同层次的职工进行不同级别的培训。

3. 薪金及工资

第四章 生产原料供应方案

1. 主要原料

说明每一种主要原料所需求量以及供应的渠道。

2. 水、电、燃料

说明每日(或每年)的消耗量和解决的途径。

3. 包装材料

说明年需求量和解决的途径。

4. 主要设备生产能力的预算及购置计划(应列表说明)

第五章 安 全 环 保

应根据我国环境保护法及有关安全规定、工业卫生标准的要求执行。

1. 污染物的处理

说明本产品的生产是否产生废水、废气、烟尘及噪音等以及处理措施。

2. 环境美化

3. 劳动安全保护措施

第六章 技术经济分析

1. 技术上的合理性和可实现性

说明本企业与外方合营的条件,本企业的生产历史、技术力量和管理经验,外方的生产历史、技术力量和国际信誉,两家合营后产量与质量可能达到的水平。

2. 经济分析(参见财务分析表)
3. 外汇流量表(参见财务分析表)

第七章 资金来源及项目组成

具体说明双方投资的金额和投资的方式。

如:中方可以厂房或土地使用费、开发费抵部分或全部投资;外方可以先进的设备及生产流水线抵部分或全部投资。

如果双方投资需要分期投入,那么说明每一期投资的金额和方式。

第八章 实 施 计 划

具体列出完成可行性研究报告、办理营业执照、有关商务谈判、土建筹备工作开始、生产厂房交付使用、设备安装试车、投产等一系列主要工程的时间。

第九章 评 语

本合营企业符合国家利用外资的方针、政策(有利于产品更新换代和赶上世界先进水平,在经济上双方均有利可得)在经济效益方面的效果。

第十章 财务分析

（一）设计能力
（二）总投资费用及奖金筹措
（三）财务分析（附财务分析表）

合营双方一致同意由甲方制作可行性研究报告，上报主管部门审批。

附件： 财务分析目录（各类表格）
　　　国内外市场预测（调查报告）
　　　投资估算表

（中国素材网：www.sucai86.com）

例文是两份分别用于不同项目的可行性研究报告的格式模版，结构完整，要素齐全，内容详尽，解说清楚，设计得比较科学、合理，可以用作可行性研究报告写作的依据或参考。

（五）合　　同

工矿产品买卖合同

（参考文本）

订立合同双方：

买受人（全称）：_____

出卖人（全称）：_____

为了增强买卖双方的责任感，确保双方实现各自的经济目的，经双方充分协商，特订立本合同，以便共同遵守。

第一条　产品的名称、品种、规格和质量

1. 产品的名称、品种、规格（应注明产品的牌号或商标）：_____

2. 产品的技术标准（包括质量要求），按下列第（　　）项执行：

（1）按国家标准执行；（2）无国家标准而有行业标准的，按行业标准执行；（3）无国家和行业标准的，按企业标准执行；（4）没有上述标准的，或虽有上述标准，但买受人有特殊要求的，按买卖双方在合同中商定的技术条件、样品或补充的技术要求执行。

（在合同中必须写明执行的标准代号、编号和标准名称。对成套产品，合同中要明确规定附件的质量要求；对某些必须安装运转后才能发现内在质量缺陷的产品，除主管部门另有规定外，合同中应具体规定提出质量异议的条件和时间；实行抽样检验质量的产品，合同中应注明采用的抽样标准或抽验方法和比例；在商定技术条件后需要封存样品的，应当由当事人双方共同封存，分别保管，作检验的依据。）

第二条 产品的数量和计量单位、计量方法

1. 产品的数量：_____。

2. 计量单位、计量方法：_____。

（国家或主管部门有计量方法规定的，按国家或主管部门的规定执行；国家或主管部门无规定的，由买卖双方商定。对机电设备，必要时应当在合同中明确规定随主机的辅机、附件、配套的产品、易损耗备品、配件和安装修理工具等。对成套供应的产品，应当明确成套供应的范围，并提出成套供应清单。）

3. 产品交货数量的正负尾差、合理磅差和在途自然减（增）量规定及计算方法：_____。

第三条 产品的包装标准和包装物的供应与回收

（产品的包装，国家或业务主管部门有技术规定的，按技术规定执行；国家与业务主管部门无技术规定的，由买卖双方商定。产品的包装物，除国家规定由买受人供应的以外，应由出卖人负责供应。可以多次使用的包装物，应按有关主管部门制订的包装物回收办法执行；有关主管部门无规定的，由买卖双方商定包装物回收办法，作为合同附件。产品的包装费用，除国家另有规定者外，不得向买受人另外收取。如果买受人有特殊要求的，双方应当在合同中商定，其包装费超过原定标准的，超过部分由买受人负担；其包装费低于原定标准的，相应降低产品价格。）

第四条 产品的交货单位、交货方法、运输方式、到货地点（包括专用线、码头）

1. 产品的交货单位：_____。

2. 交货方法，按下列第（　　）项执行：

（1）出卖人送货（国家主管部门规定有送货办法的，按规定的办法执行；没有规定送货办法的，按双方协议执行）；

（2）出卖人代运（出卖人代办运输，应充分考虑买受人的要求，商定合理的运输路线和运输工具）；

（3）买受人自提自运。

3. 运输方式：_____。

4. 到货地点和接货单位（或接货人）_____。

（买受人如要求变更到货地点或接货人，应在合同规定的交货期限〔月份或季度〕前四十天通知出卖人，以便出卖人编月度要车〔船〕计划；必须由买受人派人押送的，应在合同中明确规定；买卖双方对产品的运输和装卸，应按有关规定与运输部门办理交换手续，作出记录，双方签字，明确双方当事人和运输部门的责任。）

第五条 产品的交（提）货期限

（规定送货或代运的产品的交货日期，以买受人发运产品时承运部门签发的戳记日期为准，当事人另有约定者，从约定；合同规定买受人自提产品的交货日期，以出卖人按合同规定通知的提货日期为准。出卖人的提货通知中，应给予买受人必要的途中时间，实际交货或提货日期早于或迟于合同规定的日期，应视为提前或逾期交货或提货。）

第六条 产品的价格与货款的结算

1. 产品的价格，按下列第（　　）项执行：

（1）按政府定价执行；

（2）按政府指导价执行；

（3）不属于政府定价或政府指导价的产品，或因对产品有特殊技术要求需要提高或降低价格的，按买卖双方的商定价执行。

（执行政府定价或政府指导价的，在合同规定的交货或提货期内，遇政府调整价格时，按交货时的价格执行。逾期交货的，遇价格上涨时，按原价执行；遇价格下降时，按新价执行。逾期提货或逾期付款的，遇价格上涨时，按新价格执行；遇价格下降时，按原价执行。由于逾期付款而发生调整价格的差价，由买卖双方另行结算，不在原托收结算金额中冲抵。执行协商定价的，按合同规定的价格执行。）

2. 产品货款的结算:产品的货款、实际支付的运杂费和其他费用的结算,按照中国人民银行结算办法的规定办理。

(用托收承付方式结算的,合同中应注明验单付款或验货付款。验货付款的承付期限一般为十天,从运输部门向收货单位发出提货通知的次日起算。凡当事人在合同中约定缩短或延长验货期限的,应当在托收凭证上写明,银行从其规定。)

第七条 验收方法

(合同应明确规定:1. 验收时间;2. 验收手段;3. 验收标准;4. 由谁负责验收和试验;5. 在验收中发生纠纷后,由哪一级产品质量监督机关执行仲裁等。)

第八条 对产品提出异议的时间和办法

1. 买受人在验收中,如发现产品的品种、型号、规格、花色和质量不合规定,应一面妥为保管,一面在_____天内向出卖人提出书面异议;在托收承付期内,买受人有权拒付不符合合同规定部分的货款。

2. 买受人未按规定期限提出书面异议的,视为所交产品符合合同规定。

3. 买受人因使用、保管、保养不善等造成产品质量下降的,不得提出异议。

4. 出卖人在接到买受人书面异议后,应在_____天内负责处理,否则,即视为默认买受人提出的异议和处理意见。

(买受人提出的书面异议中,应说明合同号、运单号、车或船只、发货和到货日期;说明不符合规定的产品名称、型号、规格、花色、标志、牌号、批号、合格证或质量保证书号、数量、包装、检验方法、检验情况和检验证明;提出不符合规定的产品的处理意见,以及当事人双方商定的必须说明的事项。)

第九条 出卖人的违约责任

1. 出卖人不能交货的,应向买受人偿付不能交货部分货款的

_____％(通用产品的幅度为 1％~5％,专用产品的幅度为 10％~30％)的违约金。

2. 出卖人所交产品品种、型号、规格、花色、质量不符合合同规定的,如果买受人同意利用,应当按质论价;如果买受人不能利用的,应根据产品的具体情况,由出卖人负责包换或包修,并承担修理、调换或退货而支付的实际费用。出卖人不能修理或者不能调换的,按不能交货处理。

3. 出卖人因产品包装不符合合同规定,必须返修或重新包装的,出卖人应负责返修或重新包装,并承担支付的费用。买受人不要求返修或重新包装而要求赔偿损失的,出卖人应当偿付买受人该不合格包装物低于合格包装物的价值部分。因包装不符合规定造成货物损坏或灭失的,出卖人应当负责赔偿。

4. 出卖人逾期交货的,应比照中国人民银行有关延期付款的规定,按逾期交货部分货款计算,向买受人偿付逾期交货的违约金,并承担买受人因此所受的损失费用。

5. 出卖人提前交货的产品、多交的产品和品种、型号、规格、花色、质量不符合合同规定的产品,买受人在代保管期内实际支付的保管、保养等费用以及非因买受人保管不善而发生的损失,应当由出卖人承担。

6. 产品错发到货地点或接货人的,出卖人除应负责运交合同规定的到货地点或接货人外,还应承担买受人因此多支付的一切实际费用和逾期交货的违约金。出卖人未经买受人同意,单方面改变运输路线和运输工具的,应当承担由此增加的费用。

7. 出卖人提前交货的,买受人接货后,仍可按合同规定的交货时间付款;合同规定自提的,买受人可拒绝提货。出卖人逾期交货的,出卖人应在发货前与买受人协商,买受人仍需要的,出卖人应照数补交,并负逾期交货责任;买受人不再需要的,应当在接到出卖人通知后十五天内通知出卖人,办理解除合同手续,逾期不答复的,视为同意发货。

第十条　买受人的违约责任

1. 买受人中途退货,应向出卖人偿付退货部分货款_____%(通用产品的幅度为1%～5%,专用产品的幅度为10%～30%)的违约金。

2. 买受人未按合同规定的时间和要求提供应交的技术资料或包装物的,除交货日期得以顺延外,应比照中国人民银行有关延期付款的规定,按顺延交货部分货款计算,向出卖人偿付顺延交货的违约金;如果不能提供的,按中途退货处理。

3. 买受人自提产品未按供方通知的日期或合同规定的日期提货的,应比照中国人民银行有关延期付款的规定,按逾期提货部分货款总值计算,向出卖人偿付逾期提货的违约金,并承担出卖人实际支付的代为保管、保养的费用。

4. 买受人逾期付款的,应按照中国人民银行有关延期付款的规定向出卖人偿付逾期付款的违约金。

5. 买受人违反合同规定拒绝接货的,应当承担由此造成的损失和运输部门的罚款。

6. 买受人如错填到货地点或接货人,或对出卖人提出错误异议,应承担出卖人因此所受的损失。

第十一条　不可抗力

当事人双方的任何一方由于不可抗力的原因不能履行合同时,应及时向对方通报不能履行或不能完全履行的理由,并应在_____天内提供证明,允许延期履行、部分履行或者不履行合同,并根据情况可部分或全部免于承担违约责任。

第十二条　合同争议的解决方式

本合同在履行过程中发生的争议,由双方当事人协商解决;也可由当地工商行政管理部门调解;协商或调解不成的,按下列第_____种方式解决:

1. 提交_____仲裁委员会仲裁；
2. 依法向人民法院起诉。

第十三条 其他

按本合同规定应该偿付的违约金、赔偿金、保管保养费和各种经济损失,应当在明确责任后十天内,按银行规定的结算办法付清,否则按逾期付款处理。

本合同自_____年_____月_____日起生效,合同履行期内,当事人双方均不得随意变更或解除合同。合同如有未尽事宜,须经双方共同协商,作出补充规定,补充规定与本合同具有同等效力。本合同正本一式二份,双方各执一份;合同副本一式_____份,分送银行(如经公证或鉴证,应送公证或鉴证机关)等单位,各留存一份。

买受人:_____(章)

法定代表人:_____

委托代理人:_____

地址:_____

开户银行:_____

账号:_____

电话:_____

邮编:_____

出卖人:_____(章)

法定代表人:_____

委托代理人:_____

地址:_____

开户银行:_____

账号:_____

电话:_____

邮编：_____

_____年_____月_____日订

　　这是一份工商管理部门制作的买卖合同的参考文本，内容非常完备，格式比较规范。正文的开头部分简述订立合同的目的，并表明合同是在双方协商的基础上订立的，实际上，这也就是对合同的真实性、有效性的明确。主体部分所写入的是按照《中华人民共和国合同法》的规定，买卖合同所应具备的各项基本条款，主要包括：标的；数量和质量；合同履行的期限、地点和方式（包括包装方法、交货单位和方法、运输方式和到货地点、交〔提〕货期限、货款的结算、产品的验收方法、提出异议的时间和办法等项内容）；双方当事人的违约责任；不可抗力因素；解决争议的方法。有些条款还区分不同情况，对填写方法作出具体的规定和说明。例文所缺少的是合同编号及签订时间和地点，这些应在标题的右下方注明。

行 纪 合 同

（参考文本）

合同编号：_____

委托人：_____ 签订地点：_____

行纪人：_____ 签订时间：____年____月____日

根据《中华人民共和国合同法》和有关法规的规定，行纪人接受委托人的委托，就代办_____事项，双方协商一致，签订本合同。

第一条 代办事项：（具体约定是寄售、代购代销货物，还是其他法律事务）_____
_____。

第二条 代办事项的具体要求：（凡属寄售和代购代销货物，应明确具体货物品名、规格、型号、质量、数量，以及最低销价或最高购价和时间要求）_____
_____
_____。

第三条 货物保管责任及费用承担：_____
_____。

第四条 酬金的计算给付方式、给付时间：_____
_____。

第五条 违约责任：_____
_____

第六条 合同争议的解决方式:本合同在履行过程中发生的争议,由双方当事人协商解决;也可由当地工商行政管理部门调解;协商或调解不成的,按下列第_____种方式解决:

(一)提交_____仲裁委员会仲裁;

(二)依法向人民法院起诉。

第七条 其他约定事项:_____
_____
_____
_____。

第八条 本合同未作规定的,按《中华人民共和国合同法》的规定执行。

委托人: 行纪人:
单位(人)名称(章):   单位(人)名称(章):
地址: 地址:
法定代表人: 法定代表人:
委托代理人: 委托代理人:
电话: 电话:
传真: 传真:
邮政编码: 邮政编码:
开户银行: 开户银行:
账号: 账号:

本合同有效期: 自   年   月   日至   年   月   日

这份行纪合同的参考文本已将此类合同所应具备的基本要素和条款全部包括在内,同买卖合同、建设工程合同等内容一般比较复杂的合同相比,此类合同的内容要相对简单一些。标题标明合同种类,即以合同种类充当合同名称。标题之下左侧注明双方当事人名称,一方为委托人即甲方,另一方为行纪人即乙方;右侧是合同编号与签订地点、时间。正文的开头部分主要写明签订合同的依据、标的名称(代办事项)及当事人的意愿等内容,这些都是合同的开头部分常写的内容,表述方式也是合同的开头部分常用的方式;主体部分所列出的均为行纪合同所应明确的各项条款,其中大部分条款是按照《中华人民共和国合同法》的规定,各类合同都要写入的条款,只是由于行纪合同的业务性质的需要,有些条款有着不同于其他合同的特定的内涵,实际上,其他各类合同也是如此。另外,也有一些条款是按照《中华人民共和国合同法》的规定,行纪合同所应写入的特殊条款。最后是署名或称落款及合同的有效期限。总的来看,这份合同样本虽然内容比较简单,但构成格式十分规范,合同所应具备的构成要素已经全部具备。

劳动合同书

甲 方：_____

地 址：_____ 邮编：_____ 电话：_____

法定代表人或委托代表人：_____ 职务：_____

乙 方：_____

性 别：_____ 年龄：_____

居民身份证号码：_____

_____年_____月_____日

根据《中华人民共和国劳动法》，甲乙双方经平等协商同意，自愿签订本合同，共同遵守本合同所列条款。

一、劳动合同期限

第一条 本合同为_____期合同。

本合同生效日期_____年_____月_____日，其中试用期_____个月，本合同_____年_____月_____日终止。

二、工作内容

第二条 乙方同意根据甲方工作需要，担任_____岗位（工种）工作。

第三条 乙方应按照甲方的要求，按时完成规定的工作数量，达到规定的质量标准。

三、劳动保护和劳动条件

第四条 执行定时工作制的，甲方安排乙方每日工作时间不超过8小时,平均每周不超过40小时。甲方保证乙方每周至少休息一日,甲方由于工作需要,经与工会和乙方协商后可以延长工作时间,一般每日不得超过1小时,因特殊原因需要延长工作时间的,在保障乙方身体健康的条件下延长工作时间每日不得超过3小时,每月不得超过36小时。

执行综合计算工时工作制的,平均日和平均周工作时间不超过法定标准工作时间。

执行不定时工作制的,工作和休息休假乙方自行安排。

第五条 甲方延长乙方工作时间,应安排乙方同等时间倒休或依法支付加班加点工资。

第六条 甲方为乙方提供必要的劳动条件和劳动工具,建立健全生产工艺流程,制定操作规程、工作规范和劳动安全卫生制度及其标准。

甲方应按照国家或市有关部门的规定组织安排乙方进行健康检查。

第七条 甲方负责对乙方进行政治思想、职业道德、业务技术、劳动安全卫生及有关规章制度的教育和培训。

四、劳动报酬

第八条 甲方的工资分配应遵循按劳分配原则,实行同工同酬。

第九条 执行定时工作制或综合计算工时工作制的,乙方完成规定的工作任务,甲方每月____日以货币形式足额支付乙方工资,工资不低于____元,其中试用期间工资____元。
执行不定时工作制的工资_____元。

第十条 甲方安排乙方加班或延长工作时间超过本合同第四条第2款规定的,按《劳动法》第44条支付工资报酬。

第十一条 由于甲方生产任务不足,使乙方下岗待工的,甲方保证乙方的月生活费不低于_____元。

五、保险福利待遇(略)

六、劳动纪律

第十六条　乙方应遵守甲方依法规定的规章制度；严格遵守劳动安全卫生、生产工艺、操作规程和工作规范；爱护甲方的财产，遵守职业道德；积极参加甲方组织的培训，提高思想觉悟和职业技能。

第十七条　乙方违反劳动纪律，甲方可依据本单位规章制度，给予纪律处分，直至解除本合同。

七、劳动合同的变更、解除、终止、续订

第十八条　订立本合同所依据的法律、行政法规、规章制度发生变化，本合同应变更相关内容。

第十九条　订立本合同所依据的客观情况发生重大变化，致使本合同无法履行的，经甲乙双方协商同意，可以变更本合同相关内容。

第二十条　经甲乙双方协商一致，本合同可以解除。

第二十一条　乙方有下列情形之一，甲方可以解除本合同：

1. 在试用期间，被证明不符合录用条件的；
2. 严重违反劳动纪律或甲方规章制度的；
3. 严重失职、营私舞弊，对甲方利益造成重大损害的；
4. 被依法追究刑事责任的。

第二十二条　下列情形之一，甲方可解除本合同，但应提前30日以书面形式通知乙方：

1. 乙方患病或非因工负伤，医疗期满后，不能从事原工作也不能从事甲方另行安排的工作的；

2. 乙方不能胜任工作,经过培训或者调整工作岗位,仍不能胜任工作的;

3. 双方不能依据本合同第十九条规定就变更合同达成协议的。

第二十三条 甲方濒临破产进行法定整顿期间或者生产经营发生严重困难,经向工会或者全体职工说明情况,听取工会或者职工的意见,并向劳动行政部门报告后,可以解除本合同。

第二十四条 乙方有下列情形之一,甲方不得依据本合同第二十二条、第二十三条终止、解除本合同:

1. 患病或非因工负伤、在规定的医疗期内的;

2. 女职工在孕期、产期、哺乳期内的;

3. 复员退伍义务兵和建设征地农转工人员初次参加工作未满3年的;

4. 义务服兵役期间的;

第二十五条 乙方患职业病或因工负伤,医疗终结,经县以上劳动鉴定委员会确认完全或部分丧失劳动能力的,按_____办理,不得依据本合同第二十二条、第二十三条解除劳动合同。

第二十六条 乙方解除劳动合同,应当提前30日以书面形式通知甲方。

第二十七条 有下列情形之一,乙方可以随时通知甲方解除合同:

1. 在试用期内的;

2. 甲方以暴力、威胁、监禁或者非法限制人身自由的手段强迫劳动的;

3. 甲方不能按照本合同规定支付劳动报酬或者提供劳动条件的。

第二十八条 本合同期限届满,劳动合同即终止。双方当事人在本合同期满前_____天向对方表示续订意向。甲乙双方经协商同意,可以续订劳动合同。

第二十九条 订立无固定期限劳动合同的,乙方达到法定退休年龄或甲乙双方约定的终止条件出现,本合同终止。

八、经济补偿与赔偿

第三十条 下列情形之一,甲方违反和解除乙方劳动合同的,应按下列标准支付乙方经济补偿金:

1. 甲方克扣或者无故拖欠乙方工资的,以及拒不支付乙方延长工作时间工资报酬的,除在规定的时间内全额支付乙方工资报酬外,还需加发相当于工资报酬25％的经济补偿金;

2. 甲方支付乙方的工资报酬低于本市最低工资标准的,要在补足低于标准部分的同时,另外支付相当于低于部分25％的经济补偿金。

第三十一条 下列情形之一,甲方应根据乙方在甲方工作年限,每满一年发给相当于乙方解除本合同前12个月平均工资中一个月的经济补偿金,最多不超过12个月:

1. 经与乙方协商一致,甲方解除劳动合同的;

2. 乙方不能胜任工作,经过培训或者调整工作仍不能胜任工作,由甲方解除劳动合同的。

第三十二条 下列情形之一,甲方应根据乙方在甲方工作年限,每满一年发给相当于本单位上年月平均工资一个月的经济补偿金:

1. 乙方患病或者非因工负伤,经劳动鉴定委员会确认不能从事原工作,也不能从事甲方另行安排的工作而解除本合同的;

2. 劳动合同订立时所依据的客观情况发生重大变化,致使本合同无法履行,经当事人协商不能就变更劳动合同达成协议,由甲方解除劳动合同的;

3. 甲方濒临破产进行法定整顿期间或者生产经营状况发生

严重困难,必须裁减人员的。

以上三种情况,如果乙方被解除本合同前12个月的月平均工资高于本单位上年月平均工资的,按本人月平均工资计发。

第三十三条　甲方解除本合同后,未能按规定给予乙方经济补偿的,除全额发给经济补偿金外,还须按该经济补偿金数额的50%支付额外经济补偿金。

第三十四条　支付乙方经济补偿时,乙方在甲方工作时间不满一年的按一年的标准发给经济补偿金。

第三十五条　乙方患病或者非因工负伤,经劳动鉴定委员会确认不能从事原工作,也不能从事甲方另行安排的工作而解除本合同的,甲方还应发给乙方不低于企业上年月人均工资6个月医疗补助费。患重病和绝症的还应增加医疗补偿费,患重病的增加部分不低于医疗补助费的50%,患绝症的增加部分不低于医疗补助费的100%。

第三十六条　甲方违反本合同约定的条件解除劳动合同或由于甲方原因订立的无效劳动合同,给乙方造成损害的,应按损失程度承担赔偿责任。

第三十七条　乙方违反本合同约定的条件解除劳动合同或违反合同约定的保守商业秘密事项,对甲方造成经济损失的,应按损失的程度依法承担赔偿责任。

第三十八条　乙方解除本合同的,凡由甲方出资培训和招接收的人员,应向甲方偿付培训和招接收费。其标准为:服务(工作)每满一年,培训费和招接收费总额的20%递减;服务(工作)满5年不再偿付。

九、劳动争议处理

第三十九条　因履行本合同发生的劳动争议,当事人可以向本单位劳动争议调解委员会申请调解;调解不成,当事人一方要求仲裁的,应当自劳动争议发生之日起六十日内向_____劳动争议仲裁委员会申请仲裁。当事人一方也可以直接向劳动争议仲裁委员会申请仲裁。对裁决不服的,可以向人民法院提起诉讼。

十、其他约定

第四十条 甲方以下列规章制度_____作为本合同附件。

第四十一条 本合同未尽事宜,或与国家有关规定相悖的,按有关规定执行。

第四十二条 本合同一式两份,甲乙双方各执一份。

甲方(盖章)_____ 乙方(盖章)_____

代表人:_____ 代表人:_____

____年____月____日 ____年____月____日

劳动合同虽然没有列入《中华人民共和国合同法》,但也是比较常见的一类合同,对其写法应有所了解。劳动合同的条款的订立主要以《中华人民共和国劳动法》及有关的行业或地方法规为依据,写作格式则可参照合同的一般样式。

例文是一份劳动合同的参考文本,劳动合同所应具备的要素和条款已经基本具备,内容比较齐全,格式比较规范。

五、法律文书

（一）民事诉讼文书

民事起诉状

原告：高××，男，××××年×月××日生，汉族，农民，住×县××镇××村。联系电话：××××××××

代理人：刘××，山东××律师事务所律师。联系电话：×××××××

被告：王×，男，成年，汉族，个体工商户，住×县××镇××村。

诉讼请求

1. 请法院依法判令被告返还原告不当得利 39000 元并赔偿同期银行利息；
2. 所有与本案有关的诉讼费用由被告承担。

事实和理由

2003 年 2 月 16 日原告与第三人沈××发生一笔板材买卖交易，第三人沈××向原告交付单板一批，原告根据沈××提供的中国农业银行账号 10338561111××××××××，陆续向该账号打款 39000 元。此笔交易完成后，原告与第三人沈××再没发生任何交易。可是第三人沈××却于 2004 年 12 月 16 日根据原告未收回的欠条（原告在上海，是通过银行向第三人沈××打的款，原告因客观原因未将欠条收回）向×县人民法院提起诉讼，并于 2007 年 7 月 22 日强制执行原告 33640 元。原告不服，认为原告和第三人沈××的买卖单板的交易已经完成，原告已经将款打给第三人沈××提供的账号,买卖合同早已履行完毕,原告已不欠第三人沈××任何钱款。原告遂向×县法院提起申诉,然而×县法院却于2007年11月23日发出(2007)×立民申字第6号驳回申诉通知书。该通知书表明:2007年11月20日,×县人民法院向中国农业银行×县支行××办事处调取账号10338561111×××××××××,户名为王×。

为维护原告的合法权益,依据《中华人民共和国民法通则》和《中华人民共和国民事诉讼法》的有关规定,特向贵院提起民事诉讼,请贵院依法支持原告的诉讼请求。

证据和证据来源,证人姓名和地址

1. 汇款凭证一份;
2. 证人证言一份。证人李××,住×县××镇××村。

此致

×县人民法院

附:本起诉状副本一份

具状人:高××

二〇〇七年十二月十七日

例文是一份公民提起诉讼用的民事起诉状,全文包括首部、正文和尾部三个部分。首部是由标题和当事人的基本情况两项内容构成的,标题用以标明文种,"当事人的基本情况"依次写明原告及其代理人、被告的姓名、职业、住址或联系方式等情况,其中具状人也即原告的情况写得最为详细。正文是由诉讼请求、事实和理由、证据等三个方面的内容构成的,诉讼请求分条列出,具体、明确;所述事实基本清楚,在陈述事实的基础上表明诉讼意愿,理由显得较为充足；为证明事实,正文的最后列举证据名称。尾部载入受诉法院名称、落款(起诉人署名和日期)及附项等内容,这些都是民事起诉状的尾部通常所应写明的内容。

民 事 上 诉 状

上诉人名称　××××广告公司
所在地址　××市××区×××路×号
法定代表人　徐××　职务　总经理　电话××××××
企业性质　集体　工商登记核准号　××××
经营范围和方式　经营、代理国内和外商来华广告业务
开户银行　××银行××分行××支行　账号　××××
被上诉人名称　××市××××总公司
所在地址　××市××区××大街××号
法定代表人　黄××　职务　总经理　电话××××××

上诉人因广告代理合同纠纷一案,不服××市××区人民法院1993年12月23日(××)初字第××号民事判决,现提出上诉。

上 诉 请 求

1. 依法撤销原审判决,予以改判;
2. 判决被上诉人给付因其违约所欠款项人民币4万元整;
3. 本案一、二审诉讼费用由被上诉人全部承担。

上 诉 理 由

1. 原审判决认定事实错误。

1993年8月5日,上诉人与被上诉人签订广告代理合同。合同约定:上诉人自1993年8月28日起至10月18日止在××区××大街两侧为被上诉人粘挂印有被上诉人标志的广告吊旗,被上诉人支付广告代理费28万元。合同订立后,经上诉人报有关主管部门批准,于1993年8月28日起开始在指定路段粘挂由被上

诉人总经理黄××审定认可的广告吊旗。

由于自9月7日起天气状况恶化,连日刮风下雨,使粘挂的广告吊旗破损较多,虽经上诉人一再补挂,仍不能保证持久。为此,有关部门下令自9月20日停挂该广告吊旗,并摘除已挂的吊旗。

以上事实,有有关主管部门出具的证明为证。然而,原审判决却认定上诉人悬挂广告吊旗未经有关部门批准,属非法悬挂;且未能按约定的期限悬挂。这一认定违背了事实真相,是错误的。

2. 原审判决适用法律错误。

原审判决在对事实认定错误的基础上,将上诉人与被上诉人之间订立的广告代理合同认定为无效合同,并适用《中华人民共和国经济合同法》中关于无效合同处理的规定判决上诉人承担责任,返还被上诉人交付的24万元广告代理费。这在适用法律上亦属错误的。

而事实上,上诉人与被上诉人依据各自真实的意思表示订立的广告代理合同符合《中华人民共和国经济合同法》基本原则,属合法、有效合同,合同订立后,上诉人又依据广告代理的规定向有关部门办理了相应的手续,并实际履行了该合同确定的义务,应当适用有关法律予以保护。

根据上述事实和有关法律,特请求依法撤销原审判决,予以改判。

此致
北京市中级人民法院

附:本上诉状副本一份

上诉人:××××广告公司
一九九四年一月五日

这是一份企业提起上诉用的民事上诉状。首部包括标题、当事人的基本情况和案由几项内容,标题用以标明文种;当事人的基本情况写得非常齐全,不仅依次写明上诉人和被上诉人的名称、所在地址及其法定代表人的姓名、职务、电话,而且写明作为上诉人的企业的性质、工商登记核准号、经营范围和方式、开户银行和账号等,这种写法同公民提起上诉用的民事上诉状有所不同;"上诉人因……一案,不服×××人民法院×年×月×日×民初字第×号民事判决(或该判决中的某一项判决),现提出上诉",是民事上诉状标明案由的惯用格式。正文包括上诉请求和上诉理由两项内容,上诉请求共有三条,写得很明确;上诉理由是从事实的认定和法律的适用两个方面,阐述原审判决的错误,理由写得很充分。写完理由之后,以总括性语言重申改判请求。尾部包括上诉状致送法院名称、副本份数及落款等项内容。

民事答辩状

答辩人:××市公路管理总段。地址:××市××区××路××号。

法定代表人:×××,局长,电话:×××××××××。

答辩人因被答辩人(原告)提起公路防护墙倒塌致车毁人亡请求赔偿诉讼一案,答辩如下:

一、被辩人在起诉书中指称公路防护墙倒塌是答辩人养护不善所致,与事实不符。

××市东花坛立交桥及该处公路防护墙是属答辩人所有和负责养护。答辩人从修建该墙起就一直小心维护,并多次对该墙采取加固措施。而此次墙体之所以倒塌,是因为××地区遇到40年来罕见的特大暴雨袭击。该段公路防护墙因为水位低,被雨水浸泡过久,故而难以承受而倒塌。所以,该墙倒塌完全是自然因素不可抗力所致,依据《民法通则》第107条,答辩人不应承担民事责任。

二、被害人魏×的不幸身亡与其违章行驶有关。

按照机动车道路行驶有关规定,机动车是不能行使在非机动车道上的,否则即是违章。被害人魏×将车驶入非机动车道,在主观上具有过错,且这种过错与公路防护墙倒塌造成损害的结果之间有因果关系。因此,答辩人不应对魏×的不幸身亡承担责任。

根据以上事实,答辩人认为,造成这次车毁人亡事故的直接原因,是被害人魏×违章行驶在非机动车道上遇到了40年不遇的特大暴雨袭击,是不可抗力造成的。答辩人已尽养护义务,不应承担赔偿责任。据此,请求法庭驳回被答辩人的诉讼请求。
此致
××市××区人民法院

答辩人:××市公路管理总段(公章)
二〇〇七年六月十日

附:本答辩状副本二份

　　例文是单位针对民事诉讼提出答辩用的民事答辩状,是用于一审程序的答辩状。全文包括首部、正文和尾部三个部分,首部是由标题、答辩人的基本情况及案由三项内容构成的,"因……一案,答辩如下:"及"因……一案,提出答辩意见如下:"等,是答辩状注明案由的惯用格式。正文着重阐述答辩理由,辨明事实、明确责任、表明态度,是正文所写的主要内容,其中,对起诉书所陈述事实的反驳及法律条文的援引,是很有助于增强答辩状的说服力的。在正文的最后,答辩人对答辩理由和意见加以总结,并做出非常明确的表述,是值得借鉴的写法。例文尾部是由受诉法院名称、答辩人签署和日期、附项等内容构成的,由于答辩人为单位,所以要在落款处加盖公章。

民事答辩状

答辩人:单××,男,56岁,汉族,农民,住所:××旗××乡××村二组

答辩人因上诉人毛×风不服(2005)×民初字第××号判决书提出上诉一案,现提出答辩如下:

一、关于争议树的采伐位置是否与答辩人的林权证一致的问题

1. 双方均对树的采伐地点"东道沟阴坡"没有异议,而"东阴坡"就是"东道沟阴坡"的简称,而不是两个名称,也不是如上诉人所说的相反。因当地根本就没有"东阳坡"这个地名,所以一审法院认定的"东阴坡"误写成"东阳坡"是正确的,当时是人工书写,而非电脑打印,笔误是填写人的"日"与"月"的书写错误所导致的。

2. 上诉人强调的应以"坝沿"作为认定树的所有权的依据是错误的。因为在林中并没有永久性的"坝沿"存在,所谓的"坝沿"只是临时用来排水用的,在林中就有多条,而此林权证是20年前发放的,所以,上诉人主张仅以其中对自己有利的一条"坝沿"作为确权的住所是得不到林业部门、政府及村委会和相邻权人的认可的,所以,一审法院不予支持是完全正确的。

3. 一审法院经过同政府、村委会、林业部门到现场勘查,又找来同村的与答辩人相邻编号的林权证进行反复对比,认定争议树的采伐位置是在答辩人的林权证所载的范围之内,所以,判决争议树的所有权是归答辩人所有是正确的,并无不妥之处。

二、一审法院并未认定争议树归毛×京所有,在一审质证时,答辩人也并未表示对毛×风与毛×京的委托书无异议。

答辩人在一审判决书中,根本找不到上诉状中所提到的"一审法院认为争议的树为毛×京所有"。另外,对于委托书的问题,答辩人在当庭质证中就对其真实性表示了异议,认为此委托书是上

诉人故意伪造的,而上诉人不能说清委托书的来源及出处,而且又是在举证期满后,第二次开庭时向法院提交的,所以一审法院没有采信是正确的。在开庭质证时,答辩人曾提出要进行对委托人毛×京的笔迹进行对比鉴定,审判长回答说"没有必要"。

三、关于现场勘验

在第一次开庭辩论中,因双方各自出示了林权证书,而且答辩人提出自己的林地与上诉人的弟弟毛×京的林地没有互相连接之处,也就是说并不相邻。但上诉人否认,并坚持说争议的树林是在毛×京的林地内所伐,如此一来,双方没有一个无争议的林地平面图。无奈,一审法院在休庭后到现场进行勘验,所以,答辩人认为,一审法院并不是有意偏袒答辩人,是为了查清争议事实而进行的勘验。根据我国《民事诉讼法》第63条的规定,并不违法。

四、本案所争议的50棵树所有权属于答辩人

双方争议的杨树50棵所在位置处于答辩人林权证所标明的范围内,与相邻的李××、孙××、宋××等林权证及相应的林木位置互相印证并且吻合,已经排除了该50棵树在毛×京的林地内所伐的可能。反之,毛×京的林权证所指明的林木范围并不与答辩人的林木范围相连接,中间还隔着张××等人的林地,按照上诉人所指"坝沿"属于毛×京林木边界理解,那么,毛×京的林地范围就须将张××的林地包含在内,但是,毛×京的林权证却标明"西邻张××",完全否定了上诉人的说法。又因相关林木所有权是集体改制后确认的,并由本林业部门颁发相应证件确认林木所有人,只要对相邻的所有权人证件进行比照,就能明确本案所争议的50棵树所有权属于答辩人,至于地名的不一致说法,只是个人对同一地名的称呼不一样而已。

综上所述,答辩人的证据能够充分证明所争议50棵树所有权属于答辩人所有,能够与相邻所有权人的林权证相互吻合,形成了完整的证据链条,一审法院认定此部分的事实清楚,证据确实充

分,应当予以维持。关于答辩人在一审中提出的因上诉人侵权造成的直接损失的赔偿请求,一审法院并没有予以支持,所以,答辩人将重新向一审人民法院提起赔偿诉讼。总之,上诉人的诉讼请求实属无理之诉,请求中级人民法院予以驳回。

此致
××市中级人民法院

附:本答辩状副本一份

答辩人:单××
二〇〇五年十二月十九日

例文是公民针对民事上诉案件提出答辩用的民事答辩状,是用于二审程序的答辩状。正文主要针对上诉人的诉讼请求及其理由逐条进行反驳,而反驳主要是围绕着事实特别是其中双方有所争议的疑点、焦点问题展开的,针对性较强。正文的最后一个部分是总结性陈述部分,在此,答辩的理由和主张得到进一步明确与强调。

（二）刑事诉讼文书

刑事自诉状

自诉人：石×（又名石××），男，××××年×月×日出生，汉族，住××市××区××路××号，电话：××××××××。

被告人：邓××，男，××××年×月×日出生，汉，住××市××区××镇××花园×栋××室，工作单位为《×××报》采访部。

诉 讼 请 求

被告人犯诬告诽谤罪，请求法院依法追究其刑事责任。

事实与理由

1998年4月，自诉人与被告人同在《×××报》任记者。被告人在社会上以记者之名玩弄女性，并以欺骗手段同时与其中两名女子陈××（又名陈××）和李××长期同居，使陈为其生下一子，李为其生下一子一女。1997年1月和1998年7月，事情暴露后，被告人因道德败坏被报社二次开除，此时，被告人对自诉人的好言劝告不但不听，反而怀恨在心，继而大肆散布谣言攻击自诉人。2000年12月，自诉人作为政法记者，获悉××法院判决被告人与陈××解除非法同居关系后，遂对其进行了电话采访和大量调查工作，从记者的角度，对被告人触犯《婚姻法》、违反国家计划生育政策的行为进行了客观、公正的报道，其中2000年1月，《××》系列等打工杂志以长达6000字的篇幅，2001年2月22日《××日报》头版头条登载了自诉人的文章"只能眼睁睁看着负心郎逍遥法外——一位弱女子的艰难诉讼之路",2001年3月14日《深圳××报》登载了自诉人"无良记者包二奶"的文章,并先后被数十家中央、省级刊物转载。自此,因自诉人恪守工作职责,导致了被告人对自诉人长达两年的疯狂人身攻击和大肆诬蔑。

1999年9月,被告获知自诉人在北京鲁迅文学院(地址朝阳区八里庄南里27号)进修的消息后,以署名信方式,向国家安全部、公安部及北京市有关部门诬陷自诉人"身藏炸药枪支,即将于国庆节成立50周年之际,搞恐怖活动、搜集情报提供给境外反华势力……",此时正值50周年国庆之际,致使国家有关部门成立专案组深入鲁迅文学院和自诉人家乡湖北××市委、市文联及××市有关部门多次调查。有关部门在自诉人家乡政法部门工作人员的陪同下,曾于1999年10月1日前后,三次亲临自诉人的出生地湖北省××市××镇××村进行调查,使自诉人父母及全家人的生活蒙上阴影,家父几次气得昏倒在地,并诱发了严重的心脏病(2001年6月,经北京协和医院检查后诊断为心脏病);调查也使自诉人的堂弟石×在2000年10月报名参军,各项体检均合格后政审时,却因为"有关部门正在调查石×的事"而被取消应征资格;有关部门的多次调查,导致村人对自诉人全家误会频频,议论纷纷,在四邻乡里造成极为恶劣的影响。

2001年3月,被告人先后多次以电话、书信、传真、电子邮件等方式,向《××日报》(地址在××)总编室、保卫科诬称自诉人"冒充××日报记者,多次敲诈勒索邓××和他人,并在广州骗财骗色……""石×系广东警方抓捕逃犯,敲诈××日报社及××都市报主编钱财""石×是因为敲诈邓12万元未果,才于今年2、3月份在《××日报》《深圳××报》编造假新闻报复",等等。被告人编造的大量不实犯罪事实,在报社造成了难以想象的恶劣影响,迫使报社有关责任人承受各种压力,在事实真相尚未调查清楚之前,作为××日报社新闻周末部特聘政法记者的自诉人,只好被迫辞职。

2001年4月底,自诉人进入由××日报社主办的×××报社(地址在××)公开竞聘中,竞选为该报机动记者部主任。被告人闻知自诉人在×××报社工作后,从5月份开始,连续多次将大量诬陷、诽谤自诉人的材料寄至××日报社和×××报社领导,致使不明真相的有关领导对自诉人进行调查,使自诉人的正常工作严重受阻,并于6月份又再次被迫辞职。

2001年10月,被告又以"紧急举报"形式向《××与××》杂志(地址在××)编造假案,诬称"假记者石×靠在异地投稿勒索为生计,已多案在身,广州市××区法院尚有石×敲诈民办××学校10万元一案……",而此事纯属颠倒黑白、混淆是非。而事实是,1998年"六一"前,自诉人本着客观、公正的原则,报道了广州××区民办××小学老师打伤一名8岁小学生蔡××的真相后(此新闻报道系与被告合作),受到校方的恶意诬陷,自诉人将校方告上法庭,后来校方也将自诉人及被告连同××都市报一起告上法庭。

此外,2001年3、4月,被告人还向《深圳××报》、广州的《××》杂志对自诉人大肆诬蔑,编造虚假事实。2000年4月,被告诬称自诉人"在××日报社强奸多名女实习生","在××暗访时嫖娼,编造假新闻,向境外媒体投稿丑化广东警方形象……"。而事实是,1998年4月1日自诉人与被告在报社组织策划下,一起前往广州××暗访时,遭到黑帮刀枪围攻,危急关头,自诉人以军人的良好素质先救助被告脱离危险,后自己也脱险。此事曾经在1998年6月13日至28日《华西××报》《××报》及《××日报》《××日报》刊登,当时被告人还提供了自己的照片,并亲笔写作数千字的报道,但报社无法发表,被告又想以内参形式刊登出此文,但被××日报社总编辑×××拒绝,并就此事作了有关批示。总之,只要自诉人在某家报社、杂志社工作,在某家刊物上发表文章,被告人的诬告陷害信就会随之而至。

在被告长达两年的诬告陷害中,自诉人作为一名新闻工作者,一名政治过硬的复员军人,屡屡遭人误解,不断接受有关部门的调查,数次失去正当的工作机会,往来于南北取证,经济上负担沉重,负债累累,致使心力交瘁,夜不能寐,精神恍惚。同时,自诉人全家也因此而蒙上可怕的阴影,老父气得患心脏病,老母亲终日以泪洗面,弟妹常遭人非议。

在此,请求人民法院根据《中华人民共和国刑法》第243条关于诬告陷害罪的规定,并根据《中华人民共和国刑事诉讼法》第170条和第171条的规定,对被告人的行为进行审判,维护自诉人的合法权益。

证据和证据来源,证人姓名和证言

1. 被告人写给××日报社的诬告信复印件四份;
2. 被告人写给××日报社和×××报社的诬告信复印件一份;
3. 被告人写给××与××杂志社诬告复印件一份;
4. 被告人写给深圳××报社的诬告陷害信复印件一份;
5. 被告人写给广州××杂志社的诬告陷害信复印件一份;
6. 华西××报有关××暗访的报道以及××日报领导的批示复印件各一份;
7. 被告人写给湖北省××市委宣传部、政法委及××日报社的诬告陷害信复印件各一份;
8. 自诉人父亲的病情证明复印件一份,自诉人病情的医院诊断书复印件一份;
9. ××市文联的证明复印件一份;
10. 广州××日报社记者杨××的证言复印件一份(证人住

址:广州市××区××路××号)。
　　此致
北京市××区人民法院

自诉人:石×
二〇〇一年十一月六日

附:1. 本诉状复印件一份
　　2. 自诉人身份证复印件一份

　　例文是刑事自诉案件的被害人为追究被告人的刑事责任,在向人民法院提起诉讼时制作的诉讼文书,是一份刑事自诉状。从自诉状所诉内容来看,该案件可以划归告诉才处理的刑事案件范畴,属于人民法院应当受理的案件,由案件受害人提起诉讼,并有明确的被告人、具体的诉讼请求和证据,因而是合乎人民法院受理自诉案件的条件的。所诉案件性质及诉讼内容是否符合人民法院受理自诉案件的条件,是撰写刑事自诉状从而提起刑事诉讼首先就要考虑的问题。例文的正文是由案由与诉讼请求、事实与理由、证据与证人证言说明等几个部分构成的,在第一个部分"案由与诉讼请求"中,写明所控罪名,提出追究被告人刑事责任的请求,表述准确、简洁。在第二个部分"事实与理由"中,先是陈述被告人的犯罪事实、动机、目的、时间、地点、手段及其危害、后果等都写得比较具体、清楚;然后依据法律条款,申明诉讼理由,重申诉讼请求。在第三个部分"证据和证据来源,证人姓名和证言"中,逐条列出自诉人所掌握的证据的名称及证人姓名、住址。证据是证明案件真实情况的事实根据,在刑事自诉状的撰写中,证据的列举是十分重要的,证据是否确实、充分、有效,直接关系到诉讼能否成立及其成败。例文的首部和尾部的写法与前面所分析过的民事诉讼文书大致相同。

（三）行政诉讼文书

行政起诉状

原告　王×，男，××岁，×族，××县××乡××村村民，住××县××乡××村。

被告　××县公安局，地址：××县××街××号。

诉讼请求

请求××县人民法院依法撤销××县公安局(××)第×号处罚决定。

事实与理由

××年×月×日，杜×承包×工厂扩建厂房的工程，在施工中，杜×事先未征得我的同意，便在我责任田东南角挖池拌石灰，石灰粉尘及灰水流入我的责任田里，对小麦生长造成直接影响。我当面同杜×交涉，请求他换地方拌灰，以保护小麦生长，杜×非但不听劝阻，继续在原地拌灰，并说挖池拌灰"没有在你地里，你管不着"，为制止杜×的侵害行为，双方发生口角，并相互撕扯。××年×月×日××县公安局依据《治安管理处罚条例》第二十二条的规定，以我干扰杜×正常施工，殴打他人，造成杜×轻微伤害为由，对我处以50元罚款。上述事实没有根据。对此，向××县人民法院提起诉讼。

一、县公安局认定我干扰杜×正常施工与事实不符。××年×月×日，杜×在我承包的责任田东南角半米处挖池拌灰，大量灰粉尘不仅散落在小麦上，且拌灰时溢出的石灰水直接流进麦田,使小麦受害,枝叶枯黄。为此,我向杜×交涉,请求他换个地方,以制止杜×等人的不法侵害,保护我的合法权益,根本不存在干扰杜×正常施工的问题。县公安局对这一事实的认定是错误的。

二、公安局认定我殴打他人,造成杜×轻微伤害,不是事实。在制止杜×非法侵害中,双方发生了你拉我扯的现象,但双方均未被对方打伤,有在场劝架的群众可以作证。公安局偏听杜×一方叙述,不调查,主观臆断地认定我把杜×打成轻伤,不仅违背事实真相,而且对杜×伤在何处,何人致伤以及诊断结论均不能提供有力的证据。公安局在没有根据的情况下依照《治安管理处罚条例》第二十二条之规定,对我处以50元罚款的处罚,是属于适用法律不当。

综上所述,我是在维护自己的合法权益,公安局的处罚决定是错误的。因此,请求人民法院撤销公安局(××)第×号处罚决定,以保护我的合法权益。

证据和证据来源,证人姓名和住址

1. 证人陈××,住××县××乡××村。
2. 证人王××,住××县××乡××村。

此致
××县人民法院
附:本诉状副本一份

起诉人:王×
××年×月×日

这是一份公民提起行政诉讼用的行政起诉状,全文包括首部、正文和尾部三个部分。首部是由标题和当事人的基本情况两项内容构成的,标题用以标明文种,当事人的基本情况的写法与公民提起民事诉讼用的民事起诉状的写法大致相同。正文是由诉讼请求、事实与理由、证据等几项内容构成的。诉讼请求是原告提起诉讼所要达到的目的,写得比较概括。事实与理由部分还可以再划分出三个层次,第一个层次(第一自然段)首先陈述主要事实,然后写明行政机关作出的处罚行为,最后表明态度;第二个层次(第二、三自然段)针对被告认定事实并进而作出处罚决定的错误,对关键事实加以说明和分析,指明被告的处罚行为的错误所在;第三个层次(最后一个自然段)总述自己的观点,重申诉讼请求。"证据"一项写明证人的姓名和住址。尾部是由致送行政起诉状的人民法院名称、起诉状副本的份数及起诉人的姓名和具状日期等项目构成的。

行政答辩状

答辩人:×××市××区城市建设环境保护局,地址:××区×街×号。

法定代表人:赖××,局长。委托代理人:王××,副局长。

因季××不服本局行政处罚而向法院起诉一案,提出答辩如下:

一、关于李××在私房建筑中的五处违章事实和对其处罚的法律依据。

1. 李××违章增建地下室。李××于200×年×月××日写了一份《申请》,请求建南楼二层六间,还未获批准,就于200×年×月初动工挖了地下室,深约一米,西端紧靠西邻吴××家的门洞。200×年×月×日李××的西邻吴×来我局向建管科原科长袁××反映李××挖地下室,影响他家门洞,请城建局解决。此后,其妻孙××又来反映此事,并请求尽快解决。当时建管科科长袁××和史××等人到李××家查验了现场,指出李挖地下室是违章施工。史说:"挖地下室必须停工,立即采取防护措施,否则后果自负。"200×年×月李××曾两次找主持建管工作的副局长鲁××,请他帮助把南楼批了。鲁批评他与邻居关系搞得不好,并告诉他先把邻里关系搞好,办证手续齐全后,才能批准。以后此事无进展,也就一直未批准他盖南楼的申请。后李于200×年×月又提出盖东楼的申请。在200×年×月×日我局以(××)×建字×号《私房建筑许可证》批准其建东楼时,史××、校××对其明确提出:"把地下室填上,按许可证批准的事项和有关规定施工。"事实证明,李××建地下室是先斩后奏,没有经过任何人的同意,更没有任何批准手续,纯属违章建筑。其行为违反了《××市私房建筑管理实施细则》第11条:"在距邻居地界一米内,不准挖坑、挖沟或形成积水"的规定。直到200×年×月××日我局刘××、刘×、刘××、吴××等四位同志到李××家,再次丈量所建房屋尺寸时,地下室还依然存在。

2. 李××的《私房建筑许可证》上批准的建筑面积为$44.64 \text{ m}^2 \times 2$,但其实际建筑面积是$45.99 \text{ m}^2 \times 2$,共超出$2.7 \text{ m}^2$。这是由于加宽、加长了各0.10米而造成的,是违章行为。

3. 李××的《私房建筑许可证》上批准楼房高度为6 m。李××和其子在200×年×月×日 办理许可证时,我局经办人员史××、校××等人向他明确交代了房高6 m 的起标点是以×村 ×街中心点加20 cm 起标。随后,我局鲁局长又向他强调了这一点。建房户李××是清楚的。这一点,李××在诉状中也承认了。原告自称是:"按照被告批准的(××)×建字第×号《私房建筑许可证》及建楼图纸和其他要求,于200×年×月×日至×月××日在× 村×号自家院内建成一座二层东楼。"但事实上李××又擅自提高房屋的高度,其所建的楼房高度是7.02 m,超出批准的高度1.02 m。所以认定其违反了《×××市私房建筑管理规定实施细则》第三章第五条"房屋的层高一般应控制在3 m—3.2 m……临街房屋标高,高出街道中心15 cm—20 cm 为宜,不允许任意提高房屋标高,影响四邻"的规定。

4. 擅自改变建筑立面。李××的申请图纸为东楼,正立面为西立面,主要的门窗向西开。按图,有两个向西开的门,并无申请向南开门。因其南临××村×街,东邻胡同、北邻自己的北房,而同意他在三面各开一个小侧窗。但李在施工中,擅自将建筑正面由西立面改成南立面,改变批准的建筑立面,将东楼变成了北楼,因而造成了西侧二层出现了侧窗;同时,由于其将东楼改变成北楼,违背了我局的批示,所以在实际上就等于我局所批的(××)×建字第×号《私房建筑许可证》由于李××的原因而作废。这是明显的违章行为。

5.违章建挑檐。按照建筑管理的常规,一切建筑物应限定在平面位置图,即坐落图范围内施工。李××所建房屋应在本局批准的7.20 m×6.20 m内进行,超出此范围就是违章。为了防止李建房时违章,当时主管建筑的鲁局长在审批的李的图纸上明确限定西侧在1.15 m距离内不能有任何建筑,李对此表示同意。并由李的儿子李××盖了章(见图纸)。但原告无视这一批示,擅自建西侧挑檐1.1 m。在李建挑檐过程中,我局工作人员史××听到反映后,找李指出其建筑是错误的,要打掉。200×年×月×日史××把李××叫到城建局建管科明确告诉李×× :"批准你建房宽6.20 m,你违背批示,应改过来;出檐20 cm—30 cm,我们不能说你出了格,可是你出得太多。"后于×月×日,鲁局长和史××同去现场,当着李××和其子的面,明确指出挑檐要全部拆掉。李不接受。后来鲁决定去掉一半,最多留60 cm。但李××对这一点仍置之不理,至今还保留1.1 m的大檐。

从上述情况可以看出,李××在私房建筑中的错误事实是清楚的。对于李××的违章行为,我们进行多次批评教育,要求其改正违章行为。李非但不听,反而四处活动,托人讲情。根据《×××市城市建设规划管理办法》第23条之规定,李××在建房中违反了:① 未领取建筑执照擅自兴建地下室。② 未按批准图纸施工,擅自变更设计,增加建筑面积。根据市建(19××)×号文,即《×××市私房建筑管理实施细则》第15条第1款"无执照施工或未按执照批准事项施工,擅自改变位置、层 数、面积、立面、结构者"视为违章行为之规定,确认李××的私房建筑有五处违章。我局根据《×××市私房建筑管理实施细则》第17条第1款:"责令停工、纠正、限期拆除";第2款:"处罚房主工程造价的10%以下罚款";第3款:"强行拆除"的规定,我局于200×年×月×日对李××下达了《处罚决定书》,要求其:① 去掉西侧挑檐1.1 m;② 去掉二层侧窗;③对擅自建地下室、改变方位、房高、面积罚款1000元。这是有理有据的,是完全合法的。以上是李××私房建筑的违章事实和对其处理的过程。

二、《起诉状》中说:"法院看到200×年×月×日诉状后,责成被告给予解决问题,纠正其错误。"这是李××的谎言。我们之所以撤回这个决定,并不是因为我们对李××处罚的错误,而是因为《处罚决定书》中有两处不当:一是引用文不能只引用市建委规定;二是"限期三天",法律文件上没有这个规定。撤回只是要重新修正罚款条文,而不是要撤销处罚决定。

三、《起诉状》中说:"史××经常隔三天两日到施工现场查看,并在竣工验收时也没有提出异议。"李的这种言论纯系捏造。我们城建局每次找建房户是按照程序规定,即报图纸证件、现场勘查、验灰线、发建筑许可证、竣工验收这五步进行。哪有那么多时间看着他这一家施工?李在施工中擅自挖地下室,当场就予以纠正,并责令其停工,让其填上。在李的楼房即将竣工时,我们才知道其违章造挑檐一事,又多次进行批评,责令其全部打掉,怎么能说没有提出过异议呢?事实上是李××企图把自己违反建筑规定的责任推给我们城建局罢了!

四、《起诉状》中原告说他没有违反规定。在我们处理李××违章的过程中,李曾四处活动,托人说情,已多次表示自己违章,要求象征性地罚点款。请看省政府办公厅××给×××区长的信,其中写道:"我的一个老战友李××同志退休后在原来的地基上盖了几间房,房檐突出了不到一米,按设计图纸不应突出那么多……本人也承认突出的地方是错误的,请你和有关部门说一下,一是叫本人作个检查或是酌情罚点款……"从这封信中看,第一,李××承认自己盖房檐是违章的;第二,要求罚款不要打掉房檐。可为什么在《起诉状》中,李××又说自己根本没有违章呢?这只能说明李××出尔反尔,搬起石头砸自己的脚。

以上答辩说明我们对李××所作的处罚决定是完全正确的,是合乎法律规定的。在此,我们提出:

一、请求法院维持200×年×月×日本局作出的《处罚决定书》,并强制执行。

二、对李××的违章行为重新处理,即将其房屋超高,东、西、南三处挑檐等违章部分全部打掉。

三、由于李××违章,批准的东楼盖成了北楼,造成我局审批的图纸、手续全部作废,待法院判决后,令其重新办理手续。

四、李××在起诉状中捏造事实,给我局的声誉和工作造成极坏影响,要求李××给我局赔礼道歉,恢复名誉,赔偿经济损失。

此致
××区人民法院

证据材料和证人证言

书证二份;证人证言三份;现场笔录一份。

答辩人:××区城建局(公章)
法定代表人:赖××,局长
委托代理人:王××,副局长
二〇〇×年×月×日

附:答辩状副本一份

例文是行文机关就公民因不服该机关的行政处罚而向法院提起诉讼的案件进行答辩的行政答辩状。其首部包括标题、答辩人情况和案由三项内容,答辩人一项依次写明行政机关(行政答辩状的答辩人只能是行政机关)名称、地址及其法定代表人和委托代理人的姓名、职务,"因×××不服本局行政处罚而向法院起诉一案,提出答辩如下:"是行政答辩状常用的说明"案由"的方式。正文针对起诉状的内容,陈述事实,分析问题,着重阐明起诉人的行为已属违章,对其进行行政处罚是有法律依据的,是正确的。在具体写明答辩理由的基础上,答辩人在正文的最后一个部分,申明观点,提出请求,其中有的是带有反诉性质的请求。

六、生活文书

（一）启　　事

寻物启事

本人不慎于八月二十九日（星期五）晚八时左右将一个黑色男用公文包遗失在××咖啡店，内有本人护照、医保卡等重要证件及其他急用物品。恳请拾到者务与本人联系，本人定当重金酬谢。

联系电话：1390112××××、6403××××。

失主：刘××
二〇〇八年八月三十日

例文的标题是由事项和文种两个要素构成的，这是启事的标题最为常见的写法。正文首先写明遗失物情况，即说明遗失的时间、地点及遗失物外观特征和主要内存物品，并突出遗失物对于失主的重要；然后表明归还诉求和酬谢意愿；最后留下联系电话。落款包括署名和日期两项内容。

××集团招聘启事

××集团是世界第四大白色家电制造商、中国最具价值品牌。旗下拥有240多家法人单位,在全球30多个国家建立本土化的设计中心、制造基地和贸易公司,全球员工总数超过5万人,重点发展科技、工业、贸易、金融四大支柱产业,已发展成全球营业额超过1000亿元规模的跨国企业集团。

××集团在首席执行官×××确立的名牌战略指导下,先后实施名牌战略、多元化战略和国际化战略,2005年底,××进入第四个战略阶段——全球化品牌战略阶段,××品牌在世界范围的美誉度大幅提升。1993年,××品牌成为首批中国驰名商标;2006年,××品牌价值高达749亿元,自2002年以来,××品牌价值连续五年蝉联中国最有价值品牌榜首。××品牌旗下冰箱、空调、洗衣机、电视机、热水器、电脑、手机、家居集成等18个产品被评为中国名牌,其中××冰箱、洗衣机还被国家质检总局评为首批中国世界名牌,2005年8月30日,××被英国《金融时报》评为"中国十大世界级品牌"之首。2006年,在《亚洲华尔街日报》组织评选的"亚洲企业200强"中,××集团连续四年荣登"中国内地企业综合领导力"排行榜首。××已跻身世界级品牌行列,其影响力正随着全球市场的扩张而快速上升。

面对新的全球化竞争条件,××确立全球化品牌战略、启动"创造资源、美誉全球"的企业精神和"人单合一、速决速胜"的工作作风,挑战自我、挑战明天,为创出中国人自己的世界名牌而持续创新!

全球的××、世界的舞台、国际化的××欢迎您!

本次招聘需求：

1. 招聘岗位：顾客服务、营销类、物流、设备管理、信息化项目推进、安全消防、装修项目

2. 招聘专业及人数：

   ★顾客服务岗位专业：理工类

   ★物流类岗位专业：机械、自动化、模具、物流管理、交通工程、交通运输

3. 招聘条件：

   ★应届本科以上毕业生；身体健康，无传染性疾病；党员或院校学生干部、三好学生优先；

   ★英语：管理类六级以上；理工类四级以上，英语六级优先；

   ★计算机：操作熟练，获省级以上有关资格证书优先；

更多详情登录××集团网站：（略）

    例文是一则企业发布的征召类启事，应当算是工作文书，而不是生活文书。从具体用途、内容和发布者的角度来看，用于工作和用于生活的启事是有一定的区别的，但二者的文体特征又是基本相同的，应当属于同一文种。为了便于集中介绍文种，姑且将启事均列入生活文书。

    例文的标题是由企业名称也即发布者、事项和文种几个要素构成的，这是单位发布的启事的标题比较常见的写法。正文内容可以划分为两大部分，第一个部分（前三个自然段）详细介绍企业情况，说明企业的发展战略和发展成就，这可以看作是对招聘缘由的说明，是为了吸引应聘者，使应聘者了解企业并对企业产生兴趣，同时这个部分也具有形象广告的性质，可以起到向社会公众宣传企业的作用。"全球的××、世界的舞台、国际化的××欢迎

您!"是一个承前启后的过渡性段落,启事的内容由此从第一个部分过渡到第二个部分。第二个部分具体写明招聘事项,岗位、专业要求和人数、条件等都写得非常明确,最后留下查询线索。

（二）书　　信

写给老师的信

廖老师：

您好！

上大学以后几次回校都没有见到您,上次听说您为毕业班累病了,不知现在是否已恢复健康。本想到您家看望您,可惜忘了地址,转了几圈也没找到。再过半个月又是高考,两年前的这个时候您正为我们辛苦操劳,现在一定又到了这个周期中的最紧张阶段。在这种片刻千金的时候,我不能再打扰您了。您的身体不好,麦乳精送您补养;赵老师爱喝茶,麻烦您把茶叶转给他,给赵老师提提神。

最近北京天气反常,或酷热,或阴雨,您可千万要保重身体！您、赵老师、毕业班的所有老师们是我们最可信赖的依靠。你们的身体健康是毕业班的福气,你们放心不下学生,学生们也不忍心看着老师们累垮。我上的是师范院校,从一年级开始就常常有专业教育,但是,身教毕竟胜于言传,我想,一切师范系统的学生,只要跟着四中文科毕业班的老师们实习一个月,甚至仅仅一星期,他们就会最切实最深刻地理解怎样为人师表、何为人民教师的职业道德！这一点在校时也时时使我感动,但真正铭心刻骨的理解还在于走出中学大门之后。尤其是刚上大学时,同学们常常谈起中学时代,中学老师,而四中的老师是最让他们佩服的,每当我讲这些的时候,总是骄傲地想：我们的老师,才是世界上最好的老师！整整一学年写作课,除游记等少数指定体裁外,无论写人、写事、记叙文、散文、议论文,我几乎都写不出四中这个圈子,那个又大又破的校园,是我心里最最美好的一个凝聚点,离开了,我才明白那里的一切对我有多么强烈的吸引力,我对那里竟有如此强烈的眷恋之情!四中似乎是一个永远写不完的永恒题材,因为她留给我太多太多写不尽的东西,不仅仅是学业上,更多的、更重要的,可能在我一生中都不会磨灭。

我在四中,不是个好学生,当我意识到这一点的时候,中学课桌已不再属于我。今是昨非,来者可追,徒然后悔没用了,我只能死死抓住今天。值得庆幸的是,我毕竟有了一个中文系,或者说有一个中文系收留了我,不管它是怎样的学校。这就够了,真的!廖老师,大学两年来,我几乎在开每门新课时都这样想:我选择中文太对了!这是多好的一个专业,走进来,才知道天地之间的广阔,即使是一块饱和的海绵,也吸收不到这中文海洋中的万分之零点一。师大中文系是五年制,我们则要在四年里学完同样多的东西,课时安排得很紧,连星期六下午都有课,像古典文学、外国文学这样的重头课又要求大量的课外阅读,一星期七八门课,根本来不及。加上走读,每天骑车来回跑,真是紧张,但也充实。

现在我强迫自己停笔都刹不住,好像写满一车信纸也说不完。自从上了大学就见过您一面,我有好多好多话想对您说,做了那么多次梦,却一次也没说成。原想一放假就去看您,但又有了活动安排。去年在东北待了二十天,今年去井冈山,沿途任务又多,时间可能还要长些,参加这些活动的时候我还常常想起窦店,那是接触社会的最初启蒙。

我回来以后就去看您,不耽误您时间了。

请您代问赵老师好!

珍重!

学生:××　草上
一九八四年六月二日

例文是一封正在读大学的学生写给母校(高中)老师的私人信件,信件的主要内容是表达对母校、对老师的感佩、眷恋之情,表述对大学生活、对所学专业的感情与感受。这两部分内容看似无关,但由于作者在两个部分之间使用了极为巧妙的过渡手法,就使得内容全无转换、跳跃的痕迹,全文浑然而成一体。例文的祝颂语非常简单,却给人以饱含真情之感。署名部分包括身份、姓名和启禀词,写法恰当、得体。情感真挚、自然,语言朴质、典雅,虽然不见刻意渲染、雕琢,可是信中却充溢着浓郁的感情和文采,是例文很突出的特点,也是此类信件所应具备的特点。

写给父母的信

爸爸妈妈:

你们好!

今天是咱们中国的传统节日——腊八节,又想起妈妈熬的香喷喷的八宝粥,口水都快流出来了。我出主意和同宿舍的同学熬了一锅大米粥,配上过节才舍得吃的咸菜,激动得差点流出眼泪来。好像记得妈妈总在这天腌腊八蒜。妈妈说只有这天腌的才会变绿,虽然不知道为什么,但觉得很好奇,也特别爱吃。对了,我也可以腌一些啊,又不难而且也不贵。于是我就去超市买了蒜和醋。觉得挺逗,这是我第一次腌腊八蒜,也不知道能不能成功。

这些天我一直觉得很压抑,可能和考试有关。一二月是我们学校的考试月,我即将要面临三门专业课的考试。怎么说呢!到目前为止我毫无头绪,厚厚的几沓讲义,不知该从何看起,一种前所未有的迷茫。我们去问了教授,看能不能给划一划重点,哪怕就给一个方向。教授觉得很可笑,并明确地告诉我们在德国就没有划重点这一说。我的主修专业由两个不同的老师代课,一个老师从第一节课就开始做课题搞课堂讨论,没有真正上过几节课。他说别害怕,我就出两道题,两道中选一道,一道60分。这不等于就一道题吗?

回到宿舍,我对着讲义发呆,不禁想起在国内快考试的时候,那叫一个忙啊!恨不得彻夜不睡把老师划的重点都背下来,那会儿是什么日子啊,现在有劲却不知道该往哪儿使。

德国的考试很麻烦,如果第一次考试通不过,只有一次补考机会,但要等很久,而且比第一次还要难,理由是你比别人学的时间长。干坐着是绝对过不去的,怎么办?

教授不给划重点那我就自己看,自己总结。三步走:先泛读,把思路理清楚,找出来教授上课一再说起的东西;再把找出来的东西精读,争取背下来;最后合起书,像讲课一样自己给自己讲一遍,遇到忘了的地方,就翻开书找并记录下来。

一遍下来好像有点感觉了,趁热打铁再来一遍,又清楚了些。就这样过一遍有一遍的收获,每一遍都有不同的感觉,挺刺激的,心情也好了一些。现在我后悔自己早干吗去了,看来人都是被逼出来的。其实仔细想想,盲目地去背教授划定的那些重点是多么没意义,全部是一段一段的知识,都不能成型,更谈不上能产生自己的独特见解了。现在的学习虽然很累很烦琐,但学到了更多的东西。

第二天早晨,我惊喜地发现:我腌的腊八蒜已经泛绿了。

祝爸爸妈妈快乐!

女儿:李　蕴
二〇〇六年一月十五日

(引自《留德家书》,李蕴著,山西人民出版社2006年10月出版)

例文是出国留学的女儿写给父母的信。开头从故乡的传统节日和习俗写起,以一个女孩子所特有的细腻笔触写自己在这一天的所为所思,写的虽然都是琐事、小事,但亲情、乡情却好像流淌于笔端,亲切、感人。主体部分写自己的学习情况,主要是写自己所未经历过的复习与考试方式,倾诉自己的感受和想法,事情写得简洁、明了,心理感受表达得真切、细致。随着事情的讲述,读信人会很清楚地体会到写信人的心情从沉重、压抑到明朗、轻松的变化过程,会感到安心,感到欣慰。例文的最后又回到了节日的习俗上,"腊八蒜已经泛绿了"可谓意味深长,这既是写信人豁然开朗的心境的写照,也是希望的预示,同时又显得很有情趣。这种如同散文一般的首尾照应的写法,为例文增添了意蕴与美感。

附：科研文书

（一）学术论文

论社会创新

王雅林　晚春东

（哈尔滨工业大学，黑龙江　哈尔滨　150001）

摘　要：社会创新是当代以知识为基础的全球社会发展和我国新型社会转型时期社会变迁的主导形式，它同技术创新相互结合，共同满足着当代社会发展的全面需要和构成社会可持续发展的综合动力基础。社会创新研究是对于中国现代化具有重大理论与现实意义的前沿型课题，应纳入多学科的研究视野，并在探索中使之学科化和使学科创新化。

关键词：社会创新；社会技术；社会能力

中图分类号：C91　　　　　　　**文献标识码**：A

文章编号：1002-462X(2002)01-0054-06

当代人类社会正在向知识社会阶段迈进。在这种全球化的发展趋势下，中国现代化的社会转型具有全新的性质，必然走以信息化、知识化带动工业化，实现新型现代化社会转型的路子。面向新世纪全球的发展，人类社会从来没有像今天这样更加依赖于以创新求发展，而这种创新并不限定在某一领域，它体现为一个综合、系统的过程。迄今为止，人们对创新的关注和研究更多集中在技术创新和"人对物"即物质生产领域上，这无疑是极其重要的，但在今天，在社会生活领域"人对人"关系方面的创新研究也迫切地提到了日程，这方面的研究可以概括为社会创新。在国外的社会学、哲学、经济学、管理学等学科的文献中，我们已经见到了对社会创新所做的某些研究，但这种研究从总体水平上大体限于提出问题。

我们认为,"社会创新"无论作为一门行动的科学对于中国现代化的实践来说,还是从学术理论上对于中国社会学的学科建设来说,都是一个新的、具有重要认识价值和指导意义的论题,需要结合中国的实际进行研究。

一、对社会创新概念的界定

对于社会创新的概念,国外学者大体上是在两个层面加以使用和界定的。一是在企业组织层面,相对于企业的技术创新,在关涉企业内部的组织、程序等方面的变革问题时则采用社会创新概念。比如美国管理学大师德鲁克正是在这个意义上阐释社会创新是企业管理者的重要任务。这可以看作是社会创新的狭义概念。二是在社会系统整体层面上,作为社会变迁理论的一个特定概念加以使用。这可以看作是社会创新的广义概念。在这个层面上,德国著名社会学家沃尔夫冈·查普夫对社会创新概念作了理论梳理和界定工作。各国学者对社会创新概念的界定共包括这样几个方面的含义:指涉社会发明;为克服变革的阻力而采用新的社会技术;政治创新;市场创新;管理创新;机构创新;满足需要的新模式;生活方式创新,等等。在此基础上查普夫给社会创新概念下的定义是:"社会创新是达到目标的新途径,特别是那些改变社会变迁方向的新的组织形式、新的控制方法和新的生活方式,它们比以往的实践能更好地解决问题,因此值得模仿、值得制度化。"[1]这个定义强调社会创新是实现社会目标的新途径、改变社会变迁方向的新方式和在解决社会问题上的有效性。另一位加拿大学者司徒·康格对社会创新的界定是:"社会创新就是创造新的程序、法律或组织,它改变着人们相互之间发生关系的方式。它解决具体的社会问题,或使迄今为止还达不到的社会秩序或社会进步成为可能。"[2]这个定义强调社会创新对于维护社会秩序、促进社会进步的重要功能。此外,德鲁克在其著作中对广义的社会创新概念也多有论述。我们认为,社会学学科视角更加关注的应是这种广义的社会创新概念。

我国学者对于社会创新的研究尚较少,但开始研究时应在有所借鉴的基础上强调其独创性,为此在对社会创新概念进行理论表述时应首先确立其方法论基础。

第一,把社会创新置于"创新系统"中加以研究。在社会的"创新系统"中,社会创新是相对于"技术创新"子系统之外另一个独立的子系统,社会创新概念所要回答的问题是,为推进现代社会的加速发展,在社会系统中不仅要形成技术能力,而且也要形成社会能力。在社会创新概念的表述中强调采用新方式维护社会秩序、促进社会进步,正是指要形成这种社会能力。

第二,在同相关概念的比较中确定"社会创新"概念的特定含义。在这方面国外学者已做了某些比较和区分。例如:(1)同社会变迁概念相比,认为社会创新强调的是引导这种变迁的自觉性,即设定社会变迁目标,干预社会变迁的方向等,因而社会创新只是社会变迁中自觉推进和有指向性的那一部分。(2)同社会改革概念相比,认为社会改革固然是个自觉的过程,但社会创新概念强调的是那些经受客观标准检验的、具有持久性和可制度化的改革的那一部分。(3)同社会革命概念相比,认为社会创新更强调社会"治理"和手段的有效性。(4)同社会改良概念相比,认为社会创新是"创造性的破坏"(熊彼特语)的过程,或者说是一个"安排有序的抛弃"(法国经济学家 J. B. 萨伊语)过程,这就是说社会创新强调的不是渐进性,而是为了得到新的、更好的,必须"抛弃""破坏"掉旧的、过时的东西。在我国有的学者还对创造(creation)和创新(innovation)两个概念作了比较,认为创造强调的是从无到有的原创性,而创新则是对原创性的东西的具体应用和不断修正、补充、完善的新陈代谢过程,兼有继承和发展双重因素。这种区分是有启示的,但我们认为创新概念不应排除原创性的方面。

第三,把握特定的学科视角。目前国内外对社会创新的研究虽然不多,但也涉及哲学、社会学、经济学、管理学等多学科,社会创新本身指涉的研究范围又很广,因此如不从一定的学科视角加以研究必然失之宽泛,即使是多学科交叉研究,其学科视角也应是有限的和明确的。从社会学学科视角研究社会创新,则突出人的社会行动能力的增强和人与人相互之间发生关系方式的改变及其同社会结构的内在关系。除此之外,对社会创新的研究还要考虑本土化因素。

据此社会创新的概念应包括以下含义:(1)社会创新是有明确目标指向性的一种特定社会变迁形式,强调的是通过创造新的活动方式实现原有活动方式所达不到的社会目标。(2)社会创新强调为了得到新的、更好和更有效益的,必须"破坏""抛弃"旧的、过时的和不再有效益的东西,社会创新既不同于社会改良,也不同于社会革命,它在更大程度上是"社会治理"的组成部分。(3)如同沃尔夫冈·查普夫对社会创新概念的表述,社会创新是包括制度创新、政治创新、市场创新、机构创新、生活方式创新等在内的各领域的综合过程,涉及社会生活各个领域,但社会学不同于其他学科对社会创新研究的特定视角是,人的社会行动能力的增强、人与人发生关系的方式的改变及其制度化。从这一特定视角,社会创新可涵盖人们经常使用的体制创新、制度创新、组织创新等内容。(4)社会创新在应用层面强调的是对新的"社会技术"的采用,即用新的社会行动方式、手段和途径解决社会问题。我们对社会创新作如下表述:社会创新是社会变迁的一种特定形式,它以明确的社会目标为导向,通过除旧布新,创造或采用新的社会技术、方法、途径和程序,以增强社会能力和建立新的规则体系,从而高效率地推进社会变迁进程。

二、社会创新的相关概念及其分类

"社会技术"是同物质技术、科学技术相对应的概念。如果说人类在推进社会发展中需要采取合理化手段去变革自然物以促进物质生产发展的话,那么人类同样也需要采取合理化手段去变革社会世界,调整人与人的关系,使社会有序运行。在这两种必不可少的合理化手段中,前者就是指自然科学范畴的"科学技术",而后者则是社会科学范畴中的"社会技术"。社会技术就是指采用合理化的方法、手段(如制度、组织、规划等)去调整、重组社会关系,从而实现某一既定的社会目标。

社会能力是指一个国家、一个社会或一个群体行为主体,运用社会技术解决具体的社会问题和实现对社会资源的有效配置与供给的能力。这里所说的社会资源既包括组织的、制度的资源,又包括文化观念、生活方式的资源等。"国家创新系统"概念的提出者佛里曼强调,"有一件事是必不可少的,那就是社会能力,它能够营造和促进无形资产投入到一个必须的规模,并且对基础设备中的有形资产做出有效补充"[3]。联合国科技促进发展委员会(UNC-STD)也强调发展中国家在发展信息技术时,"则确实需要找到将其实现的社会能力和技术能力结合起来的有效形式"[4]。

社会创新活动是一个复杂的行动系统。从社会创新表现出的不同性状和功能角度看,可以把社会创新划分为以下不同类型:

(1)基础性社会创新和辅助性社会创新。基础性创新是指那些发生在社会发展"基本范式"层面的创新活动,它关涉社会整体发展目标、发展方式、发展动力的模式转换。基础性创新在社会创新体系中具有首要意义。在社会发展基本范式转换过程中,必然在具体层面、环节、分支等"社会拐点"上产生社会创新的需要,这种创新是围绕基础性创新活动进行的并对其起支撑作用,此类创新活动我们可以称之为辅助性创新。需要指出的是,基础性创新和辅助性创新这对概念的区别又是相对的,比如对一个社会子系统的整体(如社会制度、社会文化系统等)来说又涉及全局和局部、具体环节、分支等的创新活动,两者又分别可以称之为基础性创新和辅助性创新。

(2)原始性社会创新和应用性社会创新。原始性创新强调的是从无到有的首创性、唯一性,在这个意义上的创新活动同创造、发明概念相近似;对原创的事物加以采借,并在应用中结合自身特点加以更新和改良,同样也可以视为一种创新,对这种类型的创新我们称之为应用性创新。

(3)体制性社会创新和工具性社会创新。体制性创新是指在涉及调整人与人之间的关系和社会利益,以及在涉及社会资源分配层面所进行的创新活动,如分配制度的改革等等;工具性创新是指为实现体制、制度转换而采取的一些社会政策、措施、方法等手段层面的创新活动。

(4)综合社会创新和局部社会创新。社会是一个复杂的大系统。要实现一定的社会目标所需要的社会创新活动往往关涉到组织、制度、文化、生活方式等人的社会行动系统各个方面,这些方面是相互关联的和相互作用的,这种全面的、系统的、子系统之间相互配合的创新我们称之为综合创新,相对于综合性创新而言,发生在某一具体领域的创新活动我们可称之为局部创新。

(5)最后我们提出一个"伪创新"的概念。在改革和大变革的时代,当创新成为一种社会潮流和被社会赞许的事物的条件下,很可能发生借创新之名,以种种"新"手段行维护旧秩序之实、"换汤不换药"的情况,凡此类"创新"活动我们可以称之为伪创新。伪创新是对"真创新"的一种反动。

三、社会创新:当代社会变迁的主导形式

· 社会创新将成为以知识为基础的全球发展和我国新型社会转

型期社会变迁的主导形式和重要发展动因,因此具有重要的现实与理论价值。

美国学者罗森堡、小伯泽尔在《西方致富之路》中详细考察了创新在推动西方经济增长和社会进步中的作用。作者指出,创新作为推动西方经济发展的重要因素,最早在15世纪中叶就开始了,到了18世纪中叶创新活动已广泛展开,成为主导因素。在诸多的创新活动中包括技术创新、科学和工业的结合,也包括企业组织、市场制度、银行、信贷、保险、会计、政府管理方式、法律、道德、消费方式与生活方式等方面的社会创新。作者对上述社会创新在西方工业化中的作用做了周详的论述,指出在整个资本主义的发展中社会创新都构成了重要推动力量[5]。

但是只有在今天,当人类社会发生"中轴转换"、进入以知识为核心动力的新的社会形态发展阶段后,社会创新才取得了前所未有的更加重要的地位。什么是构成人类信息社会、知识社会来临的标志性事件?人们自然会提到1946年世界上第一台计算机的诞生,但美国管理学大师德鲁克却认为,构成信息社会、知识社会开端的标志性事件是美国二战结束后公布的"退伍军人权利法案",该法案规定给二战中退伍的军人以资金,让他们能够上大学,从而为信息与知识经济的发展准备了一代人才[6]。德鲁克正是想通过这个事例说明社会创新在以知识为基础的社会发展中的重要地位。在未来的社会发展中,社会组织与管理的作用在于使用知识,而知识的本质是迅速变化的,知识的快速变化主要不在于积累速度加快,而在于更新、转换速度加快。如何适应这种变化呢?德鲁克指出其重要杠杆就是创新,"创新,即是用知识生产新知识"[7],而知识的生产程度依赖于人的主体素质,依赖于在他们身上体现出的社会能力,关于这一点是任何一个想在市场竞争中取胜的企业和公司都知道的。"精明的公司懂得,钱不能带来创新,而人可以。它们知道,在创新工作中,质量比数量重要得多。除非有第一流的人才来从事创新工作……否则永远不会带来任何成果。"[8]为此必须为人的素质的提高和创造潜力的发挥提供良好的社会环境,而这些必须依赖于能带来体制、制度、组织、文化、观念变革的社会创新行动。

以往对关于创新的重要社会功能的考量中,存在着偏重强调技术创新作用的倾向,甚至把创新活动简单地归结为技术创新。技术创新表现为采用新的物质技术(或称科学技术),通过改变"人对物"的关系来增强人们的技术能力,以变革物质世界,发展物质生产力,并带动各项社会事业和人的发展;社会创新则表现为采用社会技术,通过调整"人对人"的关系并使之制度化,来增强人们的社会能力,以变革社会世界,发展人自身的生产力,并为技术创新和技术能力的提高提供社会支持系统。"若技术创新并未在社会中扩散(起因为扩散的制度性障碍),将会造成技术的停滞不前,因为创新的机构和创新者本身都缺少必要的社会文化反馈"[9]。这两个方面共同构成了社会的"硬件""软件"系统,缺一不可。两者的相互结合,满足着当代社会发展的全面需要,并构成实现社会可持续发展的综合动力基础。

关于社会创新的重要功能,国外学者已做过论述。比如沃尔夫冈·查尔夫就指出:"发展的动力分别是技术创新和社会创新","社会创新可以是技术创新的前提、伴随状况或者是结果","为了采用物质技术,必须实行社会技术,以此作为前提条件"。[1]联合国科技促进发展委员会主编的题为《知识社会》的研究报告文集中也强调"动态的创新过程"体现为"社会能力和技术能力不断提高",发展中国家要实现创新发展,"确实需要找到将其现实的社会能力和技术能力结合起来的有效方式",特别是当社会创新能力不足的时候,"对社会能力的投资应有优先权"。[4]德鲁克在他的许多管理学著作中也反复强调,"社会创新——它们中极少有归功于科学与技术的——对社会和经济也许具有更为深远的影响,实际上,它们对科学与技术本身也具有深远的影响"[8]。不只是科学技术才创造新知识,社会创新同样也创造新知识,因而"社会创新也同样重要,而且常常比技术革新更重要"[7]。他举例分析说,"本世纪里,分期付款销售法对经济和市场的影响,也许比许多重大的技术进步所产生的影响更大"[8]。

特别需要指出,在以知识为基础的社会中,社会生产力更加"软"化,文化的、社会的因素日益成为生产力结构中的重要组成部分,因此通过社会创新焕发出的社会能力和所形成的新的社会技术,不但为技术创新创造社会前提,而且本身就构成了生产力要素,这就提出了需要重新界定生产力概念的课题。

最后,我们还需要指出,未来的社会发展将是一个充满风险、危机、突变、机遇、不可预测性和不确定性的社会,社会每前进一步都需要随时把握机遇,克服危机,化解风险,为此需要不断创造解决问题的新方式、新手段、新程序,以增强社会能力,迅速调节社会运行机制。社会发展不确定性的增加需要社会创新,社会创新又会增加新的不确定性,从而激发新的社会创新,这就是当代社会发展的辩证法。可以预见的是,在未来的社会发展中,解决"人对人"社会领域的问题比解决"人对物"物质生产领域的问题更为艰难,那时的政府和社会组织也许要比技术创新投入更多的精力和资源去从事社会创新。因此,通向未来的社会将进入一个致力于源源不断和大规模社会创新的伟大时代。

我国正处于社会转型加速发展时期,在全球化的发展趋势下,我国的现代化必然走上以知识为基础的发展轨道,实现工业化和信息化、知识化的"双重社会转型"[10]。我们所面对的将是一个只有集成创新才能发展的时代,尤其将是一个不断依赖社会创新才能扫清前进道路、获得新动力的时代,对此社会学者必须有超前的认识,敏感地捕捉社会变迁的新形式、新动能并加以研究,做出自己的理论贡献。

四、社会创新的生成及运作机制

社会创新属于一门行动的科学,我们对其研究的重要目的是使之在实践中发挥功效,为此我们需要具体揭示社会创新的生成、启动和运作机制。

1. 社会创新往往产生于社会所期待的发展目标与现实的社会机制之间的落差。社会创新是具有明确的社会目标的社会变迁形式,大变革时代的社会发展具有"目标牵引"和导向的特征。当原有的社会机制和手段不足以实现社会目标时,人们就期待着创造新的方法、程序、组织、制度等等去实现所确立的社会目标,于是社会创新便应运而生。中国的现代化有明确的发展目标,即到21世纪中叶基本实现现代化,达到那时的中等发达国家水平。为了实现这一社会发展目标,传统工业化的运作机制和手段已不适应要求,必须创造出把工业化和信息化、知识化结合起来的配套运作机制,于是社会创新的任务便提到了日程,在这个过程中社会目标除了为社会创新提出要求外,也将提供导向。

2. "危机"构成社会创新的机遇。社会发展过程中充满了风险、机遇、危机、不可预测性和不确定性等,社会每前进一步都会遇到许多"拐点",都需要新的解决社会问题的方式。在一定意义上可以说,"创新产生于崩溃的边缘",危机和风险等等的存在往往构成现代社会变迁的正常"秩序"。社会发展的辩证法是,危机刺激创新,危机提供创新机遇。之所以如此是因为,危机不但产生着创新即解决问题新方式的需要,而且也将为创新扫清障碍。这也是在现代社会中社会创新成为社会变迁主导形式的原因。

3. 社会创新必须扫除"本位至上"组织系统的屏障。从创新的组织基础角度看,一些学者提出了这样的见解:"对于淹没在合理利用资源和提供更好服务的需求之下的组织而言,不能期望他们再次处于创新的过程中,不能期望他们做出创新","只有那些对于维持现有体制没有直接或间接利益的人们",才能提出改革、创新的更好方法。结论是自我封闭的"本位至上"的"组织不能创新出自身的替代者"[2],"自己的刀削不了自己的把"。实践也证明,体制内的某些组织或群体容易形成路径依赖,或出于既得利益的考虑醉心于发展自我维持和延续的方法,而许多新型体制、制度、组织方式等等的创新恰恰来自体制外的社会边缘层。在未来的以知识为基础的社会发展中,任何组织要生存和有用,都必须进行"安排有序的抛弃",采取剧烈的重建方式打破自我封闭和"本位至上",学会创新和增强创新能力。

4. 社会创新的主体从政府转向社会。社会创新活动从本质上说不是个人行为,而是集体和社会行为。但从西方发达国家的现代化史来看,社会创新的主导力量有一个变化的过程。在19世纪技术创新往往受市场推动,是私人部门的事,而"社会创新则是政府行动和政治行动"。到了现在,"私人部门,即非政府部门,已接管了社会创新。社会创新从一种政治行动,变成了一项管理的任务"。[8]这表明在当今时代社会创新的主体和主导力量已由政府转到了社会,转到了民间。一般地说,在创新主体中最活跃的担当者是政治家、企业家和知识工作者。自下而上的社会创新依靠的是特定的文化和日常实践,依赖于广泛的社会参与和民主化、多元化的社会环境。

5. 创新的机遇在于洞察变化的征兆。社会创新是一种有目标、有方向的社会变迁行动,但成功的社会创新又不是主观随意的行为,必须依据客观情势而行动,否则必遭失败。"成功的创新利用变化,而不试图强行变化"讲的就是这个道理,但成功的创新又在于善于及时地捕捉变化征兆,因势利导,促进事物的大发展。否则,待事件的发展趋势已呈明显定格的状态时必然贻误战机,错过创新的机遇。德鲁克曾论述到这一点:"系统的创新……在于有目的地、有组织地寻找变化,以及系统地分析这种变化可能为经济或社会创新提供的机遇。"这些变化的征兆包括：意料之外的成功或失败；事实上的现实和假设的现实不一致，生产流程、行业或市场结构中出人意料的变化；科学的和非科学的新知识，等等。[11]在诸多变化的征兆中最有价值的创新机遇在于把握意料之外的情况，特别是意外的成功。

6. 协调社会创新中的各种关系。社会创新是在复杂社会系统中发生的现象，因此社会创新必然涉及方方面面的复杂关系。这些关系包括我们在前面所说的社会创新同技术创新的关系，基础性创新和辅助性创新的关系，综合创新与个别创新的关系，微观层面的社会创新与宏观层面的社会创新的关系，等等。还需要解决的是现代化发展中创新机制同积累、采借、调适、试验机制之间的良性配置和互动的关系，以及创新成果向应用转化的机制问题。特别需要强调的是，要把握好创造新知识同利用旧知识的关系。创新是属于科学范畴的概念，具有工具性的功能，但一个社会的良性运行还必须有人文价值系统与之匹配，否则就会出现工具性价值和人文价值的失衡，而社会人文价值的东西具有传承性、持续性，构成一个社会绵延不断发展的重要因素，具有永恒的价值。在人文、价值领域需要保持稳定性和传承性，一个社会只有把创新和这种传承性结合起来，才能健康、有序地发展。

7. 建立社会创新的激励机制。在实践中，社会创新同技术创新相比往往处于滞后状态。形成这种状况的原因除了有认识上的、指导思想上的问题之外，还因为：技术创新和发明可以申请专利，进入市场后可以获得丰厚的回报，企业和社会都有许多鼓励技术创新的机制，对于技术创新的风险也往往有风险基金作为保障；而社会创新则不同，社会创新往往不能通过市场获利和取得专利，对创新的风险也缺乏补偿，这些都不利于社会创新的有效开展。社会创新的成果往往不能进入市场，不直接产生经济效益，但其间接的经济效益和社会效益都是巨大的。社会创新同技术创新的强势相比属于"弱势创新",因此大力扶持和建立相应的激励机制,应包括经济的和非经济的,并注意对创新失败和风险的保护。

8. 造就创新活动的行动者。这是关键所在。因为引起社会变迁的根本动力是人而不是物,如果没有社会精英型人物推动社会变迁,就不可能发生创新。这些精英型人物可以称之为"社会企业家"[12]。他们应当有创新的精神,广博而专业的知识,政治见解和沟通技巧,并且拥有对变革所需资源的控制、克服阻力的能力和献身精神等等。

在当今世界日益全球化、信息化、知识化的发展格局下,中国作为发展中国家的现代化是"目标牵引型"的现代化,未来引导现在。当在大约50年后基本实现现代化之时我国应是已迈入了知识社会的门槛。这就是说中国在还没有完全成为一个工业社会时却必须以知识社会为号令,把目标锁定在建构知识社会上,用信息化、知识化带动工业化。由此提出的问题是,中国现代化进程的任何重大发展和突破都离不开知识社会的牵引,中国社会学以至整个人文社会科学的发展都离不开对知识社会的超前研究和思考。社会学的研究必须走出传统,面向未来,敏锐地发现那些对中国现代化有重大意义的理论课题,并在这种研究中求得自身的发展、创新和富有活力,而社会创新研究的开拓就属于这个领域的问题。社会创新是当代中国社会变迁的一种重要形式和动力机制,对它的研究应纳入社会学的视野,把元理论的研究同应用研究、科学求实同艺术把握结合起来,在探索中使之学科化和使学科创新化。

参考文献

[1] 查普夫沃.现代化与社会转型[M].北京:社会科学文献出版社,1998.
[2] 康格司.社会创新[J].新华文摘,2000,(11).

[3] 金吾伦.社会能力与技术能力的均衡发展[J].中国社会科学文摘,2000,(1):73.
[4] 科学技术部国际合作司.知识社会—信息技术促进可持续发展[M].北京:机械工业出版社,1999.
[5] 罗森堡,小伯泽尔.西方致富之路[M].周兴宝等.北京:三联书店,1989.200—224.
[6] 德鲁克彼.大变革时代的管理[M].周干城.上海:上海译文出版社,1999.51—53.
[7] 德鲁克彼.后资本主义社会[M].张星岩.上海:上海译文出版社,1999.
[8] 德鲁克彼.管理的前沿[M].许斌.上海:上海译文出版社,1999.
[9] 卡斯特曼.网络社会的崛起[M].夏铸九等.北京:社会科学文献出版社,2000.21.
[10] 王雅林.社会转型理论的再构与创新发展[J].江苏社会科学,2000,(2):79—86.
[11] 德鲁克彼.90年代的管理[M].东方编译所.上海:上海译文出版社,1999.298—300.
[12] 伯恩斯汤.结构主义的视野[M].北京:社会科学文献出版社,2000.285.

On Social Innovation

Wang Yalin, Wan Chundong

(Harbin Institute of Technology, Harbin 150001, China)

Abstract: Social innovation is the leading mode in the social change of the period of China's social transformation and the global development based on knowledge. Combined with technical innovation, it fulfills the all-round need of the contemporary social development and constitutes the foundation of synthetically drive of the sustainable development of society. The research on social innovation is frontier subject loaded with great theoretical and practical meaning. It must be brought into the perspective of multidisciplinary investigation, disciplinarized and innovated of the new discipline in exploration.

Key words: social innovation; social technology; social capability

(载于《学习与探索》2002年第1期)

这篇学术论文主要是由标题、作者姓名、中文摘要和关键词、正文、参考文献及英文摘要和关键词等项目构成的,此外还有出版者标注的分类号等项目。标题是揭示课题的标题,即只反映文章所研究的问题,而不涉及作者对问题的看法,"论……"是这类标题常见的形式之一。实际上,论文标题大都是揭示课题的,相比较而言,揭示论点的标题用得不多。中英文摘要高度概括论文内容,揭示论文的中心观点,写得客观、简洁,具有一定的独立性和自含性。关键词有效地提供了论文的主题信息,由于论文篇幅不是很长,使用三个关键词还是比较合理的。正文包括序论、本论和结论三个部分,序论部分提出问题并明确提出问题的背景,指明现有研究的局限和课题研究的意义;本论包括四大部分,四大部分之间呈现出一种层层深入、步步推进的递进关系,即第一部分对基本概念加以界定和阐释,第二部分阐释相关概念,划分社会创新的类型,第三部分论述社会创新的现实与理论价值,第四部分揭示社会创新的生成、启动和运作机制,后一部分内容是前一部分内容的深入和推进。在每个部分之中,作者又常常从不同的角度谈问题,层与层或段与段之间大都是并列关系。具有递进关系的大的部分内部包含着具有并列关系的段落,递进中有并列,是本论部分的总体结构格局。结论部分(最后一个自然段)展望学科发展前景,强调课题研究的意义,指出对课题进行进一步研究的方向。文末参考文献排列有序,标注方式合乎有关规范。需要说明的是,国家新闻出版署印发的《中国学术期刊(光盘版)检索与评价数据规范》和《中国高等学校社会科学学报编排规范(修订版)》等文件对期刊论文的文末参考文献的项目和格式均有具体规定,各种期刊在来稿要求中通常也都写入这些规定,投稿时应当认真查阅。

　　结构完整,层次清楚,以序码加小标题的形式提示各大部分的内容要点,运用段中主句说明段旨,使得文章便于阅读,易于理解,是例文在表达方面非常值得借鉴的几个特点。

(二) 综 述

城市化问题讨论综述

王碧峰

(中国人民大学,北京 100872)

城市化是工业化的直接产物。城市化以工业化为前提,工业化的发展又推动着城市化的进程。对于我们这样一个正在完成工业化的国家来说,城市化一直是人们关注的问题。在我们跨入新世纪的时候,城市化问题的再次升温,有着深刻的时代背景和社会经济意义。对于这个问题的讨论,将推动我国城市化理论的发展和实践进程。现将近一年来关于城市化问题的讨论综述如下,以飨读者。

一、新世纪加快发展城市化的意义

朱铁臻认为,城市化是新世纪中国经济高增长的强大动力。(1)城市化是解决二元经济结构矛盾的根本出路。不调整城乡这个大的经济构成,不减少中国农民的数量,不加速农村城镇化,就不可能从根本上解决中国二元经济结构的矛盾。(2)城市化有助于促进工业化。现在人类已进入世界范围的城市化推动工业化和现代化的新阶段。城市化不仅可以为工业化提供便利的交通、快捷的信息、良好的市场、发达的科技与教育,以及先进的城市设施等必需的条件,而且可以大大增加有效需求。(3)城市化有利于第三产业的发展。没有一定数量的服务对象,第三产业是发展不起来的。城市化的迅速发展,会给第三产业带来快速发展的机遇,创造大量的就业机会。(4)城市化有利于提高人口素质、提高劳动生产率。城市教育较发达,信息量大,工作、生活节奏快,竞争力强,这些都有利于人的能力的培养和人的工作效率及文明水平的提高。(5)城市化有利于自然资源和人力资源的合理利用。城市化不仅能合理节约地利用土地,而且有利于保护和合理利用水资源和其他资源,有利于环境保护和生态平衡。另外,城市化能够促进人力资源流动,使人力资源合理配置,可以更好地利用我国劳动力资源丰富的优势,发挥劳动密集型产业在我国经济增长和出口增长中的作用。[1]

杨治、杜朝晖认为,城市化是解决中国经济与社会发展诸多矛盾的关键。第一,发展城市化可以解决我国经济有效需求不足的问题;第二,解决农民和农村问题的根本出路在于城市化;第三,城市化的发展为第二、第三产业的发展提供所必需的集聚点;第四,城市化的发展将成为我国21世纪重要的经济增长点。[2]

陈军涛认为,城市化是解决中国系列经济社会问题的新起点。城市化将积极推动我国农业工业化和农业产业规模化经营的进程,为环境保护和生态控制提供新契机。同时,城市化本身所产生的巨大需求将促使中国经济长期保持一个较高的增长速度。据估计,在中国现有的发展水平上,城市人口比重每增加1个百分点,直接消费可拉动GDP增加1.5个百分点。[3]

刘勇认为,城市化进程对GDP的贡献举足轻重。我国城市化的发展速度每提高1个百分点,城市基础设施投资将新增1400亿元,最终将带来3360亿元的GDP。据分析预测,"十五"时期,我国城市化率将每年提高1个百分点,由此对经济发展的直接和间接贡献将达到3个百分点左右。[4]

程安东认为,城镇化在西部大开发中发挥着极其重要的作用。城镇化程度不高是影响西部地区经济社会快速发展的一个根本问题。在新世纪来临之际,突出地提出和解决这个问题,是西部地区由滞后发展走向全面振兴的必由之路。因此,在西部大开发中应把加快城镇化放在重要的战略位置,使其充分发挥推进器和加速器的作用。[5]

然而,有一些学者并不完全赞同上述观点。顾海兵认为,中国经济发展及西部开发应走城市化道路的主张,在逻辑上和实践中都有其无法克服的缺陷。第一,城市化的城市边界并不像初看上去那样非常明确。比如目前的城市一般是指市、镇,不包括乡,实际上有不少乡与镇的区别不大,基本相当于准镇,强制地把所有的乡看作是农村,把所有的镇看作是城市不一定合适。第二,城市区域中有农业,比如温室农业、观光农业,而农村区域中又含有城市经济的成分,比如乡村旅馆、乡村俱乐部、乡村家庭工业、乡村科学实验室、乡村学校,等等。因此,城市化的内涵是不确定的,城市化不能准确说明产业结构的变动,不适合说明已经城市化的国家进一步发展的道路。第三,城市化率并非越高越好,因为城市化已经引发了城市病。特别是我国作为十几亿人口的大国,有没有可能让95％以上的人都住在城市里是值得研究的。发达国家的逆城市化值得我们注意。因此,用城市化作为经济发展路径并不科学。[6]

二、中国城市化滞后问题

1. 中国城市化滞后的现状

一种比较有代表性的观点认为,1998年,我国非农就业的比重达到了50.2％,而城市化的比重仅有30.4％,城市化发展明显滞后[7]。有人并不完全赞同这种对我国城市化滞后现状的估计。

他们认为,我国目前真实的城市化水平要比统计数据高。按我国目前的人口统计口径,定居在城市近郊、使用城市基础设施、参与城市经济活动的部分农业人口和改革开放以来进入各级城镇、长期从事非农业经济活动的部分农业人口被排除在城镇人口之外。前者按国际通用的占该类人口总量的25%左右计算,约为0.97亿人;后者按目前全国跨省流动农民工总量0.8亿人的65%计算,则为0.52亿人。如果加上这两部分人口,1998年我国城市化水平实际应为35.8%。考虑到我国的国情和非农化水平,可以认为,我国城市化水平相对于经济发展水平存在一定程度的滞后,但并不存在"严重滞后"的问题。[8]

另一种观点认为,我国城市化滞后于工业化进程十分明显。孙永正认为,目前中低收入国家组的城市化率平均为52%,高于我国22个百分点。考虑到我国刚步入这一国家组,农村人口一般略高于农业劳动力比例,我国城市化滞后于工业化进程也至少在10个百分点以上。[9]朱铁臻认为,城市化率与工业化率的合理比值范围是1.4~2.5,而我国的城市化率与工业化率的比值只有0.65。[1]

2. 中国城市化滞后的原因

温铁军指出,人们一般认为,中国城市化发展水平滞后有三个方面的原因:一是高资金密集的重型工业化发展战略的影响;二是城乡"隔绝"的政策制约;三是单一的国家投资建城的建设方式限制了城市的更快发展。这些观点都对,但仍然不足以解释中国的特殊性问题。温铁军认为,中国城市化滞后的根本原因是国家工业化过程中形成的结构偏差及其派生的"资本排斥劳动"。中国工业化之初获得的启动资本,来源于苏联在第二次世界大战形成的大型制造业向中国的转移,其后的工业化进程中采取的也是重工业优先的发展战略,因此必然产生结构性偏差及资本不断增密、不断排斥劳动的内在机制。随着工业化的进程,中国就业结构的偏差不断扩大,城市化水平长期停滞不前。1952—1977年,工业净产值占国民收入的份额上升了30个百分点,而工业就业份额只上升了10个百分点。就业结构滞后于产业结构的差距十分明显。中国城市化滞后的另一个重要原因是城乡分割对立的二元结构的形成。从20世纪50年代起,国家颁布了一系列的政策和法令,在户口迁移制度、粮油供应制度、劳动用工制度和社会保障制度等方面,把城市人口与农村人口分割开来。国家工业化的推进不仅没能导致就业结构的同步调整和城市化发展,而且为了维持资本密集、排斥劳动的城市大工业,国家不得不建立一套具体的城市社会保障制度,这就形成了城乡分割的二元结构的基本体制矛盾。[10]

夏小林、王小鲁认为,城市化滞后的原因是多方面的,如发展战略、制度和各种物质条件等。影响城市化进程的主要因素有:(1)劳动力流动因素。仅仅从个人和家庭选址的角度看,户籍制度仍然是影响城市化的最大因素。"城外人"在城里的劳动用工制度、社会保障制度等方面遇到的不平等待遇,主要还是受到户口问题的影响。另外,农村居民的土地使用制度、社会保障制度极不完备等因素,也是影响农村人口进入城市(镇)"落户"的重要因素。(2)企业选址因素。第一,乡镇企业的创办动机是社区利益的最大化,社区目标使乡镇企业很难进城。第二,乡镇企业较低的"区位成本"降低了其进城的积极性。第三,乡镇企业"区位成本"的高低依赖于企业的区位,它只有为社区目标服务时才具有较强的竞争力和较高的转移收益。中国的工业化在相当大的程度上是依靠农村工业化来实现的,作为农村工业化主力军的乡镇企业不积极向城市集聚,必然要拖城市化的后腿。(3)城市人口的自然增长和高就业率明显地降低了城市吸收农村人口的能力。近几年,城市经济体制改革和经济结构的变动减少了就业机会,也使农民进城受阻。(4)农业现代化水平低和农业劳动生产率增长率小,大大限制了中国城市化进程。(5)人口、土地、水成为制约城市化进程的重要的外部变量。(6)政府方面对城市化关注太少,管理和引导滞后,有关制度安排还存在不合理的内容。[11]

叶裕民认为,弱质工业化是我国城市化滞后的经济根源。改革开放以来中国工业化的弱质性,特别是乡镇企业发展的弱质性导致了中国非农产业就业比重的提高速度滞后于工业化水平的提高速度,以及市镇人口比重的提高速度滞后于非农产业就业比重的提高速度,这双重滞后最终造成了中国的城市化进程滞后于工业化。[12]

3. 中国城市化滞后的负面效应

夏小林、王小鲁认为,城市化滞后的消极影响主要表现在:(1)直接影响市场容量的扩大,影响投资的增长,影响经济可持续增长,妨碍国内需求的有序扩展和升级,形成具有很长持续性的城乡消费断层,导致工业生产能力在投资领域的扩张受到严重的城乡二元结构的明显阻滞。(2)妨碍第三产业的发展,形成就业结构偏差,削弱了中国产业(主要是第三产业)在其结构转移过程中吸收剩余劳动力的能力。(3)妨碍农业的发展,阻碍了农业劳动方式的革新和农业劳动生产率的提高,不利于提高农业劳动者的收入和消费水平。(4)妨碍农村工业提高素质和持续增长。[11]

叶裕民认为,中国城市化滞后的负面影响有:(1)直接限制了农业的现代化进程。农业现代化的基本前提是农业的规模经营和农民基本素质的提高。由于城市化滞后,进入乡镇企业的工人没有同时成为市民,他们并不放弃土地,致使农村土地的规模经营难以全面展开。此外,面对3.47亿农业劳动力,国家普及农业技术的成本是巨大的,我国目前的国情、国力确实难以承担。(2)限制了乡镇企业产业素质的提高。小城镇建设落后,对周围企业缺乏吸引力,是加剧乡镇企业分散布局的重要因素。乡镇企业的分散布局,一方面使乡镇企业缺乏外部规模经济效益;另一方面,使企业职工素质难以提高,这正是乡镇企业整体产业素质不高的主要原因。(3)导致我国产业结构调整困难。(4)不利于我国教育、文化等社会事业的发展,限制了人的现代化进程。(5)不利于实施可持续发展战略。[12]

孙永正认为,城市化滞后有八大弊端。(1)抑制了消费需求增长。城市化滞后对消费需求增长的抑制,实质上是农村传统消费观念和分散、封闭的消费环境对消费需求的抑制。(2)阻碍了社会劳动生产率的提高。实践证明,社会劳动生产率的提高过程,不仅是劳动者自身技能的提高过程,而且是劳动者在地区之间和部门之间的重新配置过程。城市化滞后于工业化,恰恰在这方面起着相反的作用。(3)妨碍了农业产业化进程。提高农业产业化程度,内靠农业专业人才和资本积累,外靠市场需求的不断扩展,城市化滞后对此也起着相反的作用。(4)阻碍了城镇建设和城市中心功能的发挥。城市经济的繁荣和城市建设的日新月异,很大程度得益于外来人口、资本和劳动力的大量渗入。阻碍农村人口向城镇转移,城镇建设就缺乏动力和压力,城市的中心功能就不能得到很好地发挥。(5)阻碍了产业结构调整和第三产业的发展。城市化滞后必然使第三产业的发展也滞后,这种双重滞后的事实提醒我们,城市产业结构的调整不能仅仅局限在城市范围,而必须与城乡人口结构的调整联合部署。(6)影响了国民素质的提高。城市化滞后在阻碍农村人口向城市转移的同时,也使这部分人难以分享城市公共服务,其素质自然难以达到城市的水准。(7)影响了环境保护和治理。(8)影响了建设用地的集约使用。[9]

朱宝树认为,城市化滞后的后果主要有:(1)城市化滞后的人口学后果。由于长期以来我国严格限制农村人口向城市迁移,因此,从人口年龄结构的城乡差异看,出现了滞后型的"城市先老"这一不同于许多发达国家的特殊情况。城市化滞后导致的城市人口"先老"和"更老",一定程度上需要付出相对较高的社会代价。(2)城市化滞后的社会经济后果。第一,城市化滞后使大量劳动力过多地滞留在农村,造成严重的隐蔽性失业和劳动力素质及劳动生产率低下。同时,城市化滞后也使城市就业的发展空间受到很大的束缚,因此也是加剧城市隐性或显性失业的重要原因。第二,农村城市化滞后,阻碍了农村内部和城乡之间资源的优化配置和生产要素的合理流动,造成资源的浪费和低水平的过度竞争。第三,城市化滞后对市场需求的扩大形成严重的制约。(3)城市化滞后的环境后果。第一,事实证明,各种城市环境病或空间危机不是过度城市化的结果,而恰恰是城市化滞后的后果。第二,城市化滞后不但造成城市环境人口容量水平的滞后,而且也从总体上对土地资源或环境的人口承载能力产生负面效应。[13]

三、中国城市化发展的速度、方针和道路

1. 中国城市化发展的速度

国务院发展研究中心"十五"计划研究课题组认为,我国的城市化率(城镇人口占总人口的比重)在未来的30~40年内可能达到70%左右。按此速率计算,未来城市化率年平均将提高1.0~1.2个百分点,大约是1978—1998年年平均增长速度的1倍左右。这样,"十五"时期末城市化率将达到36%左右,2010年将达到45%左右。[14]

国家计委宏观经济研究院课题组认为,"十五"时期的城市化速度可能会比"九五"前3年年平均增长0.47个百分点的速度有所提高,但不会高于"八五"时期年平均增长0.74个百分点的速度。若出台一些鼓励城市化发展的政策,速度可能会略高于"八

五"时期,但不会超过每年1个百分点。预计"十五"时期末的城市化水平,按现行的城镇人口口径,将达到36%左右,按修正后的城镇人口口径,将会达到40%～43%。[8]

陈书荣认为,从国情出发,我国城市化不宜追求西方发达国家不同国情的高指标、高比例,2050年,将中国城市化界定在60%左右比较合适。其理由是:(1)未来50年内,中国将有近6亿农业人口转入城市,任务相当艰巨。(2)发达国家的城市化水平从30%提高到60%,用了60～100年的时间,考虑到中国经济发展的后发优势,用50年的时间也可谓够快的了。(3)未来50年平均每年需要投入资金2400亿元,这是一个不小的数目。(4)城市化的发展还要受到土地、粮食、农业、水资源和环境等条件的制约。[15]

2. 中国城市化发展的方针

1989年,我国制定的《城市规划法》第4条明确提出:"国家实行严格控制大城市规模、合理发展中等城市和小城市的方针,促进生产力和人口的合理布局。"毋庸置疑,这一方针对我国的城市化建设起到了积极的作用,但在实践中也暴露出许多不足之处和问题。在新世纪来临之际,我们有必要重新审视我国的城市化发展方针,提出和制定适应新世纪发展要求的新的城市化方针。

国务院发展研究中心"十五"计划研究课题组认为,"十五"和更长时期内我国城市化的方针应该是,按照市场规律和规模经济的要求,适应产业升级和国民经济发展的进程,积极、有序、全面、协调地发展各类城市。合理发展大城市,大力对中等城市扩容,积极稳妥地发展小城市,使城市化与工业化、市场化、国际化之间建立起符合发展规律的内在联系,为人民提供更多更好的就业条件和更加优良的生活空间。[14]

李京文认为,未来20年将是我国城市化的高速发展阶段,城市化发展的方针应当是,提高、完善大城市,积极发展中小城市,促进建制镇的适当集中,有力推进城乡一体化进程。[16]

夏小林、王小鲁认为,需要结合改革开放以来城市化进程的新特点来完善和充实现有的城市化发展方针。(1)政府的城市化方针要与市场配置资源的机制相结合,正确处理城市化进程中政府作用与市场作用的关系。(2)制定更加完善的发展大城市的方针。城市化方针的侧重点应该是发展具有合理规模的大城市,带动其他规模较小的城市和镇的发展,并利用规模较小的城市和镇的发展分解大城市发展过程中的负效应,形成合理的城市结构和网络。(3)进一步完善发展中小城市和发展建制镇的方针。第一,通过发展大城市带(圈)的规划来引导中小城市和建制镇的规模扩张和质量提高;第二,积极引导成长性强的城镇合理扩大规模;第三,进一步完善推进小城镇发展的各种相关的制度安排和规划。[11]

3. 中国城市化发展的道路

城市化道路问题一直是理论界争论的焦点,它所涉及的问题是,在农村人口向城市人口转化的过程中,是以发展大城市为主进行转化还是以发展中小城市为主进行转化,或者是重点发展小城镇,实现农村人口的就地转化。其中,"大城市论"和"小城镇论"是两种主要的、对立的观点。

"大城市论"认为,中国的城市化应走大中城市扩容为主的道路。王小鲁和夏小林认为,城市,特别是大城市,会产生明显的聚集效应,从而带来更高的规模收益、更多的就业机会、更强的科技进步动力和更大的经济扩散效应。(1)大城市确实外部成本较高,但规模合理的大城市有良好的聚集效应,由此带来的规模收益明显超过外部成本,经济效益远远高于中小城市和小城镇。经过对不同规模城市的成本效益分析可以看到,规模在100万人～400

万人区间的城市都可以称为最佳规模的城市。增加这一规模的城市将会大大提高整个社会的经济效益,提高经济增长的速度与质量。(2)大城市比小城镇更能节省土地。按人均占有的建成区面积计算,我国20万人口以下的小城市人均占地是200万人口以上大城市的2倍,建制镇人均占地是后者的3倍以上。此外,小城镇在建成区以外还占用大量的非耕地,其中包含相当大的土地资源浪费。今后如果大城市发展步伐快一些,吸收更多的乡村和小城镇人口,将会为国家节省大量的土地资源。(3)大城市具有良好的经济效益,只要建立和完善合理的资金回流机制,用于大城市建设的巨额投资就会得到充分的回报,不会给政府财政带来沉重的负担。(4)城市化在形成大量新的就业机会的同时,也会部分地把过去的隐性失业变成显性失业,把城乡收入差距变成城市内部不同人群之间的收入差距,因此,过去长期压制城乡人口流动积累起来的潜在不稳定因素会在某种程度上转变成显性的、暂时的不稳定因素。但从更长期的眼光来看,加速城市化和发展大城市将创造更多的就业机会,导致收入水平的更快提高,缩小城乡差别,有利于社会稳定。[17]

反对"大城市论"的人认为,(1)发展大城市意味着大量农村人口流向城市,形成城市贫民窟,带来高失业、高犯罪等社会不稳定因素。(2)发展大城市需要巨额的基础设施投资,给政府财政带来沉重的负担。(3)中国现有的城市在城市管理体制和管理方式、基础设施的建设、社会保障和公用事业的供给等方面还存在着许多缺陷,在这种条件下扩张现有的城市,将造成城市生存环境的恶化。[10](4)我国一批大城市的人口数量已达到相当规模,大城市的人口密度是世界上最高的,它们接纳新增人口的设施和能力已经严重短缺,难以在短期内消化大量的农村人口。[18]

"小城镇论"认为,发展小城镇是走中国特色的城市化道路的必然选择。柳思维认为,农村小城镇是解决中国城市化短缺的根本出路。(1)农村城镇化曾是世界各国城市化起步阶段的共同选择。(2)以农村小城镇为主加快城市化适合中国的国情。它可以使大量的农民迅速非农化,较快地进入低水平的城市化阶段,而后再逐步提高城市化水平。(3)经过二十多年的改革、开放和发展,中国农村小城镇的发展进入了历史上最好的时期,为新时期中国城市化的发展打下了良好的基础。(4)小城镇的发展是培育和开拓农村市场、扩大国内市场需求的根本措施,也是消化城市化过程中大量农村剩余劳动力的重要场所。[18]温铁军认为,在城市化道路的选择中,小城镇具有很大的发展优势。(1)近年来,小城镇数量扩张明显,在小城镇的建设方面积累了许多经验和教训,因势利导发展小城镇有一定的基础。(2)由于地缘关系紧密,农民进入小城镇比进入大中城市付出的心理成本要低一些。(3)小城镇的发展可以把城乡两个市场较好、较快地连接起来,迅速促进农村第二、第三产业的发展,由此大量吸纳农村剩余劳动力,缓解农村人多地少的矛盾,进而促进农业规模效益的提高和农民收入的增长,同时又可以缓解大中城市人口膨胀的压力。[10]朱选功认为,发展小城镇符合我国建设资金短缺的国情。据调查,在小城镇安排一个劳动力就业,需要提供生产性投资和商业服务性投资共约5000元,而在大城市安排一个劳动力就业,仅生产性投资就需要10000元以上。因此,从资金投入的角度看,小城镇在吸收农业劳动力上比大城市更有优势。并且,乡镇企业对小城镇的人力、物力、财力的投入,也使小城镇的发展无须过多依赖国家的财政投入。[19]

反对"小城镇论"的人认为,将我国城市化的主要途径定为发展小城镇有许多困难难以克服。季建林认为,我国的小城镇,绝大多数仍然处在交通不便、信息不畅、文化落后、技术水平低、投资分散且效益低下的状态,片面强调发展小城镇,必然造成乱占乱用土地、重复建设严重、浪费资源、污染环境等严重问题。在小城镇,农民的生产生活方式难以得到根本改变,小农经济的社会结构仍然难以打破,对外来人口仍有排斥力,不能把中国城市化、农业现代化的希望和重任寄托在小城镇的发展上。[20]王小鲁和夏小林认为,小城镇缺乏足够的产业聚集效应,对投资的吸引力有限,而且资源利用效率低,不应对它在城市化中的作用寄予过高的期望。如果主要依靠乡镇政府投资发展小城镇,还有可能进一步导致政企不分和投资无效益的老毛病。[17]刘茂松认为,农村城市化并非小城镇化。(1)小城镇的确有自身的一些优势,但小城镇也基于自身的局限而存在着小城镇病,即集聚能力低,集聚效益差,与大中城市相比,小城镇的综合经济效益是很差的,从市场经济和社会现代化的要求来看,小城镇不应该是我国农村城市化的理想目标。(2)我国农村小城镇的主体是行政中心,而非经济中心,这种行政型的小城镇其经济集聚功能是十分低下的,特别是对农村人口的吸纳力非常有限。(3)从当今发展中国家农村城市化的发展趋势来看,小城镇已不再成为农村城市化的主体,次级城市化已成为主流。[21]

现在,越来越多的人认识到,探讨中国的城市化发展道路,没有必要局限在"大小"之争,大中小城市和小城镇并举以及它们的协调发展,将是中国城市化的客观要求。刘福垣认为,城市宜大则大,宜小则小,不能笼统用一个标准来判断,更不宜抑大崇小,或崇大抑小。[22]朱铁臻认为,单纯强调发展"大"或"小"都不太切合实际。中国巨大的农村人口,实现城市化的目标,需要大中小城市和小城镇共同分流,那种人为地控制某一类城市的发展是不可取的。[1]蔡宇平认为,在社会主义市场经济条件下,我国的大中小城市都应放开,政府没有必要也没有理由人为地限制某一类城市的发展,而鼓励另一类城市的发展。我国的城市化应是大中小城市共同发展、共同前进的过程。[23]

四、加快我国城市化进程的对策和建议

国务院发展研究中心"十五"计划研究课题组提出:(1)适当降低设市标准,提高设镇标准。建议把设市标准由6万人降低到3万人;设镇标准,东部地区由2000人提高到5000人,中西部地区由2000人提高到3000人。(2)加快城市基础设施建设。(3)加强城市规划和政府对城市化的指导。(4)合理调整城市布局和行政区划,防止主要依靠行政区划变更推进城市化的模式。(5)加速户籍制度改革的步伐,逐步建立全国统一的户籍制度。(6)调整城乡土地政策,缓解城市发展与用地的矛盾。(7)积极开拓城市建设新的资金渠道。[14]

国家计委宏观经济研究院课题组提出:(1)建议修订《城市规划法》第4条"严格控制大城市规模"的提法,对不同地区、不同环境约束条件下的大城市确定不同的环境容量,制定不同的发展政策。(2)鼓励有条件的中心城市向国际化大都市方向发展,密切与周边地区的经济联系,促进我国沿海地区几个大都市带的形成。(3)通过加大城市基础设施投资力度,提高各类城市对新增人口的吸纳能力。(4)建议从第5次人口普查开始,按照国际通行规则,建立按照常住地和职业特点划分的城镇人口统计口径。(5)尽快放开小城镇的户籍管理制度,用10~15年的时间,在全国范围内建立新的户籍登记办法,用身份证制度代替现行的户籍管理制度。(6)将现有的城镇居民社会保障制度延伸到小城镇,而且一定要涵盖新进入城镇的居民。(7)试行暂不要求农民退还承包地和自留地,以使用权的转包或入股的方式从原承包地获取一定收益的办法,用以支付农村人口进城初期的安置费用。(8)积极探索促使乡镇企业适度集中发展、合理布局的政策措施,以此作为带动小城镇发展的主要手段。(9)改革小城镇建设的投资体制,逐步建立多元化的小城镇建设投入机制。[8]

刘福垣认为,各级政府加速城市化的工作不是把人和企业人为地向城里推,而是要加速改革,加速扫除城市化的一切人为的障碍,加速创造城市化顺畅发展的社会经济环境,把现实生活中城市化的巨大潜力释放出来。(1)树立以人为本的发展观,建立全社会统一的社会保障制度,而不是把农民放在一边。(2)明租、正税、除费,理顺分配关系。(3)产业政策应地区化,而不是趋同,要促使区际和城际分工体系的合理发展。[22]

王小鲁和夏小林建议:(1)城市发展政策需要进行较大的调整,从重点发展小城镇转向发展较大规模的城市,政府鼓励的重点应放在发展100万人~200万人的大城市,也包括鼓励有条件的中小城市扩大规模,在合理规划下发展成为规模更优的城市。(2)加速城市化建设要在市场导向下进行,政策的立足点应当转向更积极地引导、改善市场环境,促进要素流动和资源重新配置。(3)加速城市化建设需要产业支撑,要与现有产业的结构调整、技术改造、规模重组以及高新技术产业的开发结合进行。[17]

李京文建议:(1)加速工业化进程,同时推进信息化,为城市化奠定经济基础。(2)重新思考中国的城市发展方针,构建合理的城市规模结构。(3)建立现代化的城市经济体系,支撑城市经济的迅速发展。(4)赋予农民自由迁居、择业的权利,消除城市化的体制障碍。(5)发展"绿色技术",建设可持续发展的城市经济。[16]

叶裕民认为,加快中国城市化进程的对策思路有:(1)重新思考中国的城市发展方针,构建合理的城市规模结构。(2)制定《中国小城镇发展法》,规范小城镇的发展。(3)建立城市社会新秩序,迎接中国城市社会的到来。[12]

杜平、史育龙、高国力提出了关于我国农村城市化及中小城市综合发展的思路性意见。(1)优化中小城市(镇)功能分工,创建和培育城镇品牌,发展有特色的区域经济和合理的城镇体系。(2)以城市化为动力,充分兼顾农村综合发展需要,促进城乡之间经济社会发展的一体化。(3)以人为本,培育小城镇和中小城市发展的创新机制。(4)优先发展基础设施,提高中小城市(镇)的综合发展能力。(5)以优势产品为龙头,促进产业的集约化。(6)合理开发、利用土地资源,优化城市(镇)空间布局和规模结构。(7)加强城镇生态环境建设和污染治理,提高城市(镇)发展的环境容量。(8)提高城镇社会发展水平,建设具有现代文明的新型城市(镇)。(9)多渠道动员各类要素资源,增强城市(镇)经营能力。[24]

齐红倩、刘力认为,城市化发展需要新观念、大举措。(1)彻底转变指导方针,大力推进城市化。(2)鼓励乡镇企业进城,允许农民在城市落户。(3)积极在经济中心地区发展移民城市。加大城市基础设施投资,扩大内需,刺激经济发展。[25]

朱少春、桑金权、吴璀平认为,我们应走集约型城镇化之路。(1)走出小城镇数量扩张的误区,推进城镇体系升级。(2)积极推进经济结构调整,增强城镇经济竞争力。(3)积极推进人口进入政策创新,促进人口向城镇集聚。(4)积极推进以科学规划为指导的宏观调控,保证城镇发展健康有序。(5)积极推进城镇建设市场化,提高综合开发和建设效率。[26]

参考文献

[1] 朱铁臻.城市化是新世纪中国经济高增长的强大动力[J].经济观察,2000,(1).

[2] 杨治,杜朝晖.经济结构的进化与城市化[J].中国人民大学学报,2000,(6).

[3] 陈军涛.城市化——解决中国系列经济社会问题的新起点[J].河南商业高等专科学校学报,2000,(2).

[4] 刘勇.加快城市化进程钱从哪儿来[N].经济日报,2000.9.12.

[5] 程安东.城镇化在西部大开发中的作用[J].开发导报,2000,(7).

[6] 顾海兵.中国经济的市场化与非农化[J].经济理论与经济管理,2001,(1).

[7] 国务院发展研究中心"十五"计划研究课题组."十五"期间宏观经济改革取向[J].经济工作者学习资料,2000,(41).

[8] 国家计委宏观经济研究院课题组.关于"十五"时期实施城市化战略的几个问题[J].宏观经济管理,2000,(4).

[9] 孙永正.城市化滞后的八大弊端[J].城市问题,1999,(6).

[10] 温铁军.中国的城镇化道路与相关制度问题[J].开放导报,2000,(5).

[11] 夏小林,王小鲁.中国的城市化进程分析[J].改革,2000,(2).

[12] 叶裕民.中国城市化滞后的经济根源及对策思路[J].中国人民大学学报,1999,(5).

[13] 朱宝树.中国城市化.从控制中发展到发展中控制[J].华东师范大学学报(哲学社会科学版),2000,(1).

[14] 国务院发展研究中心"十五"计划研究课题组。"十五"时期我国城市化发展战略思考[EB/OL]. http://unionforum.cei.gov.cn/Dre/Report/hgjj-drcrep-2000081405.htm

[15] 陈书荣.我国城市化现状.问题及发展前景[J].城市问题,2000,(1).

[16] 李京文.21世纪中国城市化对策研究[J].理论前沿,2000,(4).

[17] 王小鲁,夏小林.中国需要发展大城市[EB/OL]. http://www.macrochina.com.cn/gov/35/3518.htm

[18] 柳思维.关于发展农村小城镇与加快中国城市化的若干问题[J].湖南商学院学报,1999,(5).

[19] 朱选功.城市化与小城镇建设的利弊分析[J].理论导刊,2000,(4).

[20] 季建林.当前我国农村经济的主要问题与出路[J].经济理论与经济管理,2001,(1).

[21] 刘茂松.我国农村城市化的战略思考[J].经济学动态,2000,(8).
[22] 刘福垣.推进城市化战略的主要切入点[N].光明日报,2000-12-5.
[23] 蔡宇平.论我国城市化的道路选择[J].经济问题,2000,(4).
[24] 杜平,史育龙,高国力.关于促进我国农村城市(镇)化及中小城市综合发展的若干思路[J].经济工作者学习资料,2000,(20).
[25] 齐红倩,刘力:城市化:解决我国有效需求不足的关键[J].管理世界,2000,(2).
[26] 朱少春,桑金权,吴璀平.走集约型城镇化之路[J].江淮论坛,1999,(1).

（载于《经济理论与经济管理》2001年第3期）

例文是一篇篇幅较长、写法比较规范的讨论综述。标题直接标明选题范围和文体,读者一看便知这是一篇什么内容及什么类型的文章,此类标题写法在综述中最为常见。正文包括两个部分,第一个自然段为前言部分,简要说明问题产生的背景及对问题展开讨论的意义。"先将一年来关于城市化问题的讨论综述如下"之类的语句,是综述的前言和主体两个部分之间惯用的过渡性语句;主体部分把讨论内容划归各个问题,逐条写出。即把讨论内容按问题分类,先写出问题,再介绍有关这一问题的不同观点及其主要论据。问题的排列基本采用递进式方式,由意义、问题到速度、方针和道路,最后是对策和建议,由虚渐实,由浅入深,步步发展,层层推进,逻辑性和层次感极强。作者以序号加标题的写法标示各个部分的内容要点,使文章显得很有条理。另外,除了少量的总述和提示性文字之外,作者未发表任何个人见解,主体部分所写内容均为讨论者的意见,而这些意见全部来源于文后所列参考文献,是对讨论文献内容的客观、概括的反映。

第二部分 资料选编

一、中华人民共和国国家通用语言文字法

(2000年10月31日第九届全国人民代表大会常务委员会第十八次会议通过)

第一章 总　则

第一条　为推动国家通用语言文字的规范化、标准化及其健康发展,使国家通用语言文字在社会生活中更好地发挥作用,促进各民族、各地区经济文化交流,根据宪法,制定本法。

第二条　本法所称的国家通用语言文字是普通话和规范汉字。

第三条　国家推广普通话,推行规范汉字。

第四条　公民有学习和使用国家通用语言文字的权利。

国家为公民学习和使用国家通用语言文字提供条件。

地方各级人民政府及其有关部门应当采取措施,推广普通话和推行规范文字。

第五条　国家通用语言文字的使用应当有利于维护国家主权和民族尊严,有利于国家统一和民族团结,有利于社会主义物质文明建设和精神文明建设。

第六条　国家颁布国家通用语言文字的规范和标准,管理国家通用语言文字的社会应用,支持国家通用语言文字的教学和科学研究,促进国家通用语言文字的规范、丰富和发展。

第七条　国家奖励为国家通用语言文字事业做出突出贡献的组织和个人。

第八条　各民族都有使用和发展自己的语言文字的自由。

少数民族语言文字的使用依据宪法、民族区域自治法及其他

法律的有关规定。

第二章 国家通用语言文字的使用

第九条 国家机关以普通话和规范汉字为公务用语用字。法律另有规定的除外。

第十条 学校及其他教育机构以普通话和规范汉字为基本的教育教学用语用字。法律另有规定的除外。

学校及其他教育机构通过汉语文课程教授普通话和规范汉字。使用的汉语文教材,应当符合国家通用语言文字的规范和标准。

第十一条 汉语文出版物应当符合国家通用语言文字的规范和标准。

汉语文出版物中需要使用外国语言文字的,应当用国家通用语言文字作必要的注释。

第十二条 广播电台、电视台以普通话为基本的播音用语。

需要使用外国语言为播音用语的,须经国务院广播电视部门批准。

第十三条 公共服务行业以规范汉字为基本的服务用字。因公共服务需要,招牌、广告、告示、标志牌等使用外国文字并同时使用中文的,应当使用规范汉字。

提倡公共服务行业以普通话为服务用语。

第十四条 下列情形,应当以国家通用语言文字为基本的用语用字:

(一)广播、电影、电视用语用字;

(二)公共场所的设施用字;

(三)招牌、广告用字;

(四)企业事业组织名称;

(五)在境内销售的商品的包装、说明。

第十五条　信息处理和信息技术产品中使用的国家通用语言文字应当符合国家的规范和标准。

第十六条　本章有关规定中,有下列情形的,可以使用文言:

(一)国家机关的工作人员执行公务时确需使用的;

(二)经国务院广播电视部门或省级广播电视部门批准的播音用语;

(三)戏曲、影视等艺术形式中需要使用的;

(四)出版、教学、研究中确需使用的。

第十七条　本章有关规定中,有下列情形的,可以保留或使用繁体字、异体字:

(一)文物古迹;

(二)姓氏中的异体字;

(三)书法、篆刻等艺术作品;

(四)题词和招牌的手书字;

(五)出版、教学、研究中需要使用的;

(六)经国务院有关部门批准的特殊情况。

第十八条　国家通用语言文字以《汉语拼音方案》作为拼写和注音工具。

《汉语拼音方案》是中国人名、地名和中文文献罗马字母拼写法的统一规范,并用于汉字不便或不能使用的领域。

初等教育应当进行汉语拼音教学。

第十九条　凡以普通话作为工作语言的岗位,其工作人员应当具备说普通话的能力。

以普通话作为工作语言的播音员、节目主持人和影视话剧演员、教师、国家机关工作人员的普通话水平,应当分别达到国家规定的等级标准;对尚未达到国家规定的普通话等级标准的,分别情况进行培训。

第二十条　对外汉语教学应当教授普通话和规范汉字。

第三章 管理和监督

第二十一条 国家通用语言文字工作由国务院语言文字工作部门负责规划指导、管理监督。

国务院有关部门管理本系统的国家通用语言文字的使用。

第二十二条 地方语言文字工作部门和其他有关部门,管理和监督本行政区域内的国家通用语言文字的使用。

第二十三条 县级以上各级人民政府工商行政管理部门依法对企业名称、商品名称以及广告的用语用字进行管理和监督。

第二十四条 国务院语言文字工作部门颁布普通话水平测试等级标准。

第二十五条 外国人名、地名等专有名词和科学技术术语译成国家通用语言文字,由国务院语言文字工作部门或者其他有关部门组织审定。

第二十六条 违反本法第二章有关规定,不按照国家通用语言文字的规范和标准使用语言文字的,公民可以提出批评和建议。

本法第十九条第二款规定的人员用语违反本法第二章有关规定的,有关单位应当对直接责任人员进行批评教育;拒不改正的,由有关单位作出处理。

城市公共场所的设施和招牌、广告用字违反本法第二章有关规定的,由有关行政管理部门责令改正;拒不改正的,予以警告,并督促其限期改正。

第二十七条 违反本法规定,干涉他人学习和使用国家通用语言文字的,由有关行政管理部门责令限期改正,并予以警告。

第四章 附 则

第二十八条 本法自2001年1月1日起施行。

二、中华人民共和国国家标准出版物上数字用法

General rules for writing numerals in public texts
GB/T 15835—2011
(国家质量监督检验检疫总局、国家标准化管理委员会
2011年7月29发布,2012年11月1日起实施)

前　言

本标准按照 GB/T 1.1—2009 给出的规则起草。

本标准代替 GB/T 15835—1995《出版物上数字用法的规定》,与 GB/T 15835—1995《出版物上数字用法的规定》相比,主要变化如下:

——原标准在汉字数字与阿拉伯数字中,明显倾向于阿拉伯数字。本标准不再强调这种倾向性。

——在继承原标准中关于数字用法应遵循"得体原则"和"局部体例一致原则"的基础上,通过措辞上的适当调整,以及更为具体的规定和示例,进一步明确了具体操作规范。

——将原标准的平级罗列式行文结构改为层次分类式行文结构。

——删除了原标准的基本术语"物理量"与"非物理量",增补了"计量""编号""概数"作为基本术语。

本标准由教育部语言文字信息管理司提出并归口。

本标准主要起草单位:北京大学。

本标准主要起草人:詹卫东、覃士娟、曾石铭。

本标准所代替标准历次版本发布情况为:

GB/T 15835—1995。

出版物上数字用法

1 范围

本标准规定了出版物上汉字数字和阿拉伯数字的用法。

本标准适用于各类出版物(文艺类出版物和重排古籍除外)。政府和企事业单位公文,以及教育、媒体和公共服务领域的数字用法,也可参照本标准执行。

2 规范性引用文件

下列文件对于本文件的应用是必不可少的。凡是注日期的引用文件,仅注日期的版本适用于本文件。凡是不注日期的引用文件,其最新版本(包括所有的修改单)适用于本文件。

GB/T 7408—2005 数据元和交换格式 信息交换 日期和时间表示法

3 术语和定义

下列术语和定义适用于本文件。

3.1 计量 measuring

将数字用于加、减、乘、除等数学运算。

3.2 编号 numbering

将数字用于为事物命名或排序,但不用于数学运算。

3.3 概数 approximate number

用于模糊计量的数字。

4 数字形式的选用

4.1 选用阿拉伯数字

4.1.1 用于计量的数字

在使用数字进行计量的场合,为达到醒目、易于辨识的效果,应采用阿拉伯数字。

示例1：—125.03　34.05％　63％～68％　1:500　97/108

当数值伴随有计量单位时，如：长度、容积、面积、体积、质量、温度、经纬度、音量、频率等等，特别是当计量单位以字母表达时，应采用阿拉伯数字。

示例2：523.56 km(523.56千米)　346.87 L(346.87升)　5.34 m²(5.34平方米)　605 g(605克)　100～150 kg(100～150千克)　34～39℃(34～39摄氏度)　北纬40°(40度)　120 dB(120分贝)

4.1.2　用于编号的数字

在使用数字进行编号的场合，为达到醒目、易于辨识的效果，应采用阿拉伯数字。

示例：电话号码：98888
　　　邮政编码：100871
　　　通信地址：北京市海淀区复兴路11号
　　　电子邮件地址：x186@186.net
　　　网页地址：http://127.0.0.1
　　　汽车号牌：京A00001
　　　公交车号：302路公交车
　　　道路编号：101国道
　　　公文编号：国办发〔1987〕9号
　　　图书编号：ISBN 978-7-80184-224-4
　　　刊物编号：CN11—1399
　　　章节编号：4.1.2
　　　产品型号：PH—3000型计算机
　　　产品序列号：C84XB—JYVFD—P7HC4—6XKRJ—7M6XH
　　　单位注册号：02050214
　　　行政许可登记编号：0684D10004—828

453

4.1.3 已定型的含阿拉伯数字的词语

现代社会生活中出现的事物、现象、事件,其名称的书写形式中包含阿拉伯数字,已经广泛使用而稳定下来,应采用阿拉伯数字。

示例:3G 手机　MP3 播放器　G8 峰会　维生素 B12　97 号汽油　"5·27"事件　"12·5"枪击案

4.2　选用汉字数字

4.2.1　非公历纪年

干支纪年、农历月日、历史朝代纪年及其他传统上采用汉字形式的非公历纪年等等,应采用汉字数字。

示例:丙寅年十月十五日　庚辰年八月五日　腊月二十三　正月初五　八月十五中秋　秦文公四十四年　太平天国庚申十年九月二十四日　清咸丰十年九月二十日　藏历阳木龙年八月二十六日　日本庆应三年

4.2.2　概数

数字连用表示的概数、含"几"的概数,应采用汉字数字。

示例:三四个月　一二十个　四十五六岁　五六万套　五六十年前　几千　二十几　一百几十　几万分之一

4.2.3　已定型的含汉字数字的词语

汉语中长期使用已经稳定下来的包含汉字数字形式的词语,应采用汉字数字。

示例:万一　一律　一旦　三叶虫　四书五经　星期五　四氧化三铁　八国联军　七上八下　一心一意　不管三七二十一　一方面　二百五　半斤八两　五省一市　五讲四美　相差十万八千里　八九不离十　白发三千丈　不二法门　二八年华　五四运动　"一·二八"事变　"一二·九"运动

4.3　选用阿拉伯数字与汉字数字均可

如果表达计量或编号所需要用到的数字个数不多,选择汉字数字还是阿拉伯数字在书写的简洁性和辨识的清晰性两方面没有明显差异时,两种形式均可使用。

示例1:17号楼(十七号楼) 3倍(三倍) 第5个工作日(第五个工作日) 100多件(一百多件) 20余次(二十余次) 约300人(约三百人) 40天左右(四十天左右) 50上下(五十上下) 50多人(五十多人) 第25页(第二十五页) 第8天(第八天) 第4季度(第四季度) 第45页(第四十五页) 共235位同学(共二百三十五位同学) 0.5(零点五) 76岁(七十六岁) 120周年(一百二十周年) 1/3(三分之一) 公元前8世纪(公元前八世纪) 20世纪80年代(二十世纪八十年代) 公元253年(公元二五三年) 1997年7月1日(一九九七年七月一日) 下午4点40分(下午四点四十分) 4个月(四个月) 12天(十二天)

如果要突出简洁醒目的表达效果,应使用阿拉伯数字;如果要突出庄重典雅的表达效果,应使用汉字数字。

示例2:北京时间2008年5月12日14时28分

　　　十一届全国人大一次会议(不写为"11届全国人大1次会议")

　　　六方会谈(不写为"6方会谈")

在同一场合出现的数字,应遵循"同类别同形式"原则来选择数字的书写形式。如果两数字的表达功能类别相同(比如都是表达年月日时间的数字),或者两数字在上下文中所处的层级相同(比如文章目录中同级标题的编号),应选用相同的形式。反之,如果两数字的表达功能不同,或所处层级不同,可以选用不同的形式。

示例3:2008年8月8日　二〇〇八年八月八日(不写为"二〇〇八年8月8日")

　　　第一章　第二章……第十二章(不写为"第一章　第二章……第12章")

第二章的下一级标题可以用阿拉伯数字编号:2.1,2.2,……

应避免相邻的两个阿拉伯数字造成歧义的情况。

示例4:高三3个班 高三三个班(不写为"高33个班")
高三2班 高三(2)班(不写为"高32班")

有法律效力的文件、公告文件或财务文件中可同时采用汉字数字和阿拉伯数字。

示例5:2008年4月保险账户结算日利率为万分之一点五七五零(0.015750‰)

35.5元(35元5角 三十五元五角 叁拾伍圆伍角)

5 数字形式的使用

5.1 阿拉伯数字的使用

5.1.1 多位数

为便于阅读,四位以上的整数或小数,可采用以下两种方式分节:

——第一种方式:千分撇

整数部分每三位一组,以","分节。小数部分不分节。四位以内的整数可以不分节。

示例1:624,000 92,300,000 19,351,235.235767 1256

——第二种方式:千分空

从小数点起,向左和向右每三位数字一组,组间空四分之一个汉字,即二分之一个阿拉伯数字的位置。四位以内的整数可以不加千分空。

示例2:55 235 367.346 23 98 235 358.238 368

注:各科学技术领域的多位数分节方式参照 GB 3101—1993 的规定执行。

5.1.2 纯小数

纯小数必须写出小数点前定位的"0",小数点是齐阿拉伯数字底线的实心点"."。

示例：0.46 不写为.46 或 0。46

5.1.3 数值范围

在表示数值的范围时,可采用波浪式连接号"～"或一字线连接号"—"。前后两个数值的附加符号或计量单位相同时,在不造成歧义的情况下,前一个数值的附加符号或计量单位可省略。如果省略数值的附加符号或计量单位会造成歧义,则不应省略。

示例：－36～－8℃　400—429 页　100—150 kg　12 500～20 000 元　9 亿～16 亿(不写为 9—16 亿)　13 万元～17 万元(不写为 13～17 万元)　15％～30％(不写为 15～30％)　4.3×10^6～5.7×10^6(不写为 4.3～5.7×10^6)

5.1.4 年月日

年月日的表达顺序应按照口语中年月日的自然顺序书写。

示例 1：2008 年 8 月 8 日　1997 年 7 月 1 日

"年""月"可按照 GB/T 7408—2005 的 5.2.1.1 中的扩展格式,用"-"替代,但年月日不完整时不能替代。

示例 2：2008-8-8　1997-7-1　8 月 8 日(不写为 8-8)　2008 年 8 月(不写为 2008-8)

四位数字表示的年份不用简写为两位数字。

示例 3："1990 年"不写为"90 年"

月和日是一位数时,可在数字前补"0"。

示例 4：2008-08-08　1997-07-01

5.1.5 时分秒

计时方式即可采用 12 小时制,也可采用 24 小时制。

示例 1：11 时 40 分(上午 11 时 40 分)　21 时 12 分 36 秒(晚上 9 时 12 分 36 秒)

时分秒的顺序应按照口语中时、分、秒的自然顺序书写。

示例 2：15 时 40 分　14 时 12 分 36 秒

"时""分"也可按照 GB/T 7408—2005 的 5.3.1.1 和 5.3.1.2 中的扩展格式,用":"替代。

示例3:15:40 14:12:36

5.1.6　含有月日的专名

含有月日的专名采用阿拉伯数字表示时,应采用间隔号"·"将月、日分开,并在数字前后加引号。

示例:"3·15"消费者权益日

5.1.7　书写格式

5.1.7.1　字体

出版物中的阿拉伯数字,一般应使用正体二分字身,即占半个汉字位置。

示例:234 57.236

5.1.7.2　换行

一个用阿拉伯数字书写的数值应在同一行中,避免被断开。

5.1.7.3　竖排文本中的数字方向

竖排文字中的阿拉伯数字按顺时针方向转90度。旋转后要保证同一个词语单位的文字方向相同。

5.2　汉字数字的使用

5.2.1　概数

两个数字连用表示概数时,两数之间不用顿号"、"隔开。

示例:二三米　一两个小时　三五天　一二十个　四十五六岁

5.2.2　年份

年份简写后的数字可以理解为概数时,一般不简写。

示例:"一九七八年"不写为"七八年"

5.2.3　含有月日的专名

含有月日的专名采用汉字数字表示时,如果涉及一月、十一月、十二月,应用间隔号"·"将表示月日的数字隔开,涉及其他月份时,不用间隔号。

示例:"一二·八"事变 "一二·九"运动 五一国际劳动节

5.2.4 大写汉字数字

——大写汉字数字的书写形式

零、壹、贰、叁、肆、伍、陆、柒、捌、玖、拾、佰、仟、万、亿

——大写汉字数字的适用场合

法律文书和财务票据上,应采用大写汉字数字形式记数。

示例:3,504(叁仟伍佰零肆圆) 39,148(叁万玖仟壹佰肆拾捌圆)

5.2.5 "零"和"〇"

阿拉伯数字"0"有"零"和"〇"两种汉字书写形式。一个数字用作计量时,其中"0"的汉字书写形式为"零",用作编号时,"0"的汉字书写形式为"〇"。

示例:"3052(个)"的汉字数字形式为"三千零五十二"(不写为"三千〇五十二")

"95.06"的汉字数字形式为"九十五点零六"(不写为"九十五点〇六")

"公元 2012(年)"的汉字数字形式为"二〇一二"(不写为"二零一二")

5.3 阿拉伯数字与汉字数字同时使用

如果一个数值很大,数值中的"万""亿"单位可以采用汉字数字,其余部分采用阿拉伯数字。

示例1:我国 1982 年人口普查人数为 10 亿零 817 万 5288 人。

除上面情况之外的一般数值,不能同时采用阿拉伯数字与汉字数字。

示例2:108 可以写作"一百零八",但不应写作"1 百零 8""一百 08"

4000 可以写作"四千",但不能写作"4 千"

三、党政机关公文处理工作条例

(中办发〔2012〕14号,2012年4月)

第一章 总 则

第一条 为了适应中国共产党机关和国家行政机关(以下简称党政机关)工作需要,推进党政机关公文处理工作科学化、制度化、规范化,制定本条例。

第二条 本条例适用于各级党政机关公文处理工作。

第三条 党政机关公文是党政机关实施领导、履行职能、处理公务的具有特定效力和规范体式的文书,是传达贯彻党和国家方针政策,公布法规和规章,指导、布置和商洽工作,请示和答复问题,报告、通报和交流情况等的重要工具。

第四条 公文处理工作是指公文拟制、办理、管理等一系列相互关联、衔接有序的工作。

第五条 公文处理工作应当坚持实事求是、准确规范、精简高效、安全保密的原则。

第六条 各级党政机关应当高度重视公文处理工作,加强组织领导,强化队伍建设,设立文秘部门或者由专人负责公文处理工作。

第七条 各级党政机关办公厅(室)主管本机关的公文处理工作,并对下级机关的公文处理工作进行业务指导和督促检查。

第二章 公文种类

第八条 公文种类主要有:

(一)决议。适用于会议讨论通过的重大决策事项。

（二）决定。适用于对重要事项作出决策和部署、奖惩有关单位和人员、变更或者撤销下级机关不适当的决定事项。

（三）命令(令)。适用于公布行政法规和规章、宣布施行重大强制性措施、批准授予和晋升衔级、嘉奖有关单位和人员。

（四）公报。适用于公布重要决定或者重大事项。

（五）公告。适用于向国内外宣布重要事项或者法定事项。

（六）通告。适用于在一定范围内公布应当遵守或者周知的事项。

（七）意见。适用于对重要问题提出见解和处理办法。

（八）通知。适用于发布、传达要求下级机关执行和有关单位周知或者执行的事项，批转、转发公文。

（九）通报。适用于表彰先进、批评错误、传达重要精神和告知重要情况。

（十）报告。适用于向上级机关汇报工作、反映情况，回复上级机关的询问。

（十一）请示。适用于向上级机关请求指示、批准。

（十二）批复。适用于答复下级机关请示事项。

（十三）议案。适用于各级人民政府按照法律程序向同级人民代表大会或者人民代表大会常务委员会提请审议事项。

（十四）函。适用于不相隶属机关之间商洽工作、询问和答复问题、请求批准和答复审批事项。

（十五）纪要。适用于记载会议主要情况和议定事项。

第三章 公 文 格 式

第九条 公文一般由份号、密级和保密期限、紧急程度、发文机关标志、发文字号、签发人、标题、主送机关、正文、附件说明、发文机关署名、成文日期、印章、附注、附件、抄送机关、印发机关和印发日期、页码等组成。

（一）份号。公文印制份数的顺序号。涉密公文应当标注份号。

（二）密级和保密期限。公文的秘密等级和保密的期限。涉密公文应当根据涉密程度分别标注"绝密""机密""秘密"和保密期限。

（三）紧急程度。公文送达和办理的时限要求。根据紧急程度，紧急公文应当分别标注"特急""加急"，电报应当分别标注"特提""特急""加急""平急"。

（四）发文机关标志。由发文机关全称或者规范化简称加"文件"二字组成，也可以使用发文机关全称或者规范化简称。联合行文时，发文机关标志可以并用联合发文机关名称，也可以单独用主办机关名称。

（五）发文字号。由发文机关代字、年份、发文顺序号组成。联合行文时，使用主办机关的发文字号。

（六）签发人。上行文应当标注签发人姓名。

（七）标题。由发文机关名称、事由和文种组成。

（八）主送机关。公文的主要受理机关，应当使用机关全称、规范化简称或者同类型机关统称。

（九）正文。公文的主体，用来表述公文的内容。

（十）附件说明。公文附件的顺序号和名称。

（十一）发文机关署名。署发文机关全称或者规范化简称。

（十二）成文日期。署会议通过或者发文机关负责人签发的日期。联合行文时，署最后签发机关负责人签发的日期。

（十三）印章。公文中有发文机关署名的，应当加盖发文机关印章，并与署名机关相符。有特定发文机关标志的普发性公文和电报可以不加盖印章。

（十四）附注。公文印发传达范围等需要说明的事项。

（十五）附件。公文正文的说明、补充或者参考资料。

（十六）抄送机关。除主送机关外需要执行或者知晓公文内容的其他机关,应当使用机关全称、规范化简称或者同类型机关统称。

（十七）印发机关和印发日期。公文的送印机关和送印日期。

第十条 公文的版式按照《党政机关公文格式》国家标准执行。

第十一条 公文使用的汉字、数字、外文字符、计量单位和标点符号等,按照有关国家标准和规定执行。民族自治地方的公文,可以并用汉字和当地通用的少数民族文字。

第十二条 公文用纸幅面采用国际标准 A4 型。特殊形式的公文用纸幅面,根据实际需要确定。

第四章 行 文 规 则

第十三条 行文应当确有必要,讲求实效,注重针对性和可操作性。

第十四条 行文关系根据隶属关系和职权范围确定。一般不得越级行文,特殊情况需要越级行文的,应当同时抄送被越过的机关。

第十五条 向上级机关行文,应当遵循以下规则:

（一）原则上主送一个上级机关,根据需要同时抄送相关上级机关和同级机关,不抄送下级机关。

（二）党委、政府的部门向上级主管部门请示、报告重大事项,应当经本级党委、政府同意或者授权;属于部门职权范围内的事项应当直接报送上级主管部门。

（三）下级机关的请示事项,如需以本机关名义向上级机关请示,应当提出倾向性意见后上报,不得原文转报上级机关。

（四）请示应当一文一事。不得在报告等非请示性公文中夹带请示事项。

（五）除上级机关负责人直接交办事项外，不得以本机关名义向上级机关负责人报送公文，不得以本机关负责人名义向上级机关报送公文。

（六）受双重领导的机关向一个上级机关行文，必要时抄送另一个上级机关。

第十六条 向下级机关行文，应当遵循以下规则：

（一）主送受理机关，根据需要抄送相关机关。重要行文应当同时抄送发文机关的直接上级机关。

（二）党委、政府的办公厅（室）根据本级党委、政府授权，可以向下级党委、政府行文，其他部门和单位不得向下级党委、政府发布指令性公文或者在公文中向下级党委、政府提出指令性要求。需经政府审批的具体事项，经政府同意后可以由政府职能部门行文，文中须注明已经政府同意。

（三）党委、政府的部门在各自职权范围内可以向下级党委、政府的相关部门行文。

（四）涉及多个部门职权范围内的事务，部门之间未协商一致的，不得向下行文；擅自行文的，上级机关应当责令其纠正或者撤销。

（五）上级机关向受双重领导的下级机关行文，必要时抄送该下级机关的另一个上级机关。

第十七条 同级党政机关、党政机关与其他同级机关必要时可以联合行文。属于党委、政府各自职权范围内的工作，不得联合行文。党委、政府的部门依据职权可以相互行文。部门内设机构除办公厅（室）外不得对外正式行文。

第五章 公文拟制

第十八条 公文拟制包括公文的起草、审核、签发等程序。

第十九条 公文起草应当做到：

（一）符合国家法律法规和党的路线方针政策，完整准确体现发文机关意图，并同现行有关公文相衔接。

（二）一切从实际出发，分析问题实事求是，所提政策措施和办法切实可行。

（三）内容简洁，主题突出，观点鲜明，结构严谨，表述准确，文字精练。

（四）文种正确，格式规范。

（五）深入调查研究，充分进行论证，广泛听取意见。

（六）公文涉及其他地区或者部门职权范围内的事项，起草单位必须征求相关地区或者部门意见，力求达成一致。

（七）机关负责人应当主持、指导重要公文起草工作。

第二十条 公文文稿签发前，应当由发文机关办公厅（室）进行审核。审核的重点是：

（一）行文理由是否充分，行文依据是否准确。

（二）内容是否符合国家法律法规和党的路线方针政策；是否完整准确体现发文机关意图；是否同现行有关公文相衔接；所提政策措施和办法是否切实可行。

（三）涉及有关地区或者部门职权范围内的事项是否经过充分协商并达成一致意见。

（四）文种是否正确，格式是否规范；人名、地名、时间、数字、段落顺序、引文等是否准确；文字、数字、计量单位和标点符号等用法是否规范。

（五）其他内容是否符合公文起草的有关要求。

需要发文机关审议的重要公文文稿，审议前由发文机关办公厅（室）进行初核。

第二十一条 经审核不宜发文的公文文稿，应当退回起草单位并说明理由；符合发文条件但内容需作进一步研究和修改的，由起草单位修改后重新报送。

第二十二条 公文应当经本机关负责人审批签发。重要公文和上行文由机关主要负责人签发。党委、政府的办公厅(室)根据党委、政府授权制发的公文,由受权机关主要负责人签发或者按照有关规定签发。签发人签发公文,应当签署意见、姓名和完整日期;圈阅或者签名的,视为同意。联合发文由所有联署机关的负责人会签。

第六章 公 文 办 理

第二十三条 公文办理包括收文办理、发文办理和整理归档。

第二十四条 收文办理主要程序是:

(一)签收。对收到的公文应当逐件清点,核对无误后签字或者盖章,并注明签收时间。

(二)登记。对公文的主要信息和办理情况应当详细记载。

(三)初审。对收到的公文应当进行初审。初审的重点是:是否应当由本机关办理,是否符合行文规则,文种、格式是否符合要求,涉及其他地区或者部门职权范围内的事项是否已经协商、会签,是否符合公文起草的其他要求。经初审不符合规定的公文,应当及时退回来文单位并说明理由。

(四)承办。阅知性公文应当根据公文内容、要求和工作需要确定范围后分送。批办性公文应当提出拟办意见报本机关负责人批示或者转有关部门办理;需要两个以上部门办理的,应当明确主办部门。紧急公文应当明确办理时限。承办部门对交办的公文应当及时办理,有明确办理时限要求的应当在规定时限内办理完毕。

(五)传阅。根据领导批示和工作需要将公文及时送传阅对象阅知或者批示。办理公文传阅应当随时掌握公文去向,不得漏传、误传、延误。

(六)催办。及时了解掌握公文的办理进展情况,督促承办部门按期办结。紧急公文或者重要公文应当由专人负责催办。

（七）答复。公文的办理结果应当及时答复来文单位，并根据需要告知相关单位。

第二十五条 发文办理主要程序是：

（一）复核。已经发文机关负责人签批的公文，印发前应当对公文的审批手续、内容、文种、格式等进行复核；需作实质性修改的，应当报原签批人复审。

（二）登记。对复核后的公文，应当确定发文字号、分送范围和印制份数并详细记载。

（三）印制。公文印制必须确保质量和时效。涉密公文应当在符合保密要求的场所印制。

（四）核发。公文印制完毕，应当对公文的文字、格式和印刷质量进行检查后分发。

第二十六条 涉密公文应当通过机要交通、邮政机要通信、城市机要文件交换站或者收发件机关机要收发人员进行传递，通过密码电报或者符合国家保密规定的计算机信息系统进行传输。

第二十七条 需要归档的公文及有关材料，应当根据有关档案法律法规以及机关档案管理规定，及时收集齐全、整理归档。两个以上机关联合办理的公文，原件由主办机关归档，相关机关保存复制件。机关负责人兼任其他机关职务的，在履行所兼职务过程中形成的公文，由其兼职机关归档。

第七章　公　文　管　理

第二十八条 各级党政机关应当建立健全本机关公文管理制度，确保管理严格规范，充分发挥公文效用。

第二十九条 党政机关公文由文秘部门或者专人统一管理。设立党委（党组）的县级以上单位应当建立机要保密室和机要阅文室，并按照有关保密规定配备工作人员和必要的安全保密设施设备。

第三十条 公文确定密级前,应当按照拟定的密级先行采取保密措施。确定密级后,应当按照所定密级严格管理。绝密级公文应当由专人管理。公文的密级需要变更或者解除的,由原确定密级的机关或者其上级机关决定。

第三十一条 公文的印发传达范围应当按照发文机关的要求执行;需要变更的,应当经发文机关批准。涉密公文公开发布前应当履行解密程序。公开发布的时间、形式和渠道,由发文机关确定。经批准公开发布的公文,同发文机关正式印发的公文具有同等效力。

第三十二条 复制、汇编机密级、秘密级公文,应当符合有关规定并经本机关负责人批准。绝密级公文一般不得复制、汇编,确有工作需要的,应当经发文机关或者其上级机关批准。复制、汇编的公文视同原件管理。复制件应当加盖复制机关戳记。翻印件应当注明翻印的机关名称、日期。汇编本的密级按照编入公文的最高密级标注。汇编,确有工作需要的,应当经发文机关或者其上级机关批准。复制、汇编的公文视同原件管理。

复制件应当加盖复制机关戳记。翻印件应当注明翻印的机关名称、日期。汇编本的密级按照编入公文的最高密级标注。

第三十三条 公文的撤销和废止,由发文机关、上级机关或者权力机关根据职权范围和有关法律法规决定。公文被撤销的,视为自始无效;公文被废止的,视为自废止之日起失效。

第三十四条 涉密公文应当按照发文机关的要求和有关规定进行清退或者销毁。

第三十五条 不具备归档和保存价值的公文,经批准后可以销毁。销毁涉密公文必须严格按照有关规定履行审批登记手续,确保不丢失、不漏销。个人不得私自销毁、留存涉密公文。

第三十六条 机关合并时,全部公文应当随之合并管理;机关撤销时,需要归档的公文经整理后按照有关规定移交档案管理部门。

工作人员离岗离职时,所在机关应当督促其将暂存、借用的公文按照有关规定移交、清退。

第三十七条 新设立的机关应当向本级党委、政府的办公厅(室)提出发文立户申请。经审查符合条件的,列为发文单位,机关合并或者撤销时,相应进行调整。

第八章 附 则

第三十八条 党政机关公文含电子公文。电子公文处理工作的具体办法另行制定。

第三十九条 法规、规章方面的公文,依照有关规定处理。外事方面的公文,依照外事主管部门的有关规定处理。

第四十条 其他机关和单位的公文处理工作,可以参照本条例执行。

第四十一条 本条例由中共中央办公厅、国务院办公厅负责解释。

第四十二条 本条例自2012年7月1日起施行。1996年5月3日中共中央办公厅发布的《中国共产党机关公文处理条例》和2000年8月24日国务院发布的《国家行政机关公文处理办法》停止执行。

四、中华人民共和国国家标准

GB/T 9704—2012 代替 GB/T 9704—1999

党政机关公文格式

Layout key for official document of Party and government organs

(中华人民共和国国家质量监督检验检疫总局、中国国家标准化管理委员会 2012年6月29日发布,2012-07-01实施)

前　　言

本标准按照 GB/T 1.1—2009 给出的规则起草。

本标准根据中共中央办公厅、国务院办公厅印发的《党政机关公文处理工作条例》的有关规定对 GB/T 9704—1999《国家行政机关公文格式》进行修订。本标准相对 GB/T 9704—1999 主要作如下修订：

a) 标准名称改为《党政机关公文格式》，标准英文名称也作相应修改；

b) 适用范围扩展到各级党政机关制发的公文；

c) 对标准结构进行适当调整；

d) 对公文装订要求进行适当调整；

e) 增加发文机关署名和页码两个公文格式要素，删除主题词格式要素，并对公文格式各要素的编排进行较大调整；

f) 进一步细化特定格式公文的编排要求；

g) 新增联合行文公文首页版式、信函格式首页、命令（令）格式首页版式等式样。

本标准中公文用语与《党政机关公文处理工作条例》中的用语一致。

本标准为第二次修订。

本标准由中共中央办公厅和国务院办公厅提出。

本标准由中国标准化研究院归口。

本标准起草单位：中国标准化研究院、中共中央办公厅秘书局、国务院办公厅秘书局、中国标准出版社。

本标准主要起草人：房庆、杨雯、郭道锋、孙维、马慧、张书杰、徐成华、范一乔、李玲。

本标准代替了GB/T 9704—1999。

GB/T 9704—1999的历次版本发布情况为：

——GB/T 9704—1988。

党政机关公文格式

1 范围

本标准规定了党政机关公文通用的纸张要求、排版和印制装订要求、公文格式各要素的编排规则,并给出了公文的式样。

本标准适用于各级党政机关制发的公文。其他机关和单位的公文可以参照执行。

使用少数民族文字印制的公文,其用纸、幅面尺寸及版面、印制等要求按照本标准执行,其余可以参照本标准并按照有关规定执行。

2 规范性引用文件

下列文件对于本标准的应用是必不可少的。凡是注日期的引用文件,仅所注日期的版本适用于本标准。凡是不注日期的引用文件,其最新版本(包括所有的修改单)适用于本标准。

GB/T 148　印刷、书写和绘图纸幅面尺寸
GB 3100　国际单位制及其应用
GB 3101　有关量、单位和符号的一般原则
GB 3102(所有部分)　量和单位
GB/T 15834　标点符号用法
GB/T 15835　出版物上数字用法

3 术语和定义

下列术语和定义适用于本标准。

3.1　字 word

标示公文中横向距离的长度单位。在本标准中,一字指一个

汉字宽度的距离。

3.2 行 line

标示公文中纵向距离的长度单位。在本标准中,一行指一个汉字的高度加3号汉字高度的7/8的距离。

4 公文用纸主要技术指标

公文用纸一般使用纸张定量为 $60\ g/m^2$~$80\ g/m^2$ 的胶版印刷纸或复印纸。纸张白度80%~90%,横向耐折度≥15次,不透明度≥85%,pH值为7.5~9.5。

5 公文用纸幅面尺寸及版面要求

5.1 幅面尺寸

公文用纸采用GB/T 148中规定的A4型纸,其成品幅面尺寸为:210 mm×297 mm。

5.2 版面

5.2.1 页边与版心尺寸

公文用纸天头(上白边)为37 mm±1 mm,公文用纸订口(左白边)为28 mm±1 mm,版心尺寸为156 mm×225 mm。

5.2.2 字体和字号

如无特殊说明,公文格式各要素一般用3号仿宋体字。特定情况可以作适当调整。

5.2.3 行数和字数

一般每面排22行,每行排28个字,并撑满版心。特定情况可以作适当调整。

5.2.4 文字的颜色

如无特殊说明,公文中文字的颜色均为黑色。

6 印制装订要求

6.1 制版要求

版面干净无底灰,字迹清楚无断划,尺寸标准,版心不斜,误差不超过1 mm。

6.2 印刷要求

双面印刷;页码套正,两面误差不超过2 mm。黑色油墨应当达到色谱所标BL100%,红色油墨应当达到色谱所标Y80%、M80%。印品着墨实、均匀;字面不花、不白、无断划。

6.3 装订要求

公文应当左侧装订,不掉页,两页页码之间误差不超过4 mm,裁切后的成品尺寸允许误差±2 mm,四角成90°,无毛茬或缺损。

骑马订或平订的公文应当:

a) 订位为两钉外订眼距版面上下边缘各70 mm处,允许误差±4 mm;

b) 无坏钉、漏钉、重钉,钉脚平伏牢固;

c) 骑马订钉锯均订在折缝线上,平订钉锯与书脊间的距离为3 mm~5 mm。

包本装订公文的封皮(封面、书脊、封底)与书芯应吻合、包紧、包平、不脱落。

7 公文格式各要素编排规则

7.1 公文格式各要素的划分

本标准将版心内的公文格式各要素划分为版头、主体、版记三部分。公文首页红色分隔线以上的部分称为版头;公文首页红色分隔线(不含)以下、公文末页首条分隔线(不含)以上的部分称为主体;公文末页首条分隔线以下、末条分隔线以上的部分称为版记。

页码位于版心外。

7.2 版头

7.2.1 份号

如需标注份号,一般用6位3号阿拉伯数字,顶格编排在版心左上角第一行。

7.2.2 密级和保密期限

如需标注密级和保密期限,一般用3号黑体字,顶格编排在版心左上角第二行;保密期限中的数字用阿拉伯数字标注。

7.2.3 紧急程度

如需标注紧急程度,一般用3号黑体字,顶格编排在版心左上角;如需同时标注份号、密级和保密期限、紧急程度,按照份号、密级和保密期限、紧急程度的顺序自上而下分行排列。

7.2.4 发文机关标志

由发文机关全称或者规范化简称加"文件"二字组成,也可以使用发文机关全称或者规范化简称。

发文机关标志居中排布,上边缘至版心上边缘为35 mm,推荐使用小标宋体字,颜色为红色,以醒目、美观、庄重为原则。

联合行文时,如需同时标注联署发文机关名称,一般应当将主办机关名称排列在前;如有"文件"二字,应当置于发文机关名称右侧,以联署发文机关名称为准上下居中排布。

7.2.5 发文字号

编排在发文机关标志下空二行位置,居中排布。年份、发文顺序号用阿拉伯数字标注;年份应标全称,用六角括号"〔〕"括入;发文顺序号不加"第"字,不编虚位(即1不编为01),在阿拉伯数字后加"号"字。

上行文的发文字号居左空一字编排,与最后一个签发人姓名处在同一行。

7.2.6 签发人

由"签发人"三字加全角冒号和签发人姓名组成,居右空一字,编排在发文机关标志下空二行位置。"签发人"三字用3号仿宋体字,签发人姓名用3号楷体字。

如有多个签发人,签发人姓名按照发文机关的排列顺序从左到右、自上而下依次均匀编排,一般每行排两个姓名,回行时与上一行第一个签发人姓名对齐。

7.2.7 版头中的分隔线

发文字号之下4 mm处居中印一条与版心等宽的红色分隔线。

7.3 主体

7.3.1 标题

一般用2号小标宋体字,编排于红色分隔线下空二行位置,分一行或多行居中排布;回行时,要做到词意完整,排列对称,长短适宜,间距恰当,标题排列应当使用梯形或菱形。

7.3.2 主送机关

编排于标题下空一行位置,居左顶格,回行时仍顶格,最后一个机关名称后标全角冒号。如主送机关名称过多导致公文首页不能显示正文时,应当将主送机关名称移至版记,标注方法见7.4.2。

7.3.3 正文

公文首页必须显示正文。一般用3号仿宋体字,编排于主送机关名称下一行,每个自然段左空二字,回行顶格。文中结构层次序数依次可以用"一、""(一)""1.""(1)"标注;一般第一层用黑体字、第二层用楷体字、第三层和第四层用仿宋体字标注。

7.3.4 附件说明

如有附件,在正文下空一行左空二字编排"附件"二字,后标全角冒号和附件名称。如有多个附件,使用阿拉伯数字标注附件顺序号(如"附件:1.×××××");附件名称后不加标点符号。附件名称较长需回行时,应当与上一行附件名称的首字对齐。

7.3.5 发文机关署名、成文日期和印章

7.3.5.1 加盖印章的公文

成文日期一般右空四字编排,印章用红色,不得出现空白印章。

单一机关行文时,一般在成文日期之上、以成文日期为准居中编排发文机关署名,印章端正、居中下压发文机关署名和成文日期,使发文机关署名和成文日期居印章中心偏下位置,印章顶端应当上距正文(或附件说明)一行之内。

联合行文时,一般将各发文机关署名按照发文机关顺序整齐排列在相应位置,并将印章一一对应、端正、居中下压发文机关署名,最后一个印章端正、居中下压发文机关署名和成文日期,印章之间排列整齐、互不相交或相切,每排印章两端不得超出版心,首排印章顶端应当上距正文(或附件说明)一行之内。

7.3.5.2 不加盖印章的公文

单一机关行文时,在正文(或附件说明)下空一行右空二字编排发文机关署名,在发文机关署名下一行编排成文日期,首字比发文机关署名首字右移二字,如成文日期长于发文机关署名,应当使成文日期右空二字编排,并相应增加发文机关署名右空字数。

联合行文时,应当先编排主办机关署名,其余发文机关署名依次向下编排。

7.3.5.3 加盖签发人签名章的公文

单一机关制发的公文加盖签发人签名章时,在正文(或附件说明)下空二行右空四字加盖签发人签名章,签名章左空二字标注签发人职务,以签名章为准上下居中排布。在签发人签名章下空一行右空四字编排成文日期。

联合行文时,应当先编排主办机关签发人职务、签名章,其余

机关签发人职务、签名章依次向下编排,与主办机关签发人职务、签名章上下对齐;每行只编排一个机关的签发人职务、签名章;签发人职务应当标注全称。

签名章一般用红色。

7.3.5.4　成文日期中的数字

用阿拉伯数字将年、月、日标全,年份应标全称,月、日不编虚位(即1不编为01)。

7.3.5.5　特殊情况说明

当公文排版后所剩空白处不能容下印章或签发人签名章、成文日期时,可以采取调整行距、字距的措施解决。

7.3.6　附注

如有附注,居左空二字加圆括号编排在成文日期下一行。

7.3.7　附件

附件应当另面编排,并在版记之前,与公文正文一起装订。**"附件"二字及附件顺序号用3号黑体字顶格编排在版心左上角第一行。**附件标题居中编排在版心第三行。附件顺序号和附件标题应当与附件说明的表述一致。附件格式要求同正文。

如附件与正文不能一起装订,应当在附件左上角第一行顶格编排公文的发文字号并在其后标注"附件"二字及附件顺序号。

7.4　版记

7.4.1　版记中的分隔线

版记中的分隔线与版心等宽,首条分隔线和末条分隔线用粗线(推荐高度为0.35 mm),中间的分隔线用细线(推荐高度为0.25 mm)。首条分隔线位于版记中第一个要素之上,末条分隔线与公文最后一面的版心下边缘重合。

7.4.2　抄送机关

**如有抄送机关,一般用4号仿宋体字,在印发机关和印发日期之上一行、左右各空一字编排。"抄送"二字后加全角冒号和抄送机关名称,回行时与冒号后的首字对齐,最后一个抄送机关名称后标句号。

如需把主送机关移至版记,除将"抄送"二字改为"主送"外,编排方法同抄送机关。既有主送机关又有抄送机关时,应当将主送机关置于抄送机关之上一行,之间不加分隔线。

7.4.3　印发机关和印发日期

印发机关和印发日期一般用**4号仿宋体字**,编排在末条分隔线之上,**印发机关左空一字,印发日期右空一字,用阿拉伯数字将年、月、日标全**,年份应标全称,月、日不编虚位(即 1 不编为 01),后加"印发"二字。

版记中如有其他要素,应当将其与印发机关和印发日期用一条细分隔线隔开。

7.5　页码

一般用 4 号半角宋体阿拉伯数字,编排在公文版心下边缘之下,**数字左右各放一条一字线**;一字线上距版心下边缘 7 mm。单页码居右空一字,双页码居左空一字。公文的版记页前有空白页的,空白页和版记页均不编排页码。公文的附件与正文一起装订时,页码应当连续编排。

8　公文中的横排表格

A4 纸型的表格横排时,页码位置与公文其他页码保持一致,单页码表头在订口一边,双页码表头在切口一边。

9　公文中计量单位、标点符号和数字的用法

公文中计量单位的用法应当符合 GB 3100、GB 3101 和 GB 3102(所有部分),标点符号的用法应当符合 GB/T 15834,数字用法应当符合 GB/T 15835。

10 公文的特定格式

10.1 信函格式

发文机关标志使用发文机关全称或者规范化简称,居中排布,上边缘至上页边为 30 mm,推荐使用红色小标宋体字。联合行文时,使用主办机关标志。

发文机关标志下 4 mm 处印一条红色双线(上粗下细),距下页边 20 mm 处印一条红色双线(上细下粗),线长均为 170 mm,居中排布。

如需标注份号、密级和保密期限、紧急程度,应当顶格居版心左边缘编排在第一条红色双线下,按照份号、密级和保密期限、紧急程度的顺序自上而下分行排列,第一个要素与该线的距离为 3 号汉字高度的 7/8。

发文字号顶格居版心右边缘编排在第一条红色双线下,与该线的距离为 3 号汉字高度的 7/8。

标题居中编排,与其上最后一个要素相距二行。

第二条红色双线上一行如有文字,与该线的距离为 3 号汉字高度的 7/8。

首页不显示页码。

版记不加印发机关和印发日期、分隔线,位于公文最后一面版心内最下方。

10.2 命令(令)格式

发文机关标志由发文机关全称加"命令"或"令"字组成,居中排布,上边缘至版心上边缘为 20 mm,推荐使用红色小标宋体字。

发文机关标志下空二行居中编排令号,令号下空二行编排正文。

签发人职务、签名章和成文日期的编排见 7.3.5.3。

10.3 纪要格式

纪要标志由"×××××纪要"组成,居中排布,上边缘至版心上边缘为 35 mm,推荐使用红色小标宋体字。

标注出席人员名单,一般用 3 号黑体字,在正文或附件说明下空一行左空二字编排"出席"二字,后标全角冒号,冒号后用 3 号仿宋体字标注出席人单位、姓名,回行时与冒号后的首字对齐。

标注请假和列席人员名单,除依次另起一行并将"出席"二字改为"请假"或"列席"外,编排方法同出席人员名单。

纪要格式可以根据实际制定。

11 式样

A4 型公文用纸页边及版心尺寸见图 1;公文首页版式见图 2;联合行文公文首页版式 1 见图 3;联合行文公文首页版式 2 见图 4;公文末页版式 1 见图 5;公文末页版式 2 见图 6;联合行文公文末页版式 1 见图 7;联合行文公文末页版式 2 见图 8;附件说明页版式见图 9;带附件公文末页版式见图 10;信函格式首页版式见图 11;命令(令)格式首页版式见图 12。

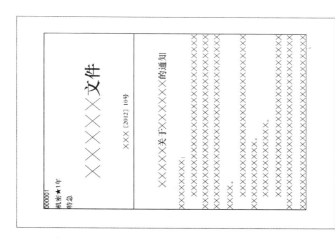

图2 公文首页版式

注：版心实线框仅为显示，在印制公文时并不印出。

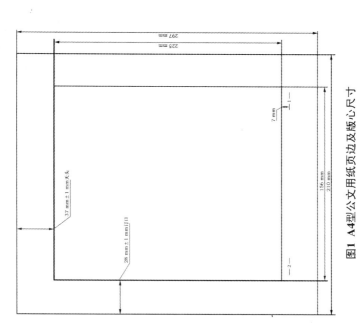

图1 A4型公文用纸页边及版心尺寸

注：版心实线框仅为示意，在印制公文时并不印出。

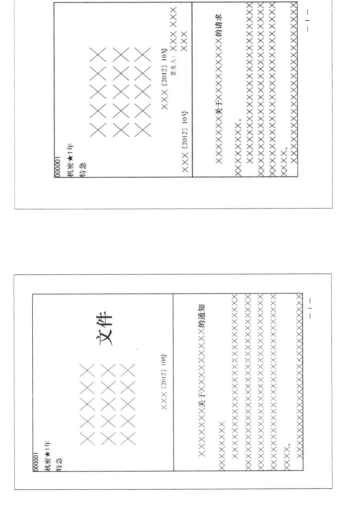

图3 联合行文公文首页版式1
注：版心实线框仅为显示，在印制公文时并不印出。

图4 联合行文公文首页版式2
注：版心实线框仅为显示，在印制公文时并不印出。

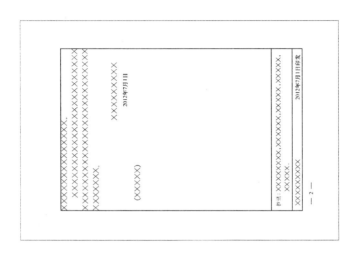

图5 文公末页版式1

注：版心实线框仅为显示，在印制公文时并不印出。

图6 文公末页版式2

注：版心实线框仅为显示，在印制公文时并不印出。

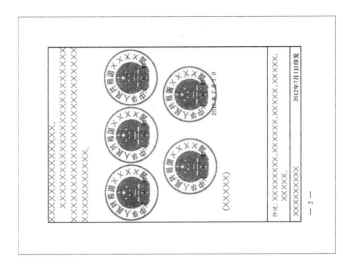

图7 联合行文公文末页版式1

注：版心实线框仅为显示，在印制公文时并不印出。

图8 联合行文公文末页版式2

注：版心实线框仅为显示，在印制公文时并不印出。

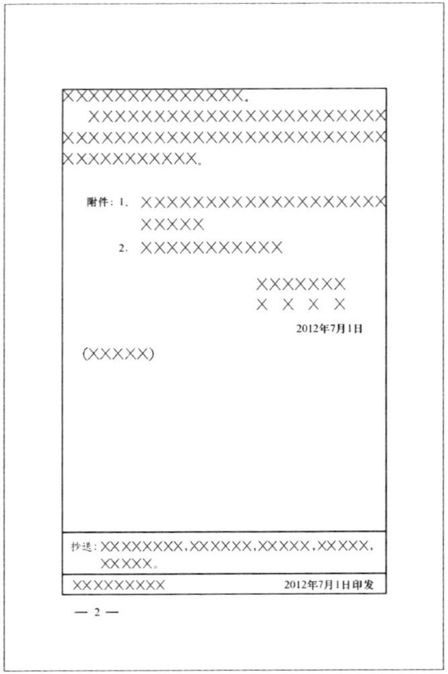

图9 附件说明页版式

注：版心实线框仅为显示，在印制公文时并不印出。

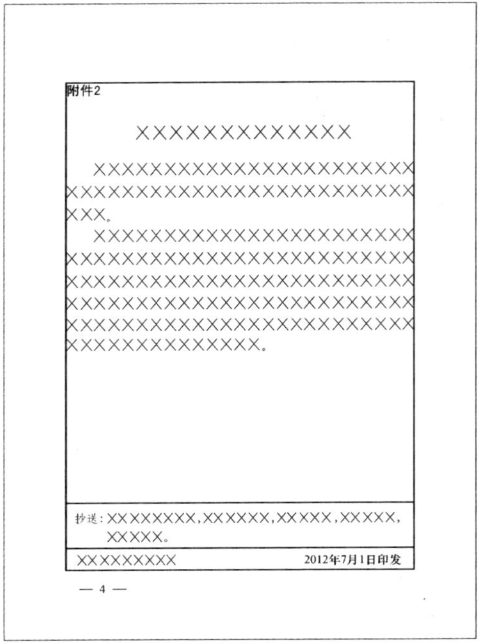

图10 带附件公文末页版式

注：版心实线框仅为显示，在印制公文时并不印出。

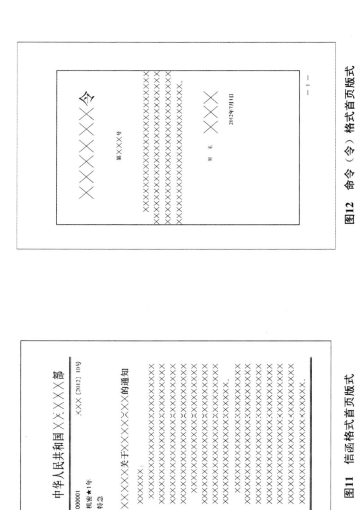

图11 信函格式首页版式

注：版心实线框仅为显示，在印制公文时并不印出。

图12 命令（令）格式首页版式

注：版心实线框仅为显示，在印制公文时并不印出。